中国文化之根

先秦七子对中国文化的奠基

杨泽波 著

生活·讀書·新知 三联书店

Copyright © 2022 by SDX Joint Publishing Company.
All Rights Reserved.
本作品版权由生活・读书・新知三联书店所有。
未经许可，不得翻印。

图书在版编目（CIP）数据

中国文化之根：先秦七子对中国文化的奠基／杨泽波著.—北京：生活・读书・新知三联书店，2022.3
ISBN 978 – 7 – 108 – 06817 – 0

Ⅰ.①中… Ⅱ.①杨… Ⅲ.①先秦哲学－影响－中华文化－研究 Ⅳ.① B220.5 ② K203

中国版本图书馆 CIP 数据核字（2020）第 060943 号

责任编辑	张　龙	
装帧设计	蔡立国	
责任印制	卢　岳	
出版发行	生活・讀書・新知 三联书店	
	（北京市东城区美术馆东街 22 号 100010）	
网　　址	www.sdxjpc.com	
经　　销	新华书店	
印　　刷	河北松源印刷有限公司	
版　　次	2022 年 3 月北京第 1 版	
	2022 年 3 月北京第 1 次印刷	
开　　本	880 毫米 × 1092 毫米　1/32　印张 11.625	
字　　数	204 千字	
印　　数	00,001 – 10,000 册	
定　　价	48.00 元	

（印装查询：01064002715；邮购查询：01084010542）

目 录

第一章 中国文化的特质 1
　一 中国文化的背景与特质 2
　二 中国文化特殊性带来的问题 13
　三 需要注意的几个问题 21

第二章 孔子及其创立的儒家学派 25
　一 为什么今天仍然要学习孔子 25
　二 独特而合理的政治方式 28
　三 独特而合理的道德方式 46
　四 道德理想主义 65

第三章 墨子及其创立的墨家学派 67
　一 墨子思想的基本内容及其评价 69
　二 兼爱与别爱的现代之争 90

第四章　老子及其创立的道家学派　113

一　道之释义　115

二　道之应用　135

第五章　孟子对孔子仁的思想的继承　156

一　孟子的王道思想　158

二　孟子的性善理论　179

第六章　沿着老子路线前行的庄子　201

一　从老子到庄子　201

二　庄子思想核心之一：不谴是非　208

三　庄子思想核心之二：无待逍遥　229

第七章　荀子对孔子礼的思想的发展　250

一　性恶论的内在理路及其理论贡献　251

二　性善性恶孰是孰非的千古之谜　270

三　性恶论的内在困难　304

第八章　韩非及其法家　313

　　一　法、术、势简介　315
　　二　法家思想的价值与局限　327

第九章　幸福人生的中国样式　334

　　一　物欲幸福　335
　　二　事功幸福　339
　　三　道德幸福　348
　　四　幸福人生三大原理　356

附录：在2021年复旦哲学学院毕业大会上的讲话　359

后记　364

第一章　中国文化的特质

"先秦诸子"又叫"先秦哲学",名称不同,内容无异。作为这门课的开始,首先讲"中国文化的特质"。之所以这样安排,是因为先秦哲学是中国哲学的一个部分,中国哲学又是中国文化的一部分,要了解先秦哲学当然必先了解中国哲学的特点,要了解中国哲学的特点当然又必先了解中国文化的特点。现在的年轻人有很多优点,比较聪明,重视个性,善于表达,但有一个很大的缺点,就是对自己的文化缺乏透彻的了解,而这个问题他们自己可能并没有明确地意识到。这个问题影响很大。比如,现在常讲"要做一个堂堂正正的中国人"。问题是,什么叫中国人?中国人固然有血缘的因素,但更重要的是指在中国文化背景下生长,认同中国文化的人。对自己的文化没有透彻的了解,怎么谈得上做一个堂堂正正的中国人呢?

一 中国文化的背景与特质

作为世界上非常重要的一种文化形态,中国文化有着非常鲜明的特质。这种特质是由其特殊的背景决定的。

地缘背景。历史学家注意到,中国文化的地理环境有一个非常奇特的现象,这就是上下左右都不通。中国文化有两条母亲河,一是黄河,二是长江。中国古代文化的出现,长江流域应该略早于黄河流域。但从文字记载的历史看,中国文化的中心无疑还是在北方。这个特点对中国文化的发展有深刻的影响。想象一下,从黄河流域往北走行不行?短途没有问题,内蒙古、蒙古国还行,再往北走,天寒地冻,不利于生存。往西也不行,茫茫大沙漠,前行很困难。西南更不行,青藏高原,地理条件更差。南边倒是可以,但从长江再往南走,也会受到地域和文化的限制。需要注意的是东面。从黄河流域往东是可以的,从陕西到山西,到河南、河北,再到山东。山东人杰地灵,出了很多圣人,孔子、孟子都是山东人。孔子谈到过海:"道不行,乘桴浮于海,从我者,其由与?"(《论语·公冶长》)意思是说,我的大道如果行不通的话,我就扎一个小筏子,到大海上去漂流,跟着我的恐怕只有仲由了。孟子也说:"观于海者难为水,游于圣人之门者难为言。"(《孟子·尽心上》)看过大海的人,再跟他谈水就没有吸引力了,在圣人之门学习了很高的智慧，自与他人不同。但孔子和孟子都没有航海的经历。这种情况说明，在中国文化产生之初，东西南北是基本封闭的。这与古希腊有很大不同。古希腊北部是丘陵地带，适合耕种的土地不多，南边主要是海岛。古希腊属于海洋文化，他们的先民为了生存，常常要乘船离开自己的土地，到别的地方去经商。因此，古希腊文化与当时周围的其他文化有着广泛的联系，相互影响，相互发展。这种条件，中国并不具备。

这样便形成了中国文化的第一个特点：独自发展。中国文化是在一个基本封闭的地理环境中，与当时其他大的文化系统几乎互不知情的情况下发展起来的，这就决定了中国文化有着相当大的独立性。当然，我们内部也有一些交流，比如中原文化不断与北方文化相互交融。但中国文化产生之初，没有受到世界上其他大的文化如希腊文化、埃及文化的影响，甚至根本不知道它们的存在。中国文化在发展过程中出了问题，会自己解决，解决之后又出现新问题，再自己解决，在这个过程中，几乎没有受到当时世界上其他大的文化系统的影响。这个特殊背景决定中国文化是一个独自发展的自洽系统，就像一个圆一样，有其开始，有其过程，有其终点，自己就把这个口封好了。后来，其他文化如佛教文化、基督教文化，慢慢进来了，但这个时候中国文化的性质已经确定了，就像一棵大树一样，已经定型了。其他文化可以在具体方面产生影响，有的影响还非常大，但主干不会动。中国文化之所以特殊，地缘是一个首先必须注意的因素。

气候背景。黄河流域是中国文化的重要源头，这个源头与北纬三十度线有关。这条线非常神奇，集中了古代最著名的一些文化，比如古巴比伦文化、古玛雅文化、古埃及文化，当然也包括中国文化。之所以出现这种现象，与气候条件有一定关系。历史学研究证明了一个道理：一种文化，特别是一种重要的文化，要产生要发展，气候条件既不能太优越也不能太恶劣，应在优越和恶劣之间。太优越了产生不了重要的文化，太恶劣了同样产生不了重要的文化。有一次我在马来西亚住了几天，很快就明白了这个道理。马来西亚虽然是一个重要的国家，但不是重要文化的滋生地，一个重要原因就是气候条件太优越了。饿了随便在树上摘个果子就可以充饥，渴了到处都可以找到清洁的水喝。在这么优越的气候条件下，人们不需要付出太大的努力就能生存，不大可能创造重要的文化。反过来说，气候条件太恶劣了也不行。爱斯基摩人（即因纽特人）那么多年来还是老样子，就是因为气候条件太差，能够生存下来已经不容易了，很难有大的创造和发展。黄河流域作为中国文化的源头，虽然也属于北纬三十度线的范围，但地理位置更偏北，甚至达到了北纬三十五度，气候条件更差一些，这就要求我们的先民必须付出更大的努力才能生存。我猜想，这或许是中国文化有长江和黄河两大源头，而后来文化的中心却落在黄河流域的重要原因。换言之，虽然长江和黄河都是中国文化的源头，但因为黄河流域气候条件更差，先民不得不更加努力，所以其程度后来才超越了长江流域。中国文化的产生离不开治水，大禹治水的故事众人皆知。这个故事对我们最大的启示是：我们的先民是通过不断努力才创造了自己的文化的，如果躺在那里睡大觉，不可能产生如此灿烂辉煌的文化。

这种特殊的气候条件决定了中国文化的第二个特点：刚健有为。因为中国古代的气候条件不是特别优越，先民必须努力才能生存和发展，于是渐渐养成了刚健有为的品格，正所谓"天行健，君子以自强不息"（《周易》）。很多过去我们习以为常的故事，都可以从这个角度来理解。在一些文化中，太阳是人们崇拜的对象，在中国则是可以与之抗争的（后羿射日）；火是从上帝那里偷来的，在中国则是人们自己努力创造的（钻燧取火）；大山是上帝的造化，在中国则是可以人为移动的（愚公移山）。精卫填海是一个很好的例子。精卫是炎帝的女儿，后来溺亡了，变成了鸟，每天从山上叼石子填到大海里。这个故事表达的就是一种刚健有为、奋斗不止的精神。一提到中国人，我们很自然会想到两个形容词：勤劳和勇敢。

这两个词真切表达了中国文化或受中国文化熏陶的中国人的性格特点。"勤劳勇敢的中国人"这话不是白说的，有着深厚的基础。这也督促我们要不断反省，看看自己是不是够勤劳，够勇敢。如果不够勤劳，不够勇敢，有什么资格叫中国人呢？

我们观察社会和生活，很容易看到中国人身上的这个优点。比如，改革开放后，在法国一些城市的城乡接合部生活着不少温州人。温州人语言不通，文化程度又低，法国人根本瞧不起。但经过几十年的奋斗，法国人对他们不得不刮目相看。别人家周末休息不上班，温州人照常上班。别人家老板不干活，温州人晚上当老板，白天站柜台。就那么一个小地方，白天是店铺，晚上当地铺。我常开玩笑说温州人打遍天下无敌手，其文化特点很值得研究。新加坡的前任领导人李光耀，治理新加坡很有办法。新加坡有不同的种族，李光耀讲话一般都很谨慎，不讲那些比较敏感的话头。他退休之后就放得比较开了。有一次记者问他，如果新加坡的居民都是华人，或华人的比重比现在还高，那会是一个什么样子？李光耀直截了当回答，要是那样的话，新加坡的成就一定比现在大得多。

经济背景。经济背景指经济活动的方式。中国古代以农业生产为主，中国是一个典型的农业国家。在中国的历史上，历朝历代的统治者都非常重视农业问题，社会理念、政治制度、哲学思想都离不开这个基本点。过去我们有四民之称即"士农工商"。头一个是士，第二个是农，商在最后。不像今天，大企业家是第一，大学教授在大企业家后面，农民根本排不上号。有人说，士就是今天的大学教授。这个说法不对。士和今天的大学教授都有知识，这是他们的共同点。但古代的士道德高尚，承担着道统的责任，可以为王者师，这个特点今天的大学教授并不具备。今天的大学分科太细了，有几个教授敢说自己身上有道统的责任？不要说理科和工科了，就是文科的，包括哲学系、历史系的老师，有几个敢这样说？今天的大学教授是没有资格称为士的。

在历史上，农业的地位一直很高，历朝历代统治者都非常重视农业和农民问题。先民为了生活开发了土地，土地同时也绑架了先民。因为土地搬不走，先民依靠土地而生，必须固守在这块土地上。前面提到的愚公移山的故事，是为了阐明中国文化积极奋斗的精神，其实这则故事还包含着另一层意思，就是安土重迁。愚公住在山脚下，门口有两座大山，一座是王屋山，一座是太行山，出行不方便。愚公一天发了宏愿，一定要把这两座大山搬走。街坊邻居嘲笑他：你的力量就那么大，怎么能把大山搬走呢？愚公说：我一个人的力量有限，但子子孙孙没有穷尽，挖山不止，一定能达到目的。现在想起来，愚公真的是愚。用我们今天的话说，打个电话，找个搬家公司,搬到山外去不就行了吗?为什么宁可祖祖辈辈挖山不止,也不搬家呢?愚公移山的故事背后其实有一个重要的潜意识,这就是安土重迁。中国人,主要是农民,没事儿是不搬家的。

因为不随便搬家,我们的先民一般都生活在祖祖辈辈生活的那块土地上,从而形成一家几代人都生活在一起的情况。这就决定了我们的文化特别重视家庭,重视血缘联系。中国人的血缘关系特别复杂。《尔雅》是中国最早的词典,其中表示人的称谓的词,比如我们今天说的爸爸、妈妈、叔叔、阿姨(当然过去并不这么叫),就有一百多个。为什么这么多?就是因为人际关系复杂。不同的关系要有专门的称谓,才能标识清楚。我总是喜欢说,中国的小孩子从小就非常痛苦,因为他们不知道应该管他们见到的那个人叫什么。我孩子小的时候,吃了晚饭,我常带她去散步。因为是部队营院,大家都很熟,见到人后,我总是跟孩子说:"赶快叫人啊。"我这样做其实是自己先想一想,把关系弄清楚,教给孩子,孩子下次就知道了。这时首先要判断对方是男是女。如果确定是女,是我的长辈,我的孩子就应该叫她奶奶;如果是我的同辈,我的孩子应该叫她阿姨。如果确定是男,是我的长辈,我的孩子就应该叫他爷爷;如果是我的同辈,就要进一步判断比我年长,还是年幼。如果年长,就应该叫他伯伯,北方也有叫大爷的;如果比我年幼，就应该叫他叔叔。

有的时候情况比较复杂，尽管是我的同辈，比我还年轻，我的孩子还应该叫他伯伯。举个例子，朱敏是朱德的女儿，在延安的时候，很活泼，到处跑着玩，见到了毛泽东，很有礼貌，一鞠躬："毛叔叔好！"回家以后让朱德狠批了一顿，说："下次见到毛泽东，应当叫毛伯伯，尽管毛泽东岁数比我小。"毛泽东的岁数小于朱德，但朱德让自己的女儿管毛泽东叫伯伯，就是要表示尊重。中国有一个称谓特别复杂，这就是兄弟的兄。字面的意思，兄是男性同辈比自己年长者。但在实际生活中有时比自己年轻的也可以为兄，女性也可以为兄，甚至比你低一辈的也可以为兄。鲁迅和许广平最初接触的时候，鲁迅给许广平写信，抬头的称呼是广平兄。许广平不懂了：第一，我是女性，怎么为兄？第二，我是学生，比你低一辈，怎么为兄？可见这个称谓含义很深，很难用好。

这个背景决定了中国文化的第三个特点：重视家庭。重视家庭可以说是中国文化最重要的特征。不了解家庭，就不可能了解中国文化。中国古代政治从来没有考虑过契约的办法，走的始终是家庭的路线，就是由这个特点决定的。在中国，国家是家庭的扩大化，家庭是国家的缩小版。这既是它的不好，也是它的好。受"五四"运动的影响，今天的年轻人一提到家，很容易想到的是巴金的小说《家》，把家当作压抑人性、限制自由、泯灭个性的代名词，甚至有"父母皆祸害"的说法。但大家不要忘了，巴金的这部小说，是"五四"之后的产物，代表着那个时候的观念。古代不是这样的，人们提到家想到的是那个温暖的场所，是那个背后的靠山。大家能考进复旦，说明你们的家庭教育一定不错。当然有些家庭教育可能也会有一些问题。比如实在调皮了，爸爸妈妈一着急，在你屁股上拍两下，或者爸爸妈妈缺乏经验，有些事情处理得不够妥当，你会觉得爸爸妈妈欠你的。我告诉大家，爸爸妈妈能把你带到这个世界上来，能辛辛苦苦培养你来大学读书，单凭这一点就足以说明，爸爸妈妈根本不欠你的。你回报爸爸妈妈的不应是抱怨，只能是感恩，发自内心深处的感恩。

政治背景。中国文化有长达几千年文字记载的历史。在这漫长的时间里，经历了很多朝代，而对中国文化的发展影响最大的莫过于殷周之际的变化。殷代是一个国力很强的朝代。现在很多历史博物馆都可以看到殷代的文物，其中最重要的就是鼎。天子九鼎，诸侯七鼎，逐级往下排。鼎是国之重器，南方人有了非分之想，仗还没打，就问中原士兵你们的鼎是什么样的，这便犯下大罪。"问鼎中原"这个成语就是这样来的。殷王之所以有这么大的权力，可以一统四方，是因为他们相信上帝或上天眷顾他们，赋他们以命。后来殷被周灭掉了。周起家的地方在今天陕甘一带，原是殷的附属国，地方不大，经济也不发达，但经过几代人的努力，居然把堂堂大国殷给灭掉了。这样就出现了一个问题：一个臣子有什么权利推翻君主？一个附属国有什么权利灭掉宗主国？用今天的话说，周人政权的合法性在哪里？要建立自己的政权，首先必须解决这个问题。中国历史上农民起义特别多。农民不堪受压迫，起义之前找个石碑，在上面刻点字，半夜埋到墙根底下，早上跟自己的朋友说，上天托付我，于是挖出个石碑来，上面写着天下当姓张，天下当姓李，等等。陈胜、吴广起事之前，找块布，上面写好"大楚兴，陈胜王"，塞到鱼肚子里头，就属于这种性质。

再回到殷周之际的变化。周人是怎样解决这个问题的？周人非常睿智，很好地解决了这个问题。他们的做法概括起来，就是八个字："皇天无亲，惟德是辅。"（《尚书·蔡仲之命》）意思是说，上天没有固定的亲眷，辅佐谁，不辅佐谁，关键看你有没有德。有德就辅佐你，没德就不辅佐你。殷王原先有德，上天就辅佐他。后来殷王乱来，肉林酒池，上天看不过眼，说这个家伙不行，没有德，就不帮他了。谁有德呢？遍察天下，周王有德，于是把原先赋予殷王的"命"给了周王。这就叫"革命"。今天讲革命是指阶级斗争、武装斗争。其实革是变的意思，革命就是变命，也就是把过去赋予某个人的命变给另一个人。而革命的根据,就是领导人是否有德。经过殷周之际的变化,德的观念得到了空前的发展,周人重德的程度大大超过了殷人。

这样就形成了中国文化的第四个特点:关注道德。周代之后,中国文化,不管哪一个学派,都非常重视成德的问题。儒家表现为成圣,道家表现为成仙,佛家表现为成佛,实质都一样,都是要成就自己学理意义的那个德。因为中国文化的重点在于道德,心灵完全被道德占据了,关心的是如何成圣成贤的问题,所以不大重视认知问题,与西方哲学重视纯粹认知问题的路线完全不同。这个特点对后世影响很大。黄宗羲的父亲是东林党人,后来死于东林党狱,黄宗羲回忆他的父亲时有这样一段话:"先生以开物成务为学,视天下之安危为安危。苟其人志不在弘济艰难,沾沾自顾,拣择题目以卖声名,则直鄙为硁硁之小人耳。"(《明儒学案》卷六一《东林学案四》)在黄宗羲的父亲看来,天下的安危便是自己的安危,如果一个人的志向不在"宏济艰难",不在"救治天下",只是挑一两个小题目,写写文章,用今天的话说,当个教授,当个博导,那只能被人鄙视,讥为小人。这代表了古人的一种气节,一种追求。这种气节,这种追求,在今天的大学校园里,早已成了稀罕之物。不少人只想当博导,只想当院士,却不管自己的道德追求,不顾自己身上的历史责任。这在古人眼中与"硁硁小人"又有何异?

二 中国文化特殊性带来的问题

上面我们用较多篇幅分析了中国文化的特质,目的是想让大家明白,中国哲学和西方哲学有着本质的不同。"哲学"是日本人西周翻译西方 philosophy 使用的一个名词,近代才有。过去我们只有经学、子学,没有哲学。如果以西方哲学做参照系,不难发现,中国哲学和西方哲学的路数有很大的区别。

其一,西方哲学关注宇宙本源问题,中国哲学很少关注这类问题。对西方哲学有所了解的人都知道,它们非常注意探究世界的本源。但这套东西在中国没有市场,道家还沾点边儿,儒家则基本不管。儒家关注的重点是国家怎么治理,个人如何成德的问题。放着这些问题不管不问,总是探究世界的本源,在儒家看来,就是不务正业,就是旁门左道。

其二,西方哲学一般都有自己的体系,中国哲学大多没有完整的系统。西方哲学不管哪一门哪一派,一般都能注意由一个起点开始,逐渐引向深入,最终形成一套学理系统。中国哲学不大注意这些。我们读《论语》《老子》,前一句后一句,东一句西一句,很难看出有什么系统。

其三,西方哲学重视概念的清晰性和准确性,中国哲学过分注意直觉,概念不严密。中国哲学的很多概念不够清楚。比如，老子的道。"道可道，非常道，名可名，非常名。"(《老子》第一章) 按照日常语言，道就是说不清的，如果能说清楚，那就不是道了。再一个是孔子的仁。仁是孔子的一大创造，孔子论仁的地方特别多。但他对于仁只是随意指点，没有给仁下过定义，以至于过了两千五百多年了，现在还在为仁究竟是什么争论不休。

中国哲学与西方哲学如此不同，结合前面的内容，并不难理解。西方有一种说法，叫作哲学起源于惊讶。宇宙好神奇，好伟大，它的本源是什么，它的规律是什么，古人对这些问题不断思考，于是就有了哲学。这个说法没错，但需要提醒注意，关注此类问题的前提是必须有大量的闲暇时间。中国哲学不是这样的。先秦诸子产生于礼崩乐坏、天下大乱的特殊背景之中，我们的先贤没有那么多闲暇时间。我常讲，如果说西方哲学产生于悠闲，是吃饱了饭没事干闲出来的，那么，中国哲学则是忧天下之忧而忧出来的。当古希腊哲学家身上涂着橄榄油，晒着太阳，思考世界本源问题的时候，我们的先贤在烽火硝烟中忧天下，忧民众，忧出了自己的哲学。西方哲学产生于闲，中国哲学产生于忧。要了解中西哲学之差异，这一不同的背景，不可不知。

因为有这种不同，近代以来不断有人提出，与西方哲学相比，中国哲学不大合格，或者干脆断言哲学是西方的产物，中国没有哲学。前些年又有人提出中国哲学的合法性问题，意思是说中国哲学有没有资格称为哲学，这是有待讨论的。要弄清这个问题，我认为，首先要从什么是哲学说起。什么是哲学？很多人都说不大清楚，即使哲学系的老师也有不同的理解。有一次我坐出租车，师傅很健谈，聊了几句就问我是做什么的。我说，你猜吧。他说，你不像当官的，也不像经商的，你是老师吧？我说，是呀，你很有眼光嘛，我在复旦大学教书。他又说了，复旦是好学校，我的儿子要是能考进复旦，我一辈子就满足啦，就是那个家伙不争气，学习不好。过了一会儿，他又问，你在复旦教什么呀？我说，我教哲学，我在哲学系。听我这么说，那个师傅就不再问了，因为他不知道哲学是干什么的。我们在高中学过，哲学是世界观和方法论的学问。进了大学，就不要再这样讲了。在我看来，哲学根本不能概括为世界观和方法论的学问，哲学是人类对形上问题追问的反思。这个定义有两层意思。

首先，哲学是人类对形上问题的追问。形上是中国人自己的说法，叫作"形而上者谓之道，形而下者谓之器"（《周易·系辞上》）。形而上简称形上，不是我们过去讲的"形而上学"的那个形而上，不是机械的、不变的代名词，而是指有形有象之上的东西。世间任何一个物都有形有象。比如，这是教室，这是男同学，这是女同学，这是复旦大学，这是北京大学。有形有象者为器，属于形而下。既然有形而下的器，那么这个形而下的器一定有其本源，而这个本源是无形无象的。无形无象的本源即为形而上。世界上任何一门具体学科，讨论的问题都属于形而下的范围。比如，水是怎么组成的？它的分子结构是什么？量子的结构如何，它是怎么运动的，怎么能够借助量子的特性开展通信联系？哲学不管这些，它管的是这些具体东西的本源。哲学不讨论水的分子是什么，量子的结构是什么，它追问的是这些东西的本源。这个本源就属于形上问题。

其次，哲学是人类对形上问题追问的反思。只是对于形上问题的追问，还不能称为哲学。宗教也可以追问世界的来源，基督教的《创世记》就是解决这个问题的。但仅有这一步还不够。哲学是对这些追问的进一步反思。如果你说上帝用了七天创造了整个世界，那你是宗教家。只有对这个问题的进一步反思，才是哲学。从这个角度可以看得很清楚，从理论层面上说，哲学高于宗教，不能倒过来。哲学的层面太高了，因此它既不能赚钱，也不能发家，什么用也没有。但哲学又有大用，因为世界上所有的问题，在最高层面上都由哲学来管，而世界上所有具体问题，也只有在哲学层面上得到了解决，才能算是最终的解决。这是哲学最吸引人的地方，是它最大的魅力所在。

由此出发，我们可以加深对 philosophy 的理解。在古希腊，philosophy 由两个部分组成，一个是爱，一个是智慧。哲学就是爱智慧。但需要注意，哲学爱的不是一般的智慧，不是水是怎么构成的，量子是怎么运动的，它爱的是作为这些具体问题的终极根源的那个智慧。这个终极根源不涉及具体问题，但所有具体问题都由它来管。这样就出现了另外一个词 metaphysics。亚里士多德在讨论哲学问题的时候，写了很多东西，后人在编辑其著作的时候不知道应该归入哪一类，放在物理类不对，放在数学类也不对，于是就把它放在了物理学这一部分的后边。metaphysics 直译就是"物理学之后"。这个词本身就意味着，不能把哲学归入任何一门具体学科，它是最高的智慧。这个最高的智慧，其实就是中国人说的那个形而上之道。

世界上不同的文化只要达到一定高度，都可以对形上问题有所追问，都可以对这种追问进行反思，都可以有自己的哲学。前面关于哲学的定义中特意加入"人类"二字，强调哲学是"人类"对形上问题追问的反思，用意就在于此。我曾举酿酒的例子来说明这个道理。世界上的不同文化发展到了一定程度，很多都学会了酿酒。世界上的酒有很多种类，有啤酒，有葡萄酒，有白兰地，有清酒，有白酒。啤酒是古巴比伦人发明的，葡萄酒是古波斯人发明的。中国人好喝酒，酒的品种也多，有黄酒，有米酒，最重要的是白酒。白酒又分浓香型、酱香型、清香型。这些酒都有自己的特点，或者叫个性，白酒不等于清酒，清酒不等于葡萄酒，葡萄酒不等于啤酒。但所有的酒都有一个共性，就是都含酒精。我举这个例子旨在说明，恰如世界上很多文化到了一定阶段都学会了酿酒一样，不同文化发展到了一定的高度，不仅会对形上问题有所追问，而且会对这些追问进行反思。我们不能说啤酒是酒，葡萄酒不是酒，白酒不是酒。同样道理，我们也不能说西方对形上问题追问的反思是哲学，中国对这种追问的反思不是哲学。应当承认，philosophy 确实是西方的概念，但它不能霸占哲学，就好像葡萄酒不能霸占酒是一样的。philosophy 只是哲学的一种形态，不是一手遮天的法则。中国同样有自己的哲学，这种哲学有着独特的价值，完全没有必要以西方哲学的标准来裁定我们自己的哲学。以后大家还会听西方哲学的课，西哲老师会说西方哲学很多好话。但如果我们对自己的文化有了一定了解，就会明了，中国哲学在总体上并不输给世界上任何一种哲学。作为中国人，应当为自己的文化感到自豪。

把握中国哲学的特点，区分与西方哲学的不同，这个话题今天讲起来很轻松，其实是我们走了整整一百年的冤枉路才明白的道理。前面说了，近代意义的哲学研究，算起来也就一百多年。这一百多年大致可分为三个历史阶段。

第一个阶段为金鸡破晓时期。大致从 1919 年到 20

世纪30年代的中后期。1919年胡适的《中国哲学史大纲》(上)出版了。此前谢无量也写过一本《中国哲学史》,但影响力比较弱。胡适这本书的写法有点像开中药铺。根据西方哲学的内容,把中国哲学的相关材料摘出来,分别予以归类。西方有认识论,有辩证法,有形而上学,胡适就在中国文献中找出相关的材料,放在认识论、辩证法、形而上学一个个小抽屉里面。这种做法问题很大,但毕竟有开创之功。到20世纪30年代,冯友兰又出了《中国哲学史》上下卷。冯友兰的这本书,写作模式同胡适没有本质区别,同样是开中药铺,但比胡适更为完整,更为系统。这本书后来还出了英译本,在英语世界非常流行,影响很大。

第二个阶段为大江分流时期。从20世纪30年代中后期一直到1978年。胡适的书,特别是冯友兰的书出来之后,老鼠钻风箱——两头受气,同时受到两个不同阵线人物的批评。持传统立场也就是后来说的国粹主义的人,批评冯友兰把材料分得越细,离中国学问面貌的本相越远。持马克思主义立场的人,责备冯友兰的书没有讲唯物主义和唯心主义,没有讲阶级斗争。这两种不同的立场,后来导致了分裂,节点可以定在1949年。那一年,喜欢马克思主义方法的人,从南往北走,喜欢传统方法的人,从北往南走,形成了大江分流的奇观。现在已经看得很清楚了,大江分流之后,对中国哲学研究贡献最大的是持传统立场的那些人。他们经过不懈努力，做出了很大成绩。而那些没有重视中国哲学特质，盲目跟着西方走的人，则乏善可陈。

第三个阶段为落叶归根时期。从1978年开始，一直到现在，已经40多年了。1978年改革开放之后，人们痛定思痛，终于明白了，我们这么多年走错了路，根本原因是忽视了中国哲学的特质，把中国哲学仅仅当作西方哲学的一个镜像，从而重新反省中国哲学的特点。这40多年是近代以来一百多年中国哲学研究最好的一段时期，有很多好学者，好著作，其中不少是可以传世的。这一辈的学者多是半路出家，基础跟他们的老师从小背"四书五经"不在一个档次上，但因为赶上了好时候，其成就总体上已经超过了他们的前辈。我讲这些是想说明，上天真的厚待大家，大家应该充分珍惜自己的运会。运会这种东西不能不承认。如果运会不好，再聪明也没有用。如果不是改革开放，这40多年来能有那么多好的哲学研究成果吗？重视中国哲学的特点，强调中国哲学与西方哲学的不同，是我们用血换来的经验和教训，必须牢记于心，万万不可轻视。

我还想把话题说得大一点。我有一个大胆的预判：如果中国今后数十年不犯原则性、战略性错误的话，用不了多久，世界将会再次出现大致相当于17、18世纪欧洲的那种中国热。人们会以穿中国服装、讲中国语言、吃中国饭菜、按中国方式做事而骄傲。那个时候，不管我们在巴黎，在伦敦，在纽约，人家问我们：where are you from? 我们都会挺直腰板，铿锵有力地讲出那五个熟悉而伟大的字母：C-H-I-N-A。希望我们能够好好珍惜自己的运会，不要犯根本性的错误，否则就会痛失历史良机，那就是罪过，就是造孽了。

三 需要注意的几个问题

厘清中国哲学、中国文化的特质，有助于我们学好"先秦诸子"这门课。在这方面有几个问题需要注意。

首先，不要以西方哲学的范式来衡定中国哲学。要学好"先秦诸子"，切勿把所谓哲学的基本问题套在中国哲学的头上。哲学基本问题是一百多年来哲学界避不开的话题。它包括两个方面：世界的本源是什么？世界的样式是什么？由此将不同哲学流派划分为唯物主义和唯心主义、形而上学和辩证法两个对子。哲学基本问题是西方的东西，和中国哲学完全对不上号。如果大家不注意这个问题，仍然用这两个对子，讨论孔子、老子是唯物还是唯心，那不要说进中国哲学的门，连门的方向都还没找到。

其次，要注意清理自己头脑中不正确的观念。我把它概括为四大毒瘤。第一，西方哲学是先进的，中国哲学是落后的。西方哲学先进，概念清楚，系统有致，中国哲学不行，概念不清楚，学理也不成系统。第二，晦涩的才是哲学，平实的不是哲学。一些同学之所以认为西方哲学好，一个重要理由是看不懂。单个字都认识，但连成一个句子，就不知道什么意思了。西方哲学一些表述真的非常奇妙，比如"是者是以是的方式是其所是的""是是在是者是其所是过程当中的是"，因为弄不懂，所以仰而视之。反观中国哲学，"三人行，必有我师焉"（《论语·述而》），"学而时习之，不亦说乎？有朋自远方来，不亦乐乎？人不知而不愠，不亦君子乎？"（《论语·学而》）都是大白话，既不艰难，也不高深。第三，学哲学是来学聪明的，学哲学可以变得聪明。这一点尤其需要注意。一些同学进了哲学系后，不少老师会劝导说，学哲学好，学了哲学可以变聪明，第一流的经济学家很多是哲学系出来的，第一流的记者很多也是哲学系出来的，就是因为他们学了哲学，变聪明了。我的孩子小的时候，知道我是从事哲学研究的，老追着我问哲学是什么。我总是说："你还小，不懂，不跟你说。"后来她上了高中，有一天放学回来，对我说，"我可知道什么是哲学了，哲学是聪明学，学了哲学人可以变得聪明"，并说这是她的政治老师讲的，一脸得意的样子。我对她说："你们政治老师是在'放狗屁'。"我这样说并不是开玩笑。我一直坚持认为，哲学绝不是让人变聪明的。学了哲学当然可以聪明一些，但这不是哲学的最终目的。大家想想看，高智商犯罪的，哪个不聪明？哲学的终极目的是告诉人们如何生活，如何做一个好人。而要做好人，就必须在物欲上做出牺牲，这种牺牲就是一种愚。从特定意义上说，哲学不是让人变得聪明，而是让人变得愚钝的。第四，讲道德都是虚假的，追求个性自由才是真实的。"追求真我""向往自由""为自己而活"这些说法现在非常流行。不少年轻人也跟着学，跟着讲。我告诉大家，这种口号是最蛊惑人心的，很多人对此没有辨别能力，盲目跟着走，迷失了人生的方向。我愿意非常负责任地讲，尽管有的时候道德也会出问题，但绝不能将道德与虚伪画等号。这里隐含着深刻的道理，以后会不断跟大家讲。

要学好中国哲学，一定要把很多习以为常的观念扔掉，做好打扫卫生的工作。据我了解，你们过去头脑里关于中国哲学的那些东西，绝大多数是不正确的。要学好中国哲学，需要把这些东西统统扔掉。有的同学不服气，说我是全校的尖子，是我们那个地方的状元。我告诉你，你越是好学生，越是状元，受的毒害就越多，打扫卫生的任务就越重。我这个说法还比较文雅。我的一个朋友的说法要尖刻得多，他把这项工作叫作"吐狼奶"。人小的时候是被狼抚养大的，要回归人间，做的头一项工作就是把以前的狼奶完全吐掉。吐狼奶非常困难，不吐得翻江倒海，达不到目的。这话可能过于尖刻了，但也有几分道理在。总的来说，我有这样一个说法：我们是来学沉重而不是来学轻松的，是来学责任而不是来学潇洒的，是来学愚钝而不是来学聪明的。这三句话，大家现在理解起来有一定难度，在这门课结束的时候，就会明白它的意义了。

最后，不能把"先秦诸子"这门课当作纯知识来学。学习先秦诸子，特别是儒家哲学，需要把自己摆进去，这是必须再三强调的。在座的有不少大一的同学，刚刚进入复旦，兴奋劲儿还没过去。我想给大家提个醒，虽然你们学习成绩优秀，但人生的意义在哪里？人为什么生活？人生的信仰是什么？这些问题有几个敢摸着胸膛说我都解决了？在课上，我会结合先秦诸子的智慧，讲解这方面的内容，希望能够对大家有所帮助。大家在学习的过程中也应该认真思考这些问题，不能把这门课当作纯知识看待，混个学分而已。如果在这方面能够有所收获，在先秦诸子的智慧中明白人生的道理，从小处说，大学四年就不会白读，从大处说，整个人生的发展就会有一个很好的基础。

哲学的使命本是怀着浓烈的乡愁去寻找自己的精神家园。黑格尔说，当提到家的时候，他首先想到的是古希腊文化，古希腊文化给他一种家园般的感觉。照这种讲法，我同样可以说，当提到家的时候，我首先想到的是先秦诸子，先秦诸子给我一种家园般的感觉。真诚地希望大家能够在先秦诸子的智慧中找到自己的精神寄托，寻到自己的精神家园。我开设"先秦诸子"这门课，最重要的目的就是两个字：回家——带领大家回到几近丢失的精神家园。

第二章　孔子及其创立的儒家学派

一　为什么今天仍然要学习孔子

　　这是一个最好的时代，也是一个最坏的时代。

　　这是一个令人亢奋的时代，也是一个令人灰心丧气的时代。

　　这是一个大有希望的时代，也是一个前途渺茫、不知所向的时代。

　　孔子（前551—前479）生活的时代距今已有两千五百多年了，但我们仍然要学习他的思想，我们的社会仍然离不了孔子。为什么？这是我们首先需要考虑的问题。要弄清这个问题，先要从我们这个时代的特点说起。开篇那三句话是我对这个时代特点的概括。

　　这是一个最好的时代。经过改革开放40多年，老百姓的日子比以前好过了。即使对社会有所批评、有所不满的人，也无法否认这个现实。同时，这又是一个最坏的时代。现在出现的稀奇古怪的现象实在是太多了。比如，我们每天都会收到一些莫名其妙的电话，其中不少是诈骗，稍不小心，就会落入陷阱，不胜其烦。这在以前是很难想象的。

这是一个令人亢奋的时代。整个社会从上到下像打了鸡血一样，兴奋得不得了，想办法去创业，去冒险，去赚钱，争当世界首富。同时，这又是一个令人灰心丧气的时代。现在社会中的不少事情，从人类文明发展史上看，都是匪夷所思的，以至于一个老奶奶在路上跌倒了要不要去扶都成了问题。

这是一个大有希望的时代。这个时代真的是大有希望。经过改革开放，我们的国力大为增强。现在很流行"越出国越爱国"的说法，确实有一定道理。苏丹出了事，叙利亚出了事，侨民撤回来，很多人做的头一件事就是情不自禁地跪下来亲吻这片伟大的热土。我常说，我们正处在一个特殊的时代，一个大得不得了的时代，绝对不是有些人说的"小时代"。另一方面，我们也应该清楚看到，这又是一个前途渺茫、不知所向的时代。中国今后的道路怎么走？有多少人有清醒的认识？如果大多数人没有清醒的认识，我们很可能会犯战略性的错误，丧失历史的机遇。这个问题难道不严重吗？

这是我们现在不得不面对的现实。如何解决这些问题，是一个严肃的时代课题。1988年在法国召开过一个诺贝尔奖得主的会议,会上一个叫阿尔文的代表讲了这么一段话:"人类要生存下去,就必须回到2500年前,去汲取孔子的智慧。"这段话经常被引用,但要真正道出其中的理由,却不容易。如果不认真想,好像还能说出点什么,如果认真想,反倒不知从何处说起了,争议很大。

比如,有的学者说孔子好,因为孔子讲爱人,现在的社会之所以不好,就是大家彼此不相爱了。这种说法看似有理,但有一个问题解释不了:儒家讲爱人,基督教也讲爱人,基督教讲爱人比儒家更彻底,那我们今天为什么不提倡学习基督教,而要学习孔子呢?又有学者说,孔子好,因为孔子讲中庸,中庸是非常高的智慧,现在的社会需要中庸。这种说法同样有一个问题解释不了:孔子讲中庸,亚里士多德也讲中庸,亚里士多德的讲法比孔子更系统,那我们今天直接学习亚里士多德就行了,为什么要学孔子呢?还有学者说,孔子好,因为孔子2500年前就告诉我们如何过内心平静的生活。这个说法更不靠谱。孔子不是告诉我们如何过内心平静的生活,而是如何过内心沉重的生活,复周礼是何等沉重的任务!如果按那位学者所说,我们最好不要学孔子,直接学佛教好了,佛教才是告诉我们如何过内心平静的生活的。

既然这些说法都不可信,就需要做出自己的说明。

在我看来，中国之所以离不了孔子，今天仍然要学习孔子，是因为孔子为我们提供了一种独特而合理的生活方式，这种生活方式在今天仍然有重要的价值和意义。这是我多年研究孔子，不断消化理解得出的结论。这个表述有两个关键词。第一，孔子代表了一种"生活方式"，这种生活方式体现在他的思想中，保留在他的著作中。第二，这种生活方式是"独特而合理"的：独特是指特殊性，和世界其他文化不一样；合理是指合宜性，非常适合中国文化传统的背景。这种独特而合理的生活方式包括两个方面，既有政治方面，又有道德方面。

二　独特而合理的政治方式

儒，或者说以儒为职业的人，在孔子之前就有了，原本不是一个学派。许慎的《说文解字》说："儒，柔也，术士之称。"这种解释带来了不少问题。儒是术士，是说儒是一种职业，这容易理解。但为什么儒和柔联系在一起，有柔的特点呢？这就不好说了。近几十年来的学术研究揭开了这个谜底。儒字源于"濡"，"濡"就是洗澡。从字源上说，儒和洗澡有关。周灭殷后，采取了灭其国不灭其族的办法，把殷的遗民集中到一块，只准老老实实，不准乱说乱动。这些人是殷的遗民，有较高的文化程度。过去祭祀相礼等工作比较复杂，需要有专门的知识。殷的遗民文化程度比较高，擅长这方面的工作，又因为是遗民，政治地位低下，渐渐养成了柔弱的作风。祭祀相礼要求严格，气氛庄严，开始之前相关人员需要沐浴，以示诚敬。儒源于濡，道理就在于此。当然，孔子之前，儒只是一种职业。孔子在创立儒家学派的过程中，做了很多工作，将政治和道德的内容加入其中，彻底转变了儒的内涵，将其由术士上升为一个学派，使之成为先秦影响最大的派别之一。

对周礼的态度与其他学派不同，是儒作为一个学派最明显的特点。礼是中国文化的标志性特征，是由野蛮进入文明的重要标志。"鹦鹉能言，不离飞鸟；猩猩能言，不离禽兽。今人而无礼，虽能言，不亦禽兽之心乎？夫唯禽兽无礼，故父子聚麀。是故圣人作，为礼以教人，使人以有礼，知自别于禽兽。"（《礼记·曲礼上》）古人认为，鹦鹉能够讲话，但仍然是鸟；猩猩能够讲话，但仍然是兽。如果没有礼，人和禽兽就没有区别了。禽兽没有礼，所以乱伦胡来。圣人不忍心看到人处于这种局面之中，于是以礼教人，使人有礼，从此有别于禽兽。

世界上不同文化在各自发展的过程中都由野蛮进入了文明，但走的路线不同。欧洲文明走的是契约路线。古希腊有很多独立的城邦，城邦中的个人在政治上是独立的。他们共同选举自己的代表，与之订立契约，让被选举者来管理。这种背景决定了选举人与被选举人之间属于契约关系。这是以古希腊为代表的欧洲文明的根本特征。与此不同，中华文明走的是礼的路线。钱穆说："礼是一个家庭的准则，管理着生死婚嫁等一切家务和外事。同样，礼也是一个政府的准则，统辖着一切内务和外交……中国人之所以成为民族，就因为礼为全中国人民树立了社会关系准则。"（邓尔麟《钱穆与七房桥世界》，北京：社会科学文献出版社，1998年，第8—9页）礼掌管着一切内务和外交，既是家庭的准则，也是国家的准则。中华文明和其他文明不同之处，即在于这个"礼"字。这个道理，西方一些学者也认识到了。孟德斯鸠说："他们（中国的立法者）把宗教、法律、风俗、礼仪都混在一起。所有这些东西都是道德。所有这些东西都是品德。这四者的箴规，就是所谓礼教。"（孟德斯鸠《论法的精神》上册，北京：商务印书馆，1961年，第313页）意思是说，中华文明最重要的特点是讲礼，把宗教、法律、风俗、礼仪都混在一起，这与西方文明大为不同。韦尔斯也认为："别的民族从来未曾通过举止礼貌的渠道去取得道德秩序和社会稳定的。然而孔子的方法在中国无论如何都取得了巨大的效果。今天世界上没有一个国家像中国那样有讲求礼貌和自我约束的普遍传统。"（韦尔斯《世界史纲》，北京：人民出版社，1982年，第439页）这同样是强调中华文明重礼，具有强烈的特殊性。

"中华民族"这个词，我们常常挂在嘴边，但什么是中华民族，却大有讲究。民族原本是一个血亲的概念，特指拥有一个共同祖先，沿着血亲不断发展，内部有着密切血缘联系的群体，如犹太民族、日耳曼民族、蒙古民族、朝鲜民族等。中华民族则不同，它包括56个民族，这些民族之间很多并没有血缘联系。近代以来，在与其他文明接触的过程中，人们已经认识到了这个现象，逐渐将中华民族归为一个文化概念。中华之名，不是指一个地域，也不是指一个血统，而是指一个文化的族名。"中国有礼仪之大，故称夏；有服章之美，谓之华。华、夏一也。"（《春秋左传正义·定公十年疏》）中华文明重礼仪，礼仪为大，大就是夏。因为重礼仪，所以有服装之美，美就是华。华夏二字含义相同。我们常说中国是礼仪之邦，就是这个意思。中华民族从野蛮进入文明走的是礼的路线，礼是其核心的特征。凡是认同这种文化的，在历史上都可称为中华民族。

礼是用来治国的，这是礼最重要的功能。一般认为，礼字起源于祭神。"禮"字从示从豊，"示"与祭祀相关，"豊"代表案几上放着供品。后来又由祭神、祭祀转移到人。周代制礼作乐之后，有吉、凶、军、宾、嘉之礼，更加系统，治理国家之责全系于礼之上。先秦时就有礼是"国之干"（《左传·僖公十一年》）、"国之纪"和"国之常"（《国语·晋语四》)的说法。"干""纪""常"都是针对治理国家而言的。一个国家要治理好,在中国的文化系统中,不能离开礼,礼是国家的基本骨干和基本纲纪。

中华文明以礼治国,有着深厚的文化基础,不是先贤拍拍脑袋空想出来的。前面讲了,中华文明有其独特的地缘背景、气候背景、经济背景、政治背景,其中经济背景尤为重要。中华文明的起源离不开农业生产,农业生产离不开土地,而土地是无法移动的,所以先民祖祖辈辈都生活在一起。受此影响,中国文化特别重视家庭。在中国文化中,个人是家庭的一员,不具有西方文化中的那种独立性。国家是家庭的扩大化,严格说来就是一个大家庭。这样组成的社会是一个伦理型的社会。这种特殊文化背景,决定中国政治不可能像欧洲文明那样走契约的路线。我们无法想象,我们的先民会和天子订立什么契约,他们可以想到的最有效办法,就是走礼的路线。

除了治国之外,礼还有教人的功能。由野蛮进入文明,作为个人,在中国文化传统中,人必须懂礼。懂了礼,按照礼的规矩做事说话,言行视听,就有了教养,成了文明人。"君令臣共,父慈子孝,兄爱弟敬,夫和妻柔,姑慈妇听,礼也。"(《左传·昭公二十六年》)君是发布号令的,臣是俯首听命的,父亲的责任是慈,孩子的责任是孝,哥哥的责任是爱,弟弟的责任是敬,丈夫的责任是和,妻子的责任是柔,婆婆的责任是慈,媳妇的责任是听。这些都由礼来规定。遵从礼做事讲话,人就显得有教养,用老百姓的话说就叫"懂事",反之别人就会批评其"不懂事",与野蛮人无异。"道德仁义,非礼不成。"(《礼记·曲礼上》)人与禽兽的区别在于人有道德,但道德必须依靠礼来表现,没有了礼,道德无从讲起。

因为重礼讲礼,中国文化非常重视家风。耕读传家,家风是一个不可缺少的内容。一个家庭好不好,与家风好坏有直接关系,而家风好不好,关键又在于是不是重礼。很长时间以来,我们不大提这个了。改革开放后,一些人先富了起来,但因为重视家风的传统断裂了,这些家庭的家风不少也有问题。这些年,家风问题重新引起了人们的重视,这是向传统文化回归的重要表现。

总之,礼是基于血缘联系,以家庭为根本特征的一系列规则。这些规则不是契约,不是律法。中国人治国靠礼,治家同样靠礼。在中国政治传统中,家国是一体的。国家缩小了就是家庭,家庭扩大了就是国家。天子像一个大家长,负责整个国家的治理,让老百姓过好日子。中国人总是希望有一个好的领导人出来,带领大家奔向幸福的康庄大道。家庭教育也是一样。在西方家庭里:尽管我是孩子,但我是独立的。你们是爸爸妈妈,但跟我在政治上是平等关系。如果我调皮了,你们可以讲道理,但要是在我屁股上拍两下,我马上可以告你们。

中国人没有这种观念。爸爸妈妈是家长，担负着教育孩子的责任。孩子不听话了，爸爸妈妈可以批评你，实在不行，甚至可以在你屁股上警示性地拍两下。如果孩子到法院告状，说打孩子不合法，人们一定会说这个孩子不懂事。现在不少人不了解中国文化的这个特点，把西方的契约路线也搬到家庭中来。年轻的爸爸妈妈为了教育孩子，跟孩子订契约：给爸爸妈妈洗碗奖励五毛钱，扫地奖励一块钱。你这样做了，我不给钱，是我违背契约，你可以给我提意见。你要是不做，那我来教育你。我从不这样教育孩子。我的孩子小的时候，洗碗扫地是应该的，因为她是家庭的一员。她要是向我要钱，我首先找她要命，因为她的生命都是我给的。

孔子生活在春秋时期，礼崩乐坏，盛行数百年的周代礼乐制度日渐衰落。这种情况史称"周文疲敝"，意思是说周代礼乐文化衰落了，不管用了。孔子对当时的现状提出了激烈的批评。按照孔子的理解，天下是否有道，有三个标准。其一，"天下有道，则礼乐征伐自天子出；天下无道，则礼乐征伐自诸侯出"（《论语·季氏》）。天下有道，社会治理得好，一个地方出了兵乱，闹了灾荒，由天子来管。当时礼崩乐坏，天子式微，权力旁落，谁的本事大谁是霸主，谁来管。这种乱象与现在有点相似，把孔子的话改一下，可以这样说："天下有道，则礼乐征伐自联合国出；天下无道，则礼乐征伐自美利坚合众国出。"其二,"天下有道,则政不在大夫"(同上)。天下有道,由天子来治理,但是当时不行了,天子大权旁落,甚至诸侯也不行了,由大夫来管。其三,"天下有道,则庶人不议"(同上)。在孔子看来,天下治理得好,老百姓是不议政的,闷头过自己的好日子;天下治理得不好,大家就纷纷议政了。

孔子对当时礼崩乐坏的现象进行了批评,下面两则材料很有代表性。一则是:"季氏八佾舞于庭,是可忍,孰不可忍?"(《论语·八佾》)按照周代礼乐制度的规定,享受什么样的礼乐规模,有严格的要求。天子八佾,诸侯六佾,大夫四佾,士两佾。佾是舞乐规模的单位,八佾就是横竖八人,共六十四个人,这是天子的规模。季氏只是一个大夫,但有钱有势,公然在自己家里享受八佾之舞。孔子听后,感叹"是可忍,孰不可忍"。另一则是:"'相维辟公,天子穆穆',奚取于三家之堂?"(《论语·八佾》)"相维辟公,天子穆穆"是天子祭祀用的诗。季孙、孟孙、叔孙只是大夫,祭祀也用这首诗,这就是违背礼制,犯上作乱。从这两则材料可以看出,礼是让人们各安其位、各行其事、各尽其责的规则。一个国家要治理好,人们必须各安其位、各行其事、各尽其责,按照礼的要求去做。可当时大家都不管这些了,弃礼乐制度于一旁,天下自然大乱。

面对这种情况,人们纷纷寻找原因,希望能够从混乱局面中解脱出来。孔子考虑的是这个问题，墨子考虑的是这个问题，老子考虑的同样是这个问题。前面说过，中国哲学的产生和西方哲学不同，西方哲学产生于闲，中国哲学产生于忧。天下如此混乱，老百姓过不上好日子，受那么多的苦，遭那么多的罪，怎样才能让天下重归太平？先贤们对此进行了各自的思考，提出了各自的办法。孔子想一个办法，墨子想一个办法，老子想一个办法。他们思想背景不同，想的办法也不同，于是就有了不同的学派。这就是儒家、墨家、道家产生的缘由。

孔子想的办法最直接，就三个字：复周礼。周公制礼作乐，把天下治理得井然有序，后来大家不按礼乐制度做了，致使天下大乱。孔子想，这是周礼不好吗？显然不是。如果周礼不好，天下不可能井井有条数百年。原因不在礼不好，而在人们不按礼乐制度去做，不守规矩了。要让天下恢复平治，最有效的办法，就是回到周代礼乐制度上去。"周监于二代，郁郁乎文哉！吾从周。"（《论语·八佾》）意思是说，周是从夏代、殷代发展过来的，继承了夏代和殷代的精华，发展得很好，我的理想就是复归周代的礼乐制度。"如有用我者，吾其为东周乎！"（《论语·阳货》）如果有哪一个诸侯愿意用我，我的理想就是恢复周代的礼乐之制，以此使天下归于平治。孔子还教导弟子："非礼勿视，非礼勿听，非礼勿言，非礼勿动。"（《论语·颜渊》）一切都以周代的礼乐制度为准绳，视听言动，无不如此。

孔子对待周礼也不完全是死脑筋，在一些细节上也主张变通。"麻冕，礼也。今也纯，俭，吾从众。"（《论语·子罕》）冕就是帽子。按照周礼规定，帽子要用麻来做。麻比较粗，做帽子要求很精细，把麻做得精细比较费力，于是有人便用丝来做。"今也纯"，纯就是丝。丝比较细，比较省事，比较节约。这种做法虽然不合周礼的规定，但大家这样做，孔子也认同，适当变通一下。但在大的原则问题上，孔子是不放松的。"拜下，礼也；今拜乎上，泰也。虽违众，吾从下。"（同上）古人行礼非常讲究，如果地位、辈分在下，一定要站在下边拜，不能平着拜，更不能站在高处拜。可当时人们平处也拜，高处也拜。孔子说，这不行，尽管跟大家不同，我还是坚持我的做法，站在下面拜。

对于孔子复周礼的主张，既要看它的历史意义、具体意义，又要看它的思想意义、抽象意义。这两个方面不能完全割裂，但可以分开处理。过去我们研究儒学犯的最大错误，就是受进化论的影响，习惯于从线性角度看历史，没有把这两个方面分开。进化论有一个基本观点，后边的一定比前面的好。虽然这个观点现在已经受到了质疑，但很长一段时间以来非常流行。受其影响，我们坚持"历史五阶段论"，以奴隶社会到封建社会的转化为中心，研究春秋战国的历史。在这个特定的历史背景中，孔子没有顺着历史发展的脚步走，没有代表新兴地主阶级的利益，反而代表落后的奴隶主阶级的利益，在政治上是保守的，开了历史的倒车，成了历史的反动派，必须批判打倒。

如何正确评价孔子的政治主张是一个复杂问题。孔子复周礼的政治主张，在今天看来的确不先进，是保守的，但这种保守并非没有意义。保守与激进相对。我们受进化论的影响，一般不喜欢保守，喜欢激进。激进很容易推翻一个社会，但往往不能很好地继承文化传统中的合理部分。激进与保守、革命与改良的关系并非如一般想象的那么简单。我现在的政治立场就是保守的，我不认为我的这种立场有什么不对。

孔子复周礼的保守政治立场，对中国文化的继承和发展有着重大影响。这可以从两个方面来看。

第一，延续了礼的治国路线。周代礼乐制度在治理国家方面是有成效的。虽然后来人们不按这套办法做了，但孔子认为，这并不是因为礼不好，要让天下归于平治，最好的办法是回到这套制度上去。孔子这种努力的意义，和墨家、道家相比照，才能看清楚。墨家和道家都没有走这条路线，在当时各个学派中，唯有儒家希望继续沿用周礼的办法平治国家。正因为儒家坚定不移地坚持了这条路线，周礼的精神才得到了延续，对其后中国文化的发展产生了深远的影响。

孔子之所以坚持复周礼，是因为在他看来礼是实现天下中和最理想的办法。"中和"是一个重要的概念。"中"指事物量的合宜的点。任何事物都有一个量的合宜的点。如果能够保持这个点，做事就能达到比较理想的效果。我们在高中学哲学，曾涉及这个问题。事物既有质的规定，又有量的规定，而量都有一个合宜的点。比如喝水，水温是多少？一定有合宜的点，太烫了不行，太凉了也不行。于是，就需要找到合宜的那个点。"和"的意思与"中"相近，又不完全相同。"和"是把不同的元素放在一起，达到一个比较好的比例。比如做汤，要放水，放酱油，放醋，放味精，这些东西达到一个比较好的比例，就叫"和"。与之相对的是"同"。"同"是一味的单一。如汤里头只有水或者只有酱油，就是同。理想的状态是和不是同。"君子和而不同，小人同而不和。"(《论语·子路》)"和实生物，同则不继。以他平他谓之和，故能丰长而物归之；若以同裨同，尽乃弃矣。"(《国语·郑语》)讲的都是这个意思。

孔子认为，达到中和最好的办法是遵行礼制。"礼之用，和为贵，先王之道，斯为美。"(《论语·学而》)这话并非出自孔子，是有子说的，但可以代表孔子的思想。礼是做什么的？礼是用来达到和的。先王之道，明白这个道理，所以天下治理得好，不管大的国家，小的国家，大家都这样做，天下就和谐了。"中也者，天下之大本也，和也者，天下之达道也。""致中和，天地位焉，万物育焉。"（《礼记·中庸》）按照孔子的理解，一个社会，如果大家都遵守礼乐制度，各安其位，各行其事，各尽其责，社会自然就和谐了。不能因为你有钱，就可以乱来，你的力量大，你就可以把天子推翻。家庭也是一样，家庭最重要的是和谐。一个家庭好与不好，不是看妻子多漂亮，丈夫多帅气，也不在乎谁多干一点，谁少干一点，说话谁分量重一点，谁分量轻一点，而是看能否达到和谐。"礼乎礼！夫礼所以制中也。"（《礼记·仲尼燕居》）礼的目的是要达到"中"。孔子提倡中，不是从一般方法论意义入手的，首先考虑是政治问题。时下儒学研究多失此意，不能体会中的政治内涵，这需要引起警惕。

中和与中庸紧密相关。孔子重视中和，其实就是重视中庸。"中庸之为德也，其至矣乎！民鲜久矣。"（《论语·雍也》）孔子感叹，中庸之德实在是太高了，老百姓已经很少有懂得这个道理，按照这个原则行事的了。"君子中庸，小人反中庸。"（《礼记·中庸》）"小人之（反）中庸也，小人而无忌惮也。"（同上）君子懂得中庸的道理，时刻按照中庸的原则行事；小人则不同，不顾中庸的原则，肆无忌惮，胡作非为。

中庸的具体含义到宋代已经不太清楚了。这些年的研究有了很大进步，证明中庸并不复杂。"庸"就是用，中庸应倒过来读，也就是"用中"。事物由不同要素组成，这些要素配合得宜就是中，做事最理想的就是要达到这个"中"。"质胜文则野，文胜质则史。文质彬彬，然后君子。"(《论语·雍也》)质是朴实，文是文采。如果朴实过了头，超过了文采，就是野蛮粗鲁。如果文采过了头，超过了朴实，就是虚伪浮夸。一个人既要有文，又要有质，二者结合好即为"文质彬彬"。中庸不同于折中。中庸是在肯定一个事物原则和性质的前提下，力争找到两端当中合宜的点；折中则是为了照顾某种利益，否认事物的根本原则和根本性质。中庸只是在量上做文章，并不否认事物的质；折中则是丧失原则，墙头草，耍滑头，东边有风往西边倒，西边有风往东边倒。

虽然孔子讲中庸主要是从政治角度进入的，但这个问题同时也有普遍的方法论意义。事物在量上都有一个合宜的点，选择这个合宜的点，就是用中。这方面的例子比比皆是。教室不能太大，也不能太小。太大了，不便于交流，太小了，效率不高。开个玩笑，一个女孩子很漂亮，一个男孩子很帅气，我们从身边经过，不免要多看两眼，但看几眼也有一个量的规定。反复盯着看，色眯眯的，那叫思想有问题。一眼都不看，完全没有感觉，那叫身体有问题。我举这个例子，虽有调节课堂气氛的意思，但也有真意在。人们往往认为，儒学道貌岸然，远离生活，不食人间烟火，其实不是这样，儒学是非常贴近生活，非常自然的。

第二，加强了礼中的道德力量。周人制定礼乐制度，本身就有道德的内涵。各安其位，各行其事，各尽其责，对国家而言，这是礼，对个人而言，这又是德。天子做什么怎么做，诸侯做什么怎么做，大夫做什么怎么做，士做什么怎么做，在礼乐制度中有详细规定，按其要求去做，也就成就了自己的德。孔子在坚持继承礼乐制度的过程中，进一步加强了这方面的内涵。

在这方面，孔子有一段话非常重要：

> 道之以政，齐之以刑，民免而无耻；道之以德，齐之以礼，有耻且格。(《论语·为政》)

这段话，可以视为孔子政治思想的最高纲领。孔子清醒地看到了当时治国有两种路线，一是把大家引导到政治上来，用刑法整齐划一。这种办法管用，但境界不高，"民免而无耻"。"民免"就是老百姓想法不触犯律法，打擦边球，免于罪过。"无耻"就是没有羞耻之心。一个人、一个社会没有羞耻之心，是最可怕的。再一个办法是把大家引导到道德上来，用礼整齐划一，这样老百姓不仅有羞耻之心，而且"格"。这个字有不同的解释，我释为"来"，指近悦远来。由此不难明白，孔子的政治理念不排斥法，承认法的重要，但认为德比法的价值更高。由此衍生出两种不同的说法，一个是以法治国，一个是以德治国。二者都是治理国家的办法,但按照孔子的理解,以德治国价值更高。一次,一位有名的法律学家在媒体上阐释这两者的关系,讲什么以德治国是手段,以法治国是目的,完全说反了,影响极坏。

孔子关于加强礼中道德力量的论述很多,下面再引两则。"政者,正也。子帅以正,孰敢不正?"(《论语·颜渊》)政是什么?就是正。最高领导人首先正,下边的人谁敢不正?"为政以德,譬如北辰,居其所而众星共之。"(《论语·为政》)用道德的方式治理国家,就像北斗星一样,大家都拥戴,人心相向,你的力量就大。反之,不以道德的方式治理国家,自己乱来,大家都背离,你的力量就小。

加强礼中的道德力量与正名问题密切相关。卫灵公的儿子叫蒯聩,孙子叫辄。按照周礼的规定,卫灵公应当把君位传给儿子。但卫灵公不喜欢他的儿子,喜欢他的孙子,临死的时候,把君位传给了孙子,引得大家议论纷纷。一次子路问孔子,如果卫国用夫子您,您怎么来处理这件事呢?孔子说必先正名。子路这个人比较粗鲁,听孔子这么一说,就讲:"子之迂也,奚其正?"老夫子您太迂了吧,从哪里正呢?从这则材料可以看出,孔子教学生态度非常平和,以至于弟子可以当面说老师迂。孔子虽然有点不高兴,但没有采取过激的做法,只说了一句"野哉",批评弟子太粗野了,对于自己不了解的事情,不要乱说。然后讲道:"名不正则言不顺,言不顺则事不成,事不成则礼乐不兴,礼乐不兴则刑罚不中,刑罚不中则民无所措手足。"(《论语·子路》)这就是正名的出处。

另一段材料和正名也有关系。齐景公问怎么操持政治,孔子说了八个字:"君君,臣臣,父父,子子。"(《论语·颜渊》)过去,我们对于儒学的理解不够准确,常常把这个材料作为批判的对象,批判孔子过分讲纲常,压抑了人性,限制了自由。这些年来理论界已放弃了这种理解,认为孔子这一说法是要告诉我们,君要做好君的事,臣要做好臣的事,父要做好父的事,子要做好子的事。借用西方哲学话语表达,这叫作"责任伦理"。如果在一个社会中大家都做好自己的工作,尽到自己的责任,这个社会当然就治理好了。所以齐景公才讲:"善哉!信如君不君,臣不臣,父不父,子不子,虽有粟,吾得而食诸?"(同上)意思是说,如果不讲责任伦理,谁的力量大谁去抢,哪能轮到我呢?正名思想在今天仍有重要意义。大学教授是干什么的?是传道授业解惑的,是帮助同学追求真理,教育学生明白人生道理的。现在不是这样,不少人禁不住社会的诱惑,学问不好好做,成天在网上蹭热点,当网红,赚大钱。年轻人组成家庭,有了孩子后,很多不知道怎么当爸爸,怎么当妈妈。年轻的爸爸照样打游戏,孩子该哭还哭,该闹还闹,不管不顾。年轻的妈妈有意见,说不通,两个人就吵架,家庭关系闹得很僵。这些问题的原因可以从多方面分析，但按孔子的理念，至少是正名没有做好。

从这个角度，我们就可以明白孔子思想的意义了。经过孔子的努力，礼的文化得到了延续。这方面的意义不可低估。我们可以想这样一个问题：如果墨家成了中国文化的主流，中国文化还能不能走这条路线？如果道家成了中国文化的主流，中国文化还能不能走这条路线？显然不行。从这个意义上说，孔子选择了历史，历史也选择了孔子。孔子之后，中国政治始终沿着礼的路线发展。周实行分封制，秦统一后改为郡县制，尽管有重大变化，但礼的精神没有根本改变。历史上中国多次出现过少数民族入主中原的事件，元代、清代是典型的例子。虽然我打不过你，你可以入主中原，但有一条，你要服膺中国文化。在中国历史上从未出现西方先进民族文化被落后民族武力破坏殆尽的情况。服膺中国文化，其实就是服膺这个礼。这既说明了礼是中国文化的核心，礼文化具有强大生命力，也说明孔子在继承礼文化方面的贡献极大。

"五四"之后，西风日烈，人们对中国文化最大的批评之一，便是中国没有民主，似乎只有学习西方的民主制度，中国才有希望，才有前程。只有极少数人敢于持不同意见。梁漱溟是一个重要代表。在梁漱溟看来，与西方社会不同，中国社会的最大特点是伦理本位，职业分途。西洋人主张竞争，中国人崇尚安分守己，缺乏西洋人的竞争精神。人们如要推选某人为天子，他一定谦让不受，推辞再三。西方人推崇性恶论，不相信人性，中国人对人性持信任态度。西方人重视欲望的满足，中国人重视人生道理的追求。由此出发，梁漱溟力证中国文化之特殊，而特殊的核心就在这个"礼"字，在这块特殊的土壤上，民主道路很难走得通。梁漱溟对这个问题的观察十分深刻，政治敏锐力大大超脱于他的同辈，在今天仍有重要的意义。正如前面所说，你有你的哲学，我有我的哲学，philosophy并非是哲学的化身。同样道理，你有你的政治传统，我有我的政治传统，三权分立并不是政治的唯一方式。合理的做法是各美其美，美美与共。如果硬把西方的东西当作普遍真理，照搬照抄，我们一定会犯根本性的错误。

总之，我们今天仍然离不了孔子，仍然要学习孔子的思想，一个重要的原因是中国是伦理社会，离不了礼的文化。礼是中国文化最为根本的特征。如何既保留传统的优势，又学习西方的优点，走出一条既不完全同于传统，又不完全同于西方的崭新道路，极大地考验着我们的智慧，也是我们不得不提交的历史答卷。

三 独特而合理的道德方式

孔子在复周礼的过程中，特别强调道德的意义，相关内容对于个人而言即为君子之道。君子的说法在孔子之前就有，原指爵位。孔子沿用了这个说法，大大加强了其中道德的含义，成了有德之人的尊称。孔子时常教育弟子要立志成为君子。"女为君子儒，无为小人儒。"（《论语·雍也》）有两种儒，一是君子儒，这是孔子的理想；二是小人儒，这是孔子反对的。小人并非恶人，只是说层次不高。孔子要求弟子，应当成为君子儒，不要沦为小人儒。"君子喻于义，小人喻于利。"（《论语·里仁》）君子与小人的一个重要区别，是对义利的追求不同。君子的价值选择高，始终以义为最高的选项；小人往往只看重利益，以赚钱发家为最高的选择。既然孔子提倡君子之道，而君子之道的核心内容是道德，由此便引出了人如何成为君子，如何成为有德之人的问题。这个问题有着很强的普遍性。世界上任何一种文化，无不讨论这个问题。但孔子相关的论述包含着一些特殊的内容，需要专门研究。

在孔子看来，要达到这个目标，离不开学习。学主要指礼、乐、射、御、书、数，即所谓六艺。六艺中的后四项，即射箭、驭车、书写、术数，内容比较具体，不是我们关注的重点。我们关注的是前两项：礼和乐。这是孔子教学生的重要内容。礼乐是周代制定的一套完整制度，是用来治国教人的。人只有通过学习懂得了礼，懂得了乐，才能按其要求去做，才能成为有德的人，成为君子。"君子博学于文,约之以礼,亦可以弗畔矣夫。"(《论语·雍也》)要成为君子,最重要的是博学于文。这个"文"不是今天讲的文化,而是指周代的礼乐制度。学习了周代的礼乐制度,就可以用礼乐制度约束自己,于社会就没有违逆的地方了。因此,孔子非常重视学礼,明言"不学礼,无以立"(《论语·季氏》)。这句话很短,内容却非常重要。孔子讲过"三十而立"(《论语·为政》)。"立"的标准是什么?就是懂礼,只有懂了礼,人才能"立"起来,才能成人。要达到这个目的,必须认真学礼。

孔子还讲过学诗。"诗可以兴,可以观,可以群,可以怨。迩之事父,远之事君;多识于鸟兽草木之名。"(《论语·阳货》)学诗有很多好处,近可以侍奉自己的父母,远可以侍奉自己的君主。从小处上说,至少可以多知道一些鸟兽草木之名。"兴于诗,立于礼,成于乐。"(《论语·泰伯》)这九个字不长,可以挖掘的东西却非常多。诗是用于兴的,礼是用于立的,最后的目的是成于乐。这里后两句比较好懂,关键是如何理解头一句的"兴"字。诗有赋,有比,有兴。赋是直接的推陈,比是比喻比方,兴则比较特殊。有学者注意到,西方诗论有赋和比,但很难找到与兴相近的东西。我们过去一般将兴理解为联想,新近的研究发现,这种理解不够到位。兴其实是道德主体影响外部对象的一种直觉的思维方式。近来这方面的研究渐渐多了起来,有学者甚至直接将其称为"兴思维",这是一个非常好的现象,潜力很大。

总的来说,在孔子看来,要成德必须学礼,学乐,学诗。《论语》开篇就讲"学而时习之,不亦说乎"(《论语·学而》),绝非偶然。复旦大学校训"博学而笃志,切问而近思"(《论语·子张》),虽然出于子夏之口,但也符合孔子的理念。孔子重视学习的思想,构成了外学的路线。因为礼、乐、诗不在人的心里,所以,学习只能是外学,是一种认知活动。后来《大学》讲三纲八目,其中就包含格物和致知。尽管《大学》的讲法过于简略,可以从不同角度理解,但格物、致知后来成为儒学不可缺少的内容,则是很少有疑义的。孔子开创的这种外学的路线,直接决定着儒学发展的走向。沿着这个方向出现了很多重要思想家,其中最有名的非两人莫属,一个是荀子,一个是朱子。荀子是孟子直接对立面,其思想的突出特征就是重视学习。宋代之后,朱子特别重视《大学》,凸显格物、致知的重要,从大的脉络上看,也是沿着这个路线走的。虽然陆象山、王阳明对其多有批评,但朱子并非无源,这个源头就是孔子学礼、学乐、学诗的思想。这是一个价值度很高的话题,后面会不断提及。

在西方哲学中,也有类似的内容,而且更为系统。"美德即知识"是苏格拉底的名言。在苏格拉底看来,知识是一切善，美德是一种善，所以美德也是一种知识。既然美德是一种知识，那么获得这种美德的重要方式，就是要动用自己的理性能力去学习。人只有通过理性才能获得美德的知识，才能成就美德。这是西方道德哲学的一个重要起点。柏拉图进一步指出，每一种技能都有自己的善，但在一切技能之上有一种最高的善，这种最高的善是绝对的。他把这种绝对的善称为"理型"。最高的善是一种理型，掌握了这个理型，拥有了这个理型，也就成就了自己的善良。柏拉图认为，要得到这一善的理型，必须通过回忆。因为人原来就有这种善，只是来到人间后把它丢掉了，要把它找回来，需要回忆。在柏拉图理论系统中，回忆也是学习的一种，要成德，必须通过学习。作为柏拉图的学生，亚里士多德没有完全照搬其师的理论，不承认世界上有一个最高的绝对的善的理型，而是坚持自己经验论的立场。亚里士多德强调，一切具体的存在都要追求自己的目的，而最高的目的就是善。要追求最高的善，必须从事理性的生活。从事理性的生活，可以是被动的，也可以是主动的。但不管被动还是主动，都必须通过学习，都必须借助认知。这一思想，后来成为西方哲学的主要路线。

就学习而言，孔子重视，西方哲学同样重视，如果只讲到这里，孔子思想的特点还显现不出来。孔子思想在如何成德的问题上有其独到之处，他除了重视学习之外,还找到了或者发现了与成德相关的另外一个因素,这就是仁。仁的思想在孔子之前就有了。最初是美、好、善的意思。《诗经》讲"洵美且仁"(《诗经·叔于田》),"其人美且仁。"(《诗经·卢令》)。在这里,美和仁之间用的是"且"字,这是一个连词,大致相当于今天的和、与。由此可知,美和仁是同义词。《国语·晋语二》讲:"杀身以成志,仁也。"后来这个说法简缩为杀身成仁,成了有名的成语。杀身成仁的前提是要杀身成志。志是自己道德的追求,为了成就道德,宁可牺牲自己的自然生命,一旦做到这一步,也就达到了仁。《国语·周语下》又讲:"言仁必及人。"意思是说,论仁必须讲到人,仁是人的重要属性。

虽然仁字在孔子之前就有了,但孔子大大丰富了仁的内涵。《论语》中关于仁的论述很多。"樊迟问仁。子曰:'爱人。'"(《论语·颜渊》)樊迟是孔子的弟子,问什么是仁,孔子回答说爱人,意思是说爱人就是仁。这句话概括性很强,两千多年来,凡是治儒学的人几乎没有不用的。"夫仁者,己欲立而立人,己欲达而达人。"(《论语·雍也》)仁是什么?仁就是自己希望立的也帮助别人立,自己希望达的也帮助别人达。比如,我想学习好,也帮助同学学习好,我想创业成功,也帮助朋友创业成功。"子贡问曰:'有一言而可以终身行之者乎?'子曰:'其恕乎!己所不欲,勿施于人。'"(《论语·卫灵公》）子贡问老师，有没有一句话可以让其终生遵循的，孔子说有，这就是恕。恕就是将心比心，而将心比心的重要表现是自己不希望的，也不要对别人这样。

学界围绕孔子仁的这些论述，这些年总结出一个金银铜铁律来。金律是"己欲立而立人，己欲达而达人"。这是最好的，最为积极。银律是"己所不欲，勿施于人"。银律较金律略微消极一点，但也是好的。铜律是"人施于己，反施于人"。如果你对我不好，我对你也不好，你骗我，我也骗你，你欺负我，我也欺负你。这种情况在生活中经常可以碰到。比如，下雨天我到图书馆去，把雨伞放在门口，等回来的时候，发现雨伞被别人拿走了，而门口有很多别人的雨伞。这时如果我想，反正我的雨伞让别人拿走了，那我也可以拿别人的，这就叫作"人施于己，反施于人"。最差的铁律是"己所不欲，先施于人"。自己不希望怎样，却先对别人怎样。前几年有件事情在社会上引起了很大震动。有一个孕妇，觉得自己有些事情对不起丈夫，想做点什么让丈夫高兴高兴，就到楼下，跟一个陌生小姑娘说，她身体不方便，能不能扶她上四楼。小姑娘很善良，扶她上了楼。上楼后，他们夫妇两人合伙把这个善良的小姑娘糟蹋了。那个孕妇肯定不希望这种事发生在自己身上，却对那个善良的小姑娘这样做，这就是"己所不欲，先施于人"。

孔子以"爱人""己欲立而立人，己欲达而达人""己所不欲，勿施于人"论仁，与中国文化重视家庭的特点密不可分。前面讲过，中国文化的一个重要特点是重视家庭，重视人际之间的关联。这与西方文化重视单体，重视个人，重视原子，思路完全不同。在中国文化重视家庭、重视人际关系的背景下，每个人都是社会大网中的一个环节。既然你是一个环节，别的环节对你负责，你也要对别的环节负责。梁漱溟将中国文化的这种精神概括为"互以他人为重"。所谓互以他人为重，很重要的就是遇事不能只为自己着想，而应该首先想到他人。

有一年，刚刚过了八月十五，家里仍有不少月饼。月饼太甜了，年纪大了不愿意多吃，又不能扔掉，只好长流水不断线，今天消化一块明天消化一块。一次我为了赶稿子，吃饭去得很晚，饭堂的人稀稀落落的。我要了一份大排面，坐下来，正要把口袋里的月饼掏出来吃，注意到桌子的对角坐着一个留学生模样的人：个头很高，鼻子很挺，戴着耳机一边听音乐，一边吃饭，一副若无其事的样子。但他的餐盘很奇怪，只有二两米饭，一个菜都没有。直觉告诉我，这个学生没有饭钱，肚子又饿，只买得起二两米饭充饥。这个时候我正要掏月饼的手马上缩了回去。人家都那样窘迫了，你又是大排面，又是月饼，不是刺激人家吗？但又不能把月饼给他，他这么晚来饭堂，就是不希望引起别人的注意。你把月饼给人家，表面看是关心，其实是伤了他的自尊心。按理说，我吃月饼是我的自由，我吃我的，你吃你的，我不干涉你，他人不能指责我。但中国人从不这样想问题，中国人讲究的是互以他人为重，要站在别人的角度考虑问题。

这个道理今天理解起来有一定难度。独生子女政策是针对过去人口政策失误不得不采取的补救措施，这一政策有效控制了人口的过快增长，但对于中国传统文化的继承也有不小的负面作用。中国传统文化的家庭伦理最重要的有两条：一是对于长辈要孝，二是对于兄长要悌。因为都是独生子女，没有兄长，悌也就没有了基础。独生子女最大的问题是只知道自己不知道别人，只知道别人应该爱自己不知道自己应该爱别人。在大学校园里生活，如何处理好同学之间，尤其是寝室内部舍友的关系，是门必修课。因为独生子女有先天劣势，在这方面出了很多问题。前几年某大学医学院的一个博士生因为与自己的室友关系处不好，把实验用的药品放在宿舍的饮水机里，报复人家。室友喝了之后，很快出现呕吐症状，但就是查不出原因，不久就死了。这个教训很深，教育独生子女正确处理同学之间的关系，是一个重要的课题。

在正常情况下，应该是家里有几个孩子，大的带着小的，小的拥着大的。我岁数不小了，但在家里排行老幺,有三个哥哥两个姐姐。我小的时候哥哥姐姐总是照顾我,有好吃的留给我,我受了欺负替我报仇。在我心目中,哥哥姐姐都是了不得的大英雄。但我有一个遗憾:没有弟弟,没有妹妹,不知道怎么照顾弟弟,怎么照顾妹妹。我太太跟我相反,她有三个弟弟,从小就知道怎么照顾弟弟,弟弟受了欺负替他们讨回公道,弟弟不听话了,排好队给他们训话。但她也有个遗憾,没有哥哥,没有姐姐。她总跟我说,真希望有个哥哥有个姐姐,知道被哥哥姐姐照顾是什么感觉。我讲这些,是希望大家明白,很多似乎正常的事情其实未必正常,独生子女就是如此。受此影响,他们往往没有站在别人角度考虑问题的习惯。

相较于大陆,台湾的情况要好一些。台湾不施行独生子女政策,他们的说法是"一个有点少,两个刚刚好"。前些年,我在台湾大学做访问学者的时候,有一次坐捷运(即地铁)外出,到站后去卫生间。正方便的时候,眼角的余光注意到一个大人带着两个男孩来到卫生间。两个男孩明显是哥俩,哥哥七八岁,弟弟三四岁,大人是他们的爸爸。大男孩进来后可能是担心弟弟个子小,够不着,没有自己先找一个小便池,而是转了一圈,找到一个残疾人专用的便池,比较矮,招呼他的弟弟去那里。弟弟很调皮,说:"不,我要跟哥哥在一起。"这时他爸爸发话了,说:"要听哥哥的话。"小男孩说:"不嘛,我要跟哥哥在一起。"听弟弟这么讲,大男孩跟弟弟招招手,让弟弟到他身边去。小便池比较高,弟弟够不着,哥哥就帮着他挺着小肚子在那里尿尿。这个场景引起了我很大的震撼,心里有一种莫名的感动。当时没有办法照相,要是可以的话,我一定要把这个场景照下来。大家想想看,七八岁的小男孩作为哥哥,进了卫生间之后首先想到的不是自己,而是他的弟弟。长此以往,弟弟怎么能不尊敬哥哥?

在讲了这么多事例帮助大家加深对仁的理解后,我们再来对仁进行理论层面的分析。孔子关于仁的论述很多,把这些论述归纳起来,很容易发现仁有一个重要的特征,这就是内在性。仁和礼最大的不同在于,礼是外在的,仁是内在的。孔子讲:"刚毅木讷,近仁。"(《论语·子路》)"仁者,其言也讱。"(《论语·颜渊》)木讷指嘴拙,茶壶里煮饺子,有货倒不出来。按照今天的标准,说刚毅近仁好理解,说木讷近仁就不好理解了。但在孔子那个年代,木讷常被视为一种好的品德。孔子不喜欢太善于言说的人,"巧言令色,鲜矣仁"(《论语·学而》),讲的就是这个意思。孔子又讲:"能行五者于天下,为仁矣……恭、宽、信、敏、惠。"(《论语·阳货》)恭、宽、信、敏、惠都是具体的品德。品德的根基在内而不在外,所以仁有内在的特征。

内在的特征直接决定了仁含有丰富的情感性。"唯仁者能好人，能恶人。"(《论语·里仁》)只有做到了仁，才能真正喜欢一个人、讨厌一个人，而喜欢和讨厌都属于情感。"弟子，入则孝，出则悌，谨而信，泛爱众，而亲仁。"(《论语·学而》)弟子在家里孝顺自己的父母，出门尊敬自己的兄长，讲话很谨慎讲诚信，泛爱周围的人，亲近有德的人，这些内容无不与情感相关。仁具有情感性最有名的材料见于孔子对宰我的批评。孔子是非常好的教育家，很少严厉批评学生，但有个学生比较倒霉，从《论语》保留下来的材料看，两次挨了孔子的骂。他就是宰予，亦称宰我。孔子之时流行三年之丧的做法，父母亲过世了，孩子要行丧三年。宰我认为，三年太长了，很碍事，"君子三年不为礼，礼必坏；三年不为乐，乐必崩"，建议改成一年，"旧谷既没，新谷既升，钻燧改火，期可已矣"(《论语·阳货》)。意思是说，旧谷子吃完了，新谷子刚上来，刚好一年，也就差不多了。古人钻燧起火，各季度用的木头不同，比如春天用柳木，夏天用杏木，等等，转了一圈，又回来了，刚好是一年。孔子循循善诱，对宰我讲：如果你的父母过世了，让你吃好的、穿好的，你的内心安稳不安稳呢？宰我讲话不动脑子，直接答道："安。"孔子不高兴了，说："夫君子之居丧，食旨不甘，闻乐不乐，居处不安，故不为也。今女安，则为之。"(同上)意思是说，父母不幸过世了，让他吃好的，也不觉得甘甜，让他穿好的，也不觉得舒适，让他住舒适的地方，也不觉得安逸，因为内心不安，所以不做。如果你心安，那你去做好了。挨了孔子的骂以后，宰我悻悻然出了门。他刚出门，孔子就对留在房间里的其他弟子说："予之不仁也！"（同上）这是一段非常有名的材料，常常用来说明仁有强烈的情感性。

由于仁是内在的，又是一种情感，所以能不能做到仁，不靠别人，只靠自己。"有能一日用其力于仁矣乎？我未见力不足者。"（《论语·里仁》）一个人如果希望做到仁，他的力量就是足够的，我没有见过力量不足的人。"仁远乎哉？我欲仁，斯仁至矣。"（《论语·述而》）仁一点儿都不远，只要我努力，就可以做到仁。"为仁由己，而由人乎哉？"（《论语·颜渊》）行仁不靠别人，不靠你的同学，不靠你的领导，不靠你的爸爸妈妈，完全靠你自己。这就叫"为仁由己"。孔子这些思想开辟了内求的路线，对后来以孟子、象山、阳明为代表的心学一系，有深远的影响。

上面对仁的内容和特点进行了概括，但这还不足以说明仁究竟是什么。这是儒学研究中始终横亘在我们面前的"老大难"问题。按照《说文解字》的说法，"仁，亲也，从人、二。"段玉裁认为仁是会意字，指出："人耦犹言尔我亲密之词，独则无耦，耦则相亲。故其字从人、二。"（段玉裁《说文解字注》，上海：上海古籍出版社，1988年，第365页）意思是说，仁字从单人旁，从二，表达人与人之间的关系。但按照这种解释,很多问题说不清楚。前面讲过,我一直说中国哲学有两个概念很难理解,一个是老子的道,再一个就是孔子的仁。两千多年过去了,对这两个概念仍然有不同的理解,有不同的诠释。

历史上关于仁的解释,大致有这样几种做法。一是希望以仁的某个具体表现来统一仁。比如,有人说仁是"爱人",有人则说仁是"己所不欲,勿施于人"。还有人说仁是"己欲立而立人,己欲达而达人"。这些解释有一个共同的缺陷,即:只是希望用仁的一个具体子项来涵盖其母项。从逻辑上说,任何一个子项,哪怕是大一点的子项,涵盖其母项,都有困难,都难以自圆其说。仁的内涵实在是太丰富了,其中每一个内涵都是它的一个子项,这些子项都无法涵盖其母项。二是对仁做出自己的解说。这种做法的重要代表是宋代的朱熹。朱熹不满当时人对于仁的理解,特别是只以爱说仁,撰有《仁说》一文,将仁诠释为"心之德""爱之理"。按照这种解读,仁是心中德的那个部分,是爱的道理,不能将心等同于仁,也不能直接以爱释仁。朱熹的这种做法将孔子仁的思想提升到了一个新的高度,对后人有重要影响。近代以来,冯友兰又把仁概括为全德之名,意即仁是所有德性的总称,是全部德性的集合体。虽然这种做法有了很大进步,但仍然有其不足。这是因为,朱熹的解释是以其理学为背景的，理学本身就有可争议之处，近代以来更是受到以牟宗三为代表的学者的批评。即使不计较这些，完全接受朱熹的说法，以"心之德""爱之理"释仁，仁为什么是心之德，为什么是爱之理，仍然不够明白。冯友兰将仁概括为"全德之名"的不足就更加明显了，它只是对仁的各种特点加以综合，而没有说明仁究竟是什么。

因此我认为，我们不能止步于此，还必须进一步对仁进行彻底的哲学式的说明。我特别强调这个问题的重要性，认为它标志着传统思维方式和非传统思维方式的重大区别。只有这一步工作做好了，对仁的解说才能从传统范式中摆脱出来。希望大家能够重视这个问题，不要想当然地认为，现在传统文化回归了，儒学研究有了很大的进步，出了很多重要著作，形势一片大好了。不客气地说，在这个问题上，现在的研究在总体上与古人仍然没有原则性的不同，没有根本性的进步。

我从事儒学研究伊始，一个重要的努力方向就是希望打破传统的做法，对仁进行彻底的理论说明。这也是我和其他学者在这个问题上的重要区别。根据我的一贯思路，我将仁界定为社会生活和智性思维在内心结晶而成的心理的境况和境界，简称"伦理心境"。伦理心境是我提出来的一个核心概念。以伦理心境解说仁，不难明白，孔子说的"仁"与后来孟子说的"良心"，其实是一回事。孔子没有直接以心说仁,孟子则直接以良心说仁。按照这种进路,仁就是每个人都有的那个好的心,即良心。这些年来的考古发现,从一个侧面印证了这个说法。仁字的原型不是从人从二,而是上面一个身,下面一个心,或上面一个千,下面一个心。这一字形告诉我们,仁就是人心。在许慎那个时代,仁字的含义已经不大清楚了,但他至少还保留了其他的一些可能,比如说"古文仁,从千心""或从尸"(《说文解字》卷九)。这一补充最大的价值,是让我们明白了,应该从心的角度来理解仁。

  这个意思,在日常生活中还能够看到。我们吃月饼,月饼有很多种馅,比如豆沙馅,莲蓉馅,椰蓉馅,还有一种叫五仁馅,也就是核桃仁、瓜子仁、杏仁、芝麻仁、花生仁。五仁的"仁"字怎么写?就是仁义道德的仁。按照这种字义,仁就是坚壳中那个柔软的部分。这种情况用北方话讲可能更为清楚。北方话讲"仁"带儿化音,叫"仁儿"。在北方文化圈生活的人,一讲到"仁儿"就知道是指坚壳中的那个柔软的部分。孔子讲仁的时候,很可能知道这个道理。当然,这方面我们现在还只能找到汉代的材料,汉代以前的材料还很难找到,还需要古文字学家进一步努力。但从思想发展的脉络看,这个路子是值得认真考虑的。我以伦理心境解说仁,就是从"心"的角度进入的。这一思路可以带来一系列的改变，具有革命性的意义，很多过去难以理解的问题，都可以得到较好的说明。人既要自信，又要不自信。太自信了不行，太不自信了也不行。该自信的地方要自信，该不自信的地方要不自信。在对仁的解释上，我是非常自信的。当然，关于伦理心境的问题，考虑到课程的内在关联性，这里只能提个头，具体内容将在孟子一章展开（详见第五章第二节"孟子的性善理论"）。

综上所述，在孔子那里，成德有两条路线，一是外学的路线，一是内求的路线。外学就是学礼，学乐，学诗。内求就是求自己内在的仁，也就是后来孟子说的良心。孔子这方面的思想蕴含着深刻的哲学意义，亟须深入挖掘，下面两个问题尤为重要。

首先，以内在之仁作为行礼的动力。孔子在复周礼的过程中注意到一个现象：礼明明摆在那里，有人却偏偏不去施行。这不是礼不好，而是内心没有行礼的基础。比如，季氏当然知道只有天子才能享受八佾之舞，但还是发生了"八佾舞于庭"的事件。在明白了这个道理之后，孔子将思想的重点转向了仁，力图以仁作为行礼的思想基础。《论语》的编排没有逻辑顺序，但研究者发现，其中仍有时间次序可寻。孔子中年，思想重点在礼，到了晚年，思想重点在仁。《论语》中礼字出现75次，仁字则出现109次，较礼字多出不少。之所以有这种变化，一个合理的解释是，孔子晚年终于明白了，一个人做不到仁的话，再好的礼乐制度都没有用。"人而不仁，如礼何？人而不仁，如乐何？"（《论语·八佾》）这一章所要表达的，就是这一思想。孔子这一思想直接开创了"道德动力学"的滥觞。"道德动力学"是我提出的一个说法，意在表明一种道德学说必须有动力，否则就是死的，没有任何实际效应。孔子晚年大力提倡仁的学说，就是想办法找到这个动力。

这个问题在今天有重要的现实意义。礼可作狭义、广义之分。孔子复周礼之"礼"指周代的礼乐制度，当今社会生活中的道德法则、规章制度，其实也是一种礼。孔子面临的礼是狭义的，我们面临的礼是广义的。从小爸爸妈妈就告诉我们要遵守交通规则，红灯停绿灯行，但还是有不少人闯红灯，以致形成中国式过马路的奇特景象。这里就有一个道德动力问题。孔子相关思想告诉我们这样一个重要道理：只有每个人将内在的道德根据树立起来，遵守道德法则、规章制度才有动力。否则，再详细、再完备的道德法则、规章制度也只能束之高阁，无法落实。以现有的道德教化水平来说，几乎没有人不了解红灯停绿灯行这一交通规则，但只有找到自己内在的道德根据，才能将此作为自己的自愿行动。

其次，仁作为动力之源，其性质是人文的而非宗教的。以内在的道德根据作为遵循礼的思想基础，既可以宗教的形式出现，也可以人文的形式出现。一个基督徒见到了红灯等一等，因为上帝教导他要自觉行善。一个佛教徒见到了红灯等一等，因为因果缘起决定善因必有善果，恶因必有恶果。与宗教相比，孔子思想的特殊性就显现出来了：孔子以仁作为行礼的内在基础，而仁不是宗教性的，是人文性的。长期以来，关于儒学是否宗教的问题一直有争议，双方各执己见，互不相让。在我看来，如果对孔子的仁进行深入考察的话，我们只能得出儒家并非宗教的结论。

这个问题在今天同样有很强的现实性。考察世界文明史，我注意到一个非常有意思的现象：自轴心时代之后，世界上大的文化系统，都走上了宗教的道路，如基督教、佛教以及稍晚一点的伊斯兰教。因为先秦的特殊背景，加上孔子重要的定位作用，中国文化并没有走宗教道路，始终沿着人文的大道阔步向前。后来，虽然也诞生了道教，引进了佛教和基督教，但儒家一直是中国文化的主流。这种情况充分说明，中国人不需要借助宗教的方式，同样可以解决道德动力问题，同样可以活得精彩，活得有意义。现在社会上流行一种似是而非的看法，好像一个人只有信奉了某种宗教，内心才有依靠，生活才有方向，以至于听到某人皈依了佛门，某人信仰了基督，大家纷纷效仿，以为这是寻求生活意义的不二法门似的。如果我们认真研究孔子，就会明白，不走宗教的道路，依靠内在的仁，同样可以生活得有意义。更为重要的是，因为仁不是宗教性的，可以避免宗教的很多弊端。受儒家文化影响的中国人不依靠宗教而能找到自己人生的方向，不是其缺点，恰恰是其优点，是优胜于其他宗教的地方。这是儒家道德学说一个十分鲜明的特色，包含着极高的学理价值，今后将会不断提及。

四 道德理想主义

上面分别分析了孔子创造的独特而合理的政治方式以及独特而合理的道德方式，最后作为一个小结，谈谈孔子思想的核心。学界对什么是孔子思想的核心有不同的意见，有的说是"爱人"，有的说是"中庸"，有的说是"己欲立而立人，己欲达而达人"。这些说法过于具体，过于狭隘，未能说到根本处。在我看来，孔子思想的核心应该说是道德的理想主义。

道德的理想主义这一概念，其他学者早就用过。牟宗三早期的一部著作，书名就叫《道德的理想主义》。但牟宗三主要是在其他意义上使用这个概念的。与牟宗三不同，我这里说的道德的理想主义专指道德的理想，意即不管在哪一个方面，治国也好，做人也罢，不管在任何环境下，顺境也好，困境也罢，都必须坚持道德的方向，坚持道德的指引，将道德视为最高的价值。孔子自己就是这样做的，在政治问题上讲道德，在做人问题上更讲道德。道德是一个主轴，支撑着孔子全部的心灵；道德是一条红线，贯穿着孔子全部的言行。

正因为如此，孔子创造的政治方式和道德方式都是独特的，有着极强的中国特色。如果希望中国文化今后的发展不沦为其他文化的附庸，不成为其他模式的镜像，就必须认真学习和研究孔子的思想，重视其思想的这种特殊性。

第三章　墨子及其创立的墨家学派

墨子姓墨名翟，生于春秋战国之际楚国北部边陲鲁阳。鲁阳现在的位置，学界有不同的看法。有的说在山东一带，有的说在河南一带。墨子的生卒年没有确考，大致为公元前480年到公元前389年。与孔子是同时代的人，但年份稍晚。

墨子曾把自己的书献给楚惠王。楚惠王很喜欢，但觉得书上的道理、政策没有办法真正落实，又不想轻易放走墨子，就跟墨子说，你的主张好是好，可我没法用，放你走，又让天下人笑话，这样吧，我把你养起来，好吃好喝好招待。墨子说，不用我的义，只留我的身，这叫"义粜"（《墨子·鲁问》），也就是让我卖义，这种事是不能做的。先秦很多学派的代表人物都有很高的道德操守。孔子是这样，墨子也是如此。

要了解墨子的思想，需要回到上一章提到的"周文疲敝"的话题。这是一个非常重要的学术背景，只有从这个背景才能理解中国为什么会出一个孔子，为什么会出一个墨子。墨子早年曾学于儒，后来发现儒家的道理不合他的心思。儒家的理想是回归周代的礼乐制度，在墨子看来，这不是治理国家最好的办法，于是背离了儒家，创立了自己的学派。从这个角度不难明白，墨家是作为儒家的对立面出现的。哲学发展有一个规律：一个人出来，只要其思想能够成为一个系统，有大的影响，其后一定有另外一个人出来，站在他的对立面。古今中外概莫能外。

墨子不喜欢儒家的主张，主要是因为周代礼乐制度"烦扰而不说""糜财而贫民""伤身而害事"（《淮南子·要略》）。周代礼乐制度是一套严整的政治制度，十分繁复，让大家不喜欢，这叫"烦扰而不说"。这种做法造成了很大的浪费，既伤身又碍事，老百姓过不上好日子，这叫"糜财而贫民""伤身而害事"。在墨子看来，天下要归于大治，不能走复周礼的道路，应该想一个更加彻底的办法。这个办法就是用夏政，也就是回到比周代更早的夏代。墨家的政治主张可用一句话加以概括，这就是"背周道而行夏政"（同上）。

有两则材料可以说明墨家在当时影响之大。孟子说："杨朱、墨翟之言盈天下，天下之言不归杨，则归墨。"（《孟子·滕文公下》）孟子总结当时的学术环境，认为有两家最为重要：一家是杨朱，杨朱主张为我，重视养生，自己有很大的本事，但就是不出山；另一家是墨子。天下学说这两家最有名，不归杨则归墨。韩非子的说法有所不同，认为"世之显学，儒、墨也"（《韩非子·显学》）。天下显学一家是儒，一家是墨。孟子与韩非子的说法有异，但都包含墨家，可见墨家在当时确实有很高的地位，是有名的显学。

墨子的思想对中国士人有一定的影响。曾国藩日记中有这么一段："细思立身之道，以禹墨之勤俭，兼老庄之静虚，庶于修己、治人之术，两得之矣。"（《曾国藩日记·咸丰十一年正月初一日》，见《曾国藩全集》，长沙：岳麓书社，2011年，第十七册，第120页）在曾国藩眼中，就修身而言，有两派特别重要，一是老庄，二是大禹和墨子。老庄的特点在于静虚，大禹和墨子的特点在于勤俭。人要修养身心，需要在这两个方面下功夫。

尽管墨子在当时为显学，但先秦之后影响越来越小，少有人继承，乃至最后沦为绝学。只是到了清代之后，人们才重新从故纸堆里检出墨子的文本重新研究，重新学习。墨家对中国两千年的政治思想、哲学思想缺少实质性的影响。世之显学何以沦为绝学？这个现象值得细细思量。

一　墨子思想的基本内容及其评价

墨子思想丰富，甚至在自然科学方面也多有贡献。

比如，当时他就发现了小孔成像的原理。2016年8月我们发射了一颗名为"墨子号"的量子卫星，就是为了纪念这位伟大的科学先贤。后期墨家包含丰富的逻辑思想，史称"墨辩"。现在普遍认为，这是可以与古希腊亚里士多德的形式逻辑相媲美的、完全不同的一套逻辑系统。当然，墨子最重要的思想还是所谓的"十事"，即：尚贤、尚同、兼爱、非攻、节用、节葬、非乐、非命、天志、明鬼。其中尚贤、尚同、兼爱、非攻可以归纳为墨子的政治思想；节用、节葬、非乐可以归纳为墨子的经济思想；非命、天志、明鬼抽象度高一些，可以归纳为墨子的哲学思想。

首先讲尚贤和尚同。作为儒家学说的对立面，墨子思想首先表现为尚贤。要理解墨子这一思想需要将其置于当时的背景之下。儒家重视周礼，而周礼的核心是亲亲尊尊。周代实行分封制，天子把与自己有血缘联系的人分封到不同的地方。封与被封之间是血亲关系，周礼完全建立在血亲宗法的基础之上。因为是血亲宗法关系，人与人之间尊卑等级不同，形成大小不同的圈子。亲亲是亲与自己有血缘联系的那个亲，其要点是孝，以此对自己的长辈负责。尊尊是尊比自己更为重要的那些人，其要点是忠，以至于最后忠于天子。"亲亲之杀，尊贤之等，礼所生也。"（《礼记·中庸》）在血亲宗法关系中不断地递减，以形成尊卑不同的等级系列。为了保持这个系列的秩序，必须制定礼。《中庸》这个说法，很好地表达了这个道理。

自周建国以来，这套做法施行了几百年，但墨子对此并不看好。因为它完全建立在血亲宗法关系之上，如果和当政者有血亲关系，那自然好说，否则，纵有再大的本事，也不会得到机会，无用武之地。为此，墨子提出了尚贤的主张。"是故国有贤良之士众，则国家之治厚；贤良之士寡，则国家之治薄。"(《墨子·尚贤上》)一个国家贤可的人多，这个国家就能治理好，贤可的人少，这个国家就不能治理好，就会有动乱。因此，治理国家最好的办法是把贤能的人推举出来。"贤者举而上之，富而贵之，以为官长；不肖者抑而废之，贫而贱之，以为徒役。"(《墨子·尚贤中》)有本事的人，不管什么出身，统统举荐出来，让他们当官，委以重任。反之，没有本事的人，不管什么背景，统统不予重用，打入另册，弃而不用。

墨子对尚贤想得很细，规定了很多具体措施，我戏称"墨子用人三大原则"："不党父兄，不偏富贵，不嬖颜色。"(《同上》)用人最重要的是看是不是有本事，而不是看是不是自己家里的人，是不是我们那个地方的人；最重要的是看是不是有才，而不是看是不是有钱有势；最重要的是看是不是有能耐，而不是看是不是漂亮帅气。墨子用人的这三大原则在今天仍然有很高的价值，不容易做好。现在年轻人到社会上求职，颜值高一点，衣着得体一点，举止得当一点，被录取的概率就大一点。社会就是这样残酷。绝对公平，绝对合理，只能存在于理想之中。

按照尚贤的办法，天子是选出来的。"是故选天下之贤可者，立以为天子。""选择天下之贤可者，置立之以为三公。""选择其国之贤可者，置立之以为正长。"(《墨子·尚贤上》)把天下贤可的人选出来，立为天子。天下的事情太多了，天子忙不过来，还要把天下贤可的人选出来，立为三公，把中层干部选好，帮助天子治理天下。光有这两层还不行，还要把国之贤可者选出来，立为正长，也就是把基层干部选好。这样，天子最高层，三公中层，正长下层，整个社会的领导层就这样通过选贤的办法选了出来。

墨子理想中的君臣关系与周代礼乐制度，有原则性的区别。墨子说："君，臣萌通约也。"(《墨子·经上》)"萌"通"氓"，又通"民"。"臣萌通约"意思是说，君是臣和百姓一起商议约定出来的。这句话很短，只有几个字，蕴含的道理却十分深刻。近代以来西方国家的最高领导人主要来自选举。所谓选举，从一定意义上说，其实就是大家在一起商议出一个人选。墨子"君，臣萌通约也"的思想与此有一定的接近度。清代之后，墨子重新引起人们关注，这是一个重要原因。梁启超看到了墨子文本中这些说法后，非常惊讶，认为这些思想已涉及了国家起源问题，与欧洲的民约论很相像。他说，民约论源于英国的霍布斯和洛克。这种理论认为，人类未建国之前，是野蛮的自由，漫无限制，不得已聚起来商量，立一个首长，于是就产生了国家。墨子关于"君，臣萌通约也"的说法，讲的正是这个道理。当时正是"打倒孔家店"，推翻传统文化如火如荼的时候，梁启超这样评价墨子，让喜爱中国文化、为中国文化鸣不平的人好好骄傲了一把。甚至还有人不满意梁启超的讲法，批评他讲得不到位：不是墨子的思想和欧洲的民约论很相像，而是欧洲的民约论和墨子很相像，墨子比欧洲的民约论早了两千年。

权力由选举约定而来，其移交自然不能世袭，合理的做法是禅让。墨子主张，天子的权力一定要禅让。这完全是和周代礼乐制度对立的。周代实行嫡长子继承制，权力由长子继承。在墨子看来，这种做法最大的问题是贤可的人没有出头之日，所以必须破除，代之以禅让制。"古者尧举舜于服泽之阳，授之政，天下平。禹举益于阴方之中，授之政，九州成。"（《墨子·尚贤上》）古代尧把舜推举起来，授之以权力，天下就治理好了。禹把益推荐出来，授之以权力，九州就太平了。墨子这一思想无疑包含着极高的学理价值，在今天仍有意义。

墨子提倡尚贤，最主要的考虑，是当时缺乏统一的思想。天下大乱源于大家的主意太多，"一人则一义，二人则二义,十人则十义"(《墨子·尚同上》)。你有你的主意,我有我的办法,你行你的道,我行我的法,谁也不听谁的,结果必然动荡不宁,纷争不止。要让天下统一起来,一定要选出一个贤可的人,大家都听他的,思想就统一了,天下就平治了。既然是要思想统一,那当然要统一于贤可的人,而不能统一于一般的人。"义不从愚且贱者出,必自贵且知者出。"(《墨子·天志中》)墨子主张,一定要选天下最有能耐的人,用他的思想统一天下,治理国家。这就叫"尚同"。

尚同的"尚"字需要注意。"尚同义其上,而毋有下比之心。"(《墨子·尚同中》)尚同的确切意思是让思想和统治者保持一致,不能理解为崇尚天下大同。《孙子兵法·始计》中"令民与上同意"的说法,表达的正是这个意思。简单说,尚同就是让大家思想统一到最高的贤可者那里,保持国家政治、思想、文化、经济等方面的统一。大家还年轻,书读得少,如果书读得多了,阅历深了,就会知道,今天很多习以为常的说法和古人讲的道理其实是一回事。不要天真地认为,今天讲的只是现代的事,和古人没有关系。其实今天的事就是古代的事,古代的事就是今天的事,不过改变一下说法,变得更加好听,更加时尚,更加文雅一点而已。

此外还有一个如何检验尚同效果的问题。墨子有一个非常有名的说法叫作"三表法":"子墨子言曰:有本之者，有原之者，有用之者。于何本之？上本之于古者圣王之事。于何原之？下原察百姓耳目之实。于何用之？废以为刑政，观其中国家百姓人民之利。此所谓言有三表也。"(《墨子·非命上》)检验尚同须有其本，有其原，有其用。中国古代社会有明显的崇古倾向，认为古代是最好的，最理想的。要寻找一个理想的治理社会的方案，需要回到古代去。这叫"上本之于古者圣王之事"。光有这一条还不行，具体还要看是不是符合老百姓的要求。这叫"下原察百姓耳目之实"。这一条做到了还不够，因为它可能是空的，还要进一步看国家百姓人民是不是真正得到了好处。这叫"废以为刑政，观其中国家百姓人民之利"。"废"就是发。这就是三表法。三表法中第二条和第三条最为精彩。它告诉我们，中国政治思想中民本论的传统渊源有自，在这个强大的背景下，不管哪一派，不管操持哪一级的权力，当政者都要对老百姓好，都要注意老百姓的实际利益。这是一个铁打不动的原则，儒家如此，墨家同样如此。谁打破了它，它的政权就不可能长久，就一定要倒台。

再讲兼爱和非攻。墨子认为，天下大乱，思想不能统一于贤可者，一个重要表现就是大家只知自爱，不知互爱，只爱自己，不爱别人。"今家主独知爱其家，而不爱人之家，是以不惮举其家，以篡人之家；今人独知爱其身，不爱人之身，是以不惮举其身，以贼人之身。"

(《墨子·兼爱中》)今天的家长只知道爱自己的小家,不知道爱别人的家,结果必然出现以自己的家去打别人的家的情况。今天的人们只知爱自己的身,不知爱别人的身,结果必然出现以自己的身去欺负别人的身的情况。这样一来,国家自然治理不好,"天下之乱,若禽兽然"(《墨子·尚同上》)。为此,墨子提倡大家彼此相爱,这就是兼爱。

儒家讲爱,墨家也讲爱,二者具体内涵有所不同。儒家讲的爱是周代礼乐制度下亲亲尊尊的爱,是有差等的爱。整个社会是一个大家庭,家庭各个亲属之间有亲疏之别。儒家主张,首先应该爱你最亲近的人,然后爱你的亲戚,爱你的邻里,爱你国家的人,实在有余力,再去爱非洲的难民。具体来说,首先要爱你的爸爸妈妈,爱你的爷爷奶奶姥姥姥爷,然后爱你的亲戚、邻里,一层一层扩大,一层一层往外走。这就好像在一个平静的湖面扔一个石子,水面瞬间起了涟漪。越在中间,涟漪的幅度越大,越到边缘,幅度越小。

作为儒家对立面的墨子不同意这种做法,他主张兼爱,即用夏代完全平等的方式去爱别人。具体来说,对自己爸爸妈妈的爱不能超过对邻里的爱,对邻里的爱不能超过对非洲难民的爱。大家完全平等,没有差别,这就叫"爱无差等"。墨子将别爱和兼爱作了明确的区分,前者是儒家的主张,后者是墨家的主张,并批评儒家的别爱说:"'吾岂能为吾友之身若为吾身,为吾友之亲若为吾亲。'是故退睹其友,饥即不食,寒即不衣,疾痛不侍养,死丧不葬埋。"(《墨子·兼爱下》)意思是说,我怎么能够把朋友的身体看作我的身体呢?我怎么能够把朋友的亲戚看作自己的亲戚呢?因为强调这种不同,所以看到朋友饿了也不给他吃,看到朋友寒了也不给他穿,看到朋友病了也不去照顾,看到朋友死了也不去埋。兼爱就大不同了:"'必为其友之身若为其身,为其友之亲若为其亲,然后可以为高士于天下。'是故退睹其友,饥则食之,寒则衣之,疾病侍养之,死丧埋之。"(同上)我一定要把朋友的身体看作是我的身体,把我朋友的亲戚看作是我的亲戚。于是,见到朋友饿了就给吃的,看到朋友冷了就给穿的,看到朋友病了就去照顾,看到朋友死了就帮助埋葬。墨子批评儒家的别爱,力倡墨家的兼爱,这种主张就叫作"兼以易别"(同上)。

在提倡兼爱的过程当中,墨子非常重视互利。"有力者疾以助人,有财者勉以分人,有道者劝以教人。"(《墨子·尚贤下》)大家有什么本事,就用自己的本事去帮助别人。你是富裕人家,有钱,就用钱帮助别人发家;你身体好,有力量,就用力量帮助别人不受欺负;你像我一样,是一个教书匠,没有多少钱,力气也不大,就用自己理解的中国哲学的道理,告诉大家治国的道理,人生的意义。大家都这样做了,你帮我,我帮你,你利我,我利你，整个社会就成了一个兼爱互利的和谐团体。与互利相关的是互报。"夫爱人者，人必从而爱之；利人者，人必从而利之。"(《墨子·兼爱中》)我对别人以爱，别人也对我以爱，我去帮助别人，别人也帮助我。"'投我以桃，报之以李。'即此言爱人者必见爱也，而恶人者必见恶也。"(《墨子·兼爱下》)大家相互帮助，我有利给你，你有利给我，社会自然也就融洽和谐了。将兼爱与交利合在一起，墨子有一句很经典的话，叫作"兼相爱，交相利"(《墨子·兼爱中》)。前面讲过，当时杨朱思想影响很大，杨朱主张为我，"拔一毛而利天下，不为也"(《孟子·尽心上》)。杨朱是为我派，这一派不少人都有大本事，但就是不出山，以身上之一毛换取天下之太平，也不干。与其相反，墨子主张兼爱交利，"摩顶放踵，利天下，为之"(《孟子·尽心下》)。墨子这一派，心甘情愿为天下人操劳，头发掉光了，双脚走破了，也在所不辞。

由此可以引出墨子的另一个主张，这就是非攻。"视人国若其国，谁攻？"(《墨子·兼爱上》)把别人的国家看作自己的国家，谁还去打别的国家？墨子想象的理想社会就是这样：你爱我，我爱你，就像老鼠爱大米，爱来爱去，战争当然就没有必要了。墨子主张非攻态度非常坚决，不仅在理论上是这样，实践上也是如此。有一次楚国准备打宋国。听到这个消息的时候，墨子正在鲁国,急匆匆赶赴楚国,"裂裳裹足"(《吕氏春秋·爱类》),身上热了把衣服敞开,脚上起了泡用布缠上,走了整整十天十夜。到楚国后,墨子劝楚王要兼爱,要非攻,不要打宋国。楚王根本不听这一套,觉得楚国强,宋国弱,打宋国比较容易,而且还有一个好帮手,这就是公输般,也就是鲁班。在冷兵器时代,攻城不易。"上兵伐谋,其次伐交,其次伐兵,其下攻城"(《孙子兵法·谋攻》),讲的就是这个道理。墨子说,你鲁班是能工,我墨子也是巧匠,同样不是吃白饭的,一点不输给你。据记载,鲁班曾经削竹为鹊,三日不下。墨子说,你之巧不如我之巧,须臾之间,削"三寸之木,而任五十石之重"(《墨子·鲁问》)。墨子对楚王说,你有鲁班帮助可以做攻城的器械,我也可以帮助宋王做守城的器械。说着说着墨子和鲁班还演习起来,你攻我守,忙活好一阵,鲁班没有占到上风。鲁班说,我有个办法可以战胜你。墨子说,我知道你的那个办法,但那个办法也不行。楚王问到底是怎么一回事。墨子说,他是想把我杀掉,但即使如此,我的弟子三百人,已经在宋国守城了,你还是达不到目的。这个故事生动说明墨子是积极的践行者,不是空头理论家,只要耍嘴皮子而已。

再简单介绍一下节用、节葬、非乐。节用就是限制奢靡的生活,将有限的资源节约下来。"用财不费,民德不劳,其兴利多。"(《墨子·节用上》)周代礼乐制度的很多规定比较铺张，容易造成浪费。墨子主张节用，反对浪费。再就是节葬。儒家主张厚葬，认为这样才能够表达对故去的人的情感。当时厚葬十分讲究，内有棺，外有椁，造成了严重浪费。墨子列举了厚葬的诸多害处，如浪费大量财产，残杀大量无辜，荒废各种生产，影响民之衣食，妨碍男女相交，影响人口生产等。因此，墨子提倡节葬："衣三领足以朽肉，棺三寸足以朽骸，堀穴深不通于泉，流（气味）不发泄，则止。"（《墨子·节用中》）衣服穿三层就差不多了，肉就可以烂到衣服里了。棺木有三寸就差不多了，肉就不会烂到地里了。不能埋得太深，太深了浪费，也不能太浅，太浅了臭味就发出来了。非乐比较特殊。周代礼乐制度非常重视乐。乐是一种礼乐之制，不能够简单理解为音乐之乐，但毕竟与音乐有关。在墨子眼中，音乐没有实际用处，"饥者不得食，寒者不得衣，劳者不得息，三者民之巨患也"（《墨子·非乐上》）。音乐既吃不得，也喝不得，对老百姓没什么好处，应该废掉。墨子和孔子在这个问题上的不同非常明显。"子在齐闻《韶》，三月不知肉味，曰：'不图为乐之至于斯也！'"（《论语·述而》）孔子在齐国听《韶》这个乐曲，高兴得不得了，三个月不知道肉的滋味，感叹没有想到听音乐的快乐能达到如此程度。墨子就不同了，要求废掉音乐，活脱脱是一个苦行僧。

前面分别介绍了尚贤、尚同、兼爱、非攻、节用、节葬、非乐，最后再来着重分析"十事"中的后三条：非命、天志、明鬼。

在墨子的时代，命的观念十分流行。墨子关于命有一个清晰的描述："命富则富，命贫则贫，命众则众，命寡则寡，命治则治，命乱则乱，命寿则寿，命夭则夭。"（《墨子·非命上》）命决定一切：命好不要努力，花两块钱买张彩票就能中大奖，命不好再努力也发不了家；命里长寿，抽烟、喝酒毫无节制也能活到八九十岁，命里短寿，再健身再保养三五十岁也难保不撒手归天。现在年轻人喜欢讲星座，狮子座、巨蟹座、白羊座……如果星座好了，不努力也行，星座不好，再努力也没用。社会上一些流行说法，比如"人的命天注定，胡思乱想没得用""有钱任性，没钱认命"，表达的正是这个意思。墨子提倡非命。"执有命者之言，不可不非，此天下之大害也。""执有命者不仁。"（同上）大家都去讲命，都不去努力了，国家怎么能够治理好，生活怎么能够有意义呢？所以，命的观念是天下之大害，讲命的人是不好的，是不道德的。墨子非命的思维方式很有特点。主张非命，前提是证明命并不存在。这个证明非常困难。墨子说："自古以及今，生民以来者，亦尝见命之物，闻命之声音乎？则未尝有也。"（《墨子·非命中》）从古至今，谁真正看到过命？听到过命的声音？谁也不能这样说。于是墨子得出结论说，没有什么命，命是不存在的。

在此基础上，墨子强调尚力。"赖其力者生，不赖其力者不生。君子不强听治，即刑政乱，贱人不强从事，即财用不足。"(《墨子·非乐上》)人一定要努力奋斗，操持自己的人生，人生才能有意义。否则，再好的资质也没有用，也是浪费。前面讲过，受气候因素的影响，中国文化有刚健有为的特点。中国人是勤劳勇敢的，这话绝非虚说。每次讲到这里，我都想提醒年轻朋友，要时刻想想自己是不是做到了勤劳和勇敢。当早晨懒在那里不想起床的时候，应当反躬自问，我够勤劳够勇敢吗？如果不够勤劳不够勇敢，有什么资格叫中国人呢？这不是开玩笑，里面有大道理。

虽然墨子主张非命，但又认为天有意志，同时还认为鬼是存在的，合而言之，即为天志和明鬼。这里似乎有一个矛盾：墨子的一系列主张，如尚贤、尚同、兼爱、非攻、节用、节葬、非乐、非命，都相当好，非常积极，但为什么最后要讲天志和明鬼呢？用流行的标准评判，天志和明鬼属于迷信的范畴，是落后的表现。墨子有那么多进步的思想，为什么最后要归到天志和明鬼这些内容上呢？

要解释这个问题，需要看到，墨子思想中的很多内容太高超了，要真正落实难度很大。墨子清楚看到了这个问题，所以才提出了天志和明鬼的主张。换言之，天志和明鬼是墨子为其兼爱交利学说提供的一个终极的保障。"我有天志，譬如轮人之有规，匠人之有矩。轮匠执其规矩，以度天下之方圆，曰：'中者是也，不中者非也。'"（《墨子·天志上》）有了天志，有了明鬼，就有了规矩。有了规矩，就如同做车轮的有了圆规，做木工的有了直角尺。凡是与其相合的，便为是，反之，便为非。社会之所以动荡不平，根本的原因就在于"疑惑鬼神之有与无之别，不明乎鬼神之能赏贤而罚暴也"（《墨子·明鬼下》）。如果大家都相信了天志和明鬼，这个问题就解决了。在介绍孔子思想时，我提出过"道德动力学"这个说法，并明确指出，孔子道德学说的动力是由仁来保障的。墨子也涉及了这个问题，但走的路线不同。他找到的答案是天志和明鬼。人们如果按我的主张去做，天志和明鬼可以赏你，反之，天志和明鬼可以罚你。头上有天志和明鬼，不能乱来，不能想做什么就做什么，想不做什么就不做什么。

很长一段时间以来，我们不能准确把握墨子的这个深刻用意，批评墨子思想有局限性，尽管提出了很好的思想，但又不能摆脱陈旧的思想传统。这就好像返祖现象一样。人进化后就没有尾巴了，但有人会有返祖现象，还有一个小尾巴。墨子思想就属于这种情况。有一年我参与博士生招生面试，一个学生抽到了一个题目："请你谈谈对墨子天志、明鬼思想的理解。"那个同学经过了短暂准备，开始侃侃而谈：墨子提出了兼爱、非攻的主张，有其进步性，但他代表的是小手工业者的利益，思想进化不够彻底，仍然保持了天志、明鬼这些落后的思想，这是其思想糟粕的一面，需要批判，必须扬弃。我不客气地打断了他，问他为什么会有这种理解。他说，是从书上看到的，并列出了书名。我马上批评他看书看"死"了，既不会分析，也不会批判，完全不明白墨子以天志、明鬼作为自己的学说终极保障的独特用心。

由此不难明白，任何一种道德学说，都必须解决动力问题。前面讲孔子的时候，已经涉及了这个问题。孔子提出了一整套学说，要求人们为善去恶，成德成贤。为了达到这个目的，孔子创立了仁的学说。在孔子看来，每个人都有仁，仁就是道德的根据，遇事只要找到自己的道德根据，就会有一种动力感，将正确的事情作为自己自愿的行动。这个问题在日常生活中每天都会遇到。比如，现在共享单车很流行，很方便。共享单车有自己的规则，比如不能破坏密码系统，不能随意乱放，等等。遵守这些规则，就践行了一个小小的善。但大家是否想过，我为什么要这样做？为什么要行这个善？并不是因为有人在旁边监督，也不是因为这样做领导会有什么奖励，而是因为你内心原本就有一个仁。但有人为了自己的方便，把自己骑过的车放在自己家门口藏起来，甚至还加把锁。这些人并不是不知道共享单车的规则，而是因为他没有反思自己的仁，没有找到自己的道德根据，没有按照仁的要求去做。

墨子也想到了这个问题，但他解决问题的办法与孔子不同。墨子依靠的是天志和明鬼。做好事，天来赏你；做坏事，鬼来罚你。天也好，鬼也罢，在古代思想传统中都有超越性，都有神秘的成分。这种超越性和神秘感，有很强的动能。墨子就是用这种方法来解决自己学说的动力问题的。墨家是一个组织十分严密的团体，首领叫钜子，其位置通过禅让传与后人。孟胜做钜子的时候，有一次为阳城君守城。敌强我弱，眼看守不住了，他的弟子徐弱为了不使墨家失传，力劝孟胜离开。孟胜说，他不能那样，否则人家会批评墨家只会说不会做。他已派两个人到外面，把钜子的位置传给了田襄子。徐弱说，既然夫子要牺牲，我跟夫子一起死。结果守城的83个人全都牺牲了。到外边传信的两个人回来后，也不愿意苟活，跟着大家一起死。这件事情说明，墨家学说动力强劲，不是一套空理论，悬在半空落不了地。

人有了道德的动力，做出道德的行为，会表现出一种特别的牺牲精神。这种精神在外人眼中很可能是一种愚。墨子就是如此。《庄子·天下》篇是这样描述墨家的："其生也勤，其死也薄，其道大觳，使人忧，使人悲，其行难为也。"墨子一生勤勉，死后裹个席子扔到山沟里了事，其主张令人忧患，令人畏惧，令人悲戚，做到这些必须有愚的精神。《论语》也说:"宁武子邦有道则知,邦无道则愚。其知可及也,其愚不可及也。"(《论语·公冶长》)宁武子是卫国的名士,很讲道德操守。天下太平,表现出智慧的样子,安心过自己的日子;天下大乱,表现出愚钝的样子,为了自己的理想甘愿做出牺牲,不怕他人不理解。"其知可及也,其愚不可及也",这话太精彩了。愚有不同种类:一是智商不及之"愚",二是大智若愚之"愚",三是甘愿牺牲之"愚"。墨子、宁武子属于第三种,即甘愿牺牲之"愚"。

在孔子部分我们还讲过,道德动力性质不同,其学说的性质也不同。孔子解决道德动力问题的方式是仁。仁可以有不同的理解,但仁属于人文,不能列入宗教范畴,则是没有任何疑问的。孔子以人文性质的仁作为道德动力,表面看没有多少高深之处,其实蕴含着大道理,直接决定了儒家学说没有成为宗教,始终沿着人文的大道阔步前行。墨家就不同了。它是通过天志和明鬼来解决这个问题的。天志和明鬼带有明显的原始宗教的色彩,墨家坚持这些主张,从性质上说,其实走的是半宗教或准宗教的路线。儒家走非宗教的路线,墨家走准宗教的路线,儒墨两家的最大区别莫过于此。

这个问题有着很深的理论意义,不可小视。任何完整的道德理论,都需要为其学说提供动力。这种动力无非有两种性质,或是宗教的,或是人文的。不管是有神的宗教，如基督教，还是无神的宗教，如佛教，为了使自己的教义具有实践性，都以自己的方式保障自己的信众可以得到福。区别仅在于，其承担者是至上神还是某种信念。儒家不同，它既不相信至上神，也不通过某种信念保障其信众必然有福。它只是教导人们，每个人都有仁，仁就是自己的道德根据。既然自己有道德的根据，就应该自觉自愿行善成德。墨家的情况较为特别。墨家不属于宗教的范畴，历史上从未有人将墨家视为宗教。但墨家通过天志和明鬼的方式为其理论提供动力的做法，又具有明显的原始宗教色彩。正因如此，我常讲，自孔子之后，中国不大可能出现类似其他文化中的那种典型的宗教，但如果允许有例外，那一定是以墨子为"教主"的"墨教"。

墨家学说有如此深刻的内涵，为什么后来成为绝学，鲜有继承者呢？在我看来，这首先是因为墨子思想不合国情。前面讲过，中国文化的一个根本特点是关注家庭。墨子讲兼爱，要爱无差等，脱离了这个基础。有一次我到澳门参加学术会议，一个台湾朋友讲了在他们那里发生的一件事。一天半夜，电话铃响了，妈妈接了电话，是在美国留学的儿子打来的。儿子在电话中跟妈妈说：他感冒了，流鼻涕，头疼，浑身没有劲儿。妈妈很心疼，儿子在外读书不容易，一个劲地安慰，嘱咐儿子，多喝水，多休息，不要上课了。放下电话后，妈妈想，儿子已经大四了,怎么这点儿独立性也没有,感冒了还需要跟妈妈诉苦吗?随手又把电话打了过去,跟儿子说:"孩子你不小了,难道不知道感冒要多喝水,多休息吗?"儿子对妈妈说:"我大四了,是学医的,怎么能不知道这个道理呢?我只是希望这样的话能够从妈妈嘴里再说一遍。"我们生病了,到医院去,医生开处方,告诉我们多喝水,多休息。你回到家里,妈妈又是找药,又是做饭,安慰我们多休息,多喝水。这种说法的内容没有不同,但含金量绝对不一样。在中国文化重视家庭的大背景下,对爸爸妈妈的爱,一定是超过对别人的爱的。墨子突然要求我们,对爸爸妈妈的爱不能超过对邻里的爱,要爱无差等,这怎么可能呢?

我们现在的教育有很大问题。比如奥运会运动员得了金牌,面对记者采访,说首先要感谢我的爸爸妈妈。这原本很自然,很正常。但舆论一片哗然,批评运动员不知首先感谢国家,只知感谢家人,道德水平过于低下。到底是运动员错了,还是舆论错了?一个不知道爱爸爸妈妈的人,怎么能爱国家?我们的教育完全弄反了。正常的顺序应该是小的时候爱自己的亲人,再逐级扩大到邻里、社区、国家。可现实是,我们从小就被教育首先爱国家,爱社会,然后才是爱自己的亲人。结果必然是亲人爱不深,国家爱不成,两边没着落。

在中国文化的特殊背景下,宗教之路无法走通,这是墨家沦为绝学的另一个原因。前面讲过，自轴心时代后，世界上大的文化系统都走上了宗教的道路。唯独中国文化不是这样，始终走在人文的大道之上。这里的一个关键因素是对于天的看法。先秦天论的发展有其内在的理路。周灭殷后，为了替自己的政权寻找合法性，以天作为根据，这种天是主宰意义的，可以称为"主宰之天"。后来，周代统治者没有了德，但并没有受到天的惩罚，仍然有滋有味地高高在上。这种现象使人们对先前普遍信奉的主宰之天产生了怀疑，爆发了强大的怨天、疑天的思潮。孔子刚好生活在这段时期。受此影响，孔子不大可能将自己的政治希望再寄托于上天，走宗教的道路。这是一个重要的背景，相关内容很多，我在《贡献与终结——牟宗三儒学思想研究》（上海人民出版社，2014年）第二卷和第四卷中有详尽的分析，有兴趣的同学可以找来一读。另外，在这个过程中，孔子平实的个性也起到了非常重要的作用。"子不语怪力、乱神。"《论语·述而》中的这个说法很短，但意义深远。在怨天、疑天的背景下，孔子的态度十分实在，不懂就是不懂，不故弄玄虚。正是这种平实的态度，决定他很少涉及怪力、乱神这些内容。尽管五十岁时意识到了自己的历史使命，但并不将这一使命与上天联系在一起，创立宗教，成为教主。因为孔子不说自己是某神之子或上帝之子，其他人也断然没有了这种可能。

从这个角度反观墨子,就可以看出差别了。墨子为了保障自己学说的实践性,提出了天志、明鬼的思想。这种做法虽然可以加强其学说的动能,但天志和明鬼毕竟与原始宗教有关。在先秦时期,由于孔子巨大的定位作用,中国不可能像世界上其他文化那样走宗教的道路。墨子仍然以天志、明鬼这种准宗教的方式来建构自己的理论系统,解决道德动力问题,其困难当然就可想而知了。这个道理对我们今天有重要的借鉴意义。它告诉我们,宗教不是人生活的唯一方式,更不是最为合理的方式。在中国文化传统中,不通过宗教的办法,不依靠宗教,人们同样可以找到人生的意义,同样可以活得好,活得精彩,活得有价值。在中国文化的大地上,墨家是一株艳丽盛开却始终无法结果的鲜花。近代以来,不少人试图重新在墨子学说中发掘价值,重扬墨子,其可行性如何,我是持强烈怀疑态度的。

二 兼爱与别爱的现代之争

墨子提出兼爱学说以抗衡儒家的别爱学说之后,由于墨家后来失传,成为绝学,这场争论渐渐也就了无声息了。中国文化的主体始终贴近儒家,不大认可墨家。到了近代,随着基督教传教士对中国文化有了一定了解,发现墨子兼爱学说与基督教有相近之处,墨家学说又重放光明，重新引起人们的注意。近年来，有学者更是挑起了兼爱和别爱孰是孰非的现代之争。这个题目涉及的问题我们过去较少接触，不好理解，争议较大。

兼爱与别爱的现代之争之所以引起人们的关注，产生激烈的争论，源于人们的思想有了新的变化，多了一个新的参照系，这就是基督教。耶稣说："'全心、全意、全智爱耶和华你的上帝。'这是最大最重要的诫命。其次也相似，就是要'爱人如爱己'。全部律法与众先知的话都系于这两条诫命。"（《新约·马太福音》第22章）基督教教义中有两个最为基本的教条，或者叫诫命：一条是爱上帝，爱耶稣；另一条是爱人如爱己（又译作"爱邻如己"），平等地爱周围所有的人。前者与本章主题没有直接联系，暂且不论。这里涉及的主要是后一条。这一内容在《圣经》中的论述很多。比如，耶稣说："我赐给你们一条新命令，乃是叫你们彼此相爱；我怎样爱你们，你们也要怎样相爱。你们若有彼此相爱的心，众人因此就认出你们是我的门徒了。"（《圣经·约翰福音》第13章）基督教特别强调，在上帝面前人人平等，所以基督教的爱是平等的，没有高低贵贱之分。按照这种教义，必然引出一个问题：如果我对家人的爱和对他人的爱发生矛盾，必须坚持平等的原则，放弃对家人的爱，从而引起家庭内部的不和。《马太福音》讲："我来并不是叫地上太平，乃是叫地上动刀兵。因为我来是叫人与父亲生疏，女儿与母亲生疏，媳妇与婆婆生疏。人的仇敌就是自己家里的人。爱父母过于爱我的，不配作我的门徒；爱儿女过于爱我的，不配作我的门徒。"(《圣经·马太福音》第10章)这里讲得十分清楚：在基督教的系统中，爱是平等的，对家人的爱，不能超过对别人的爱，更不能超过对耶稣的爱。

在重新挑起兼爱与别爱现代之争的学者眼中，基督教表现出一种平等精神，在这种平等精神的指导下，爱没有差别。由此反观墨家，这些学者发现，墨家讲的兼爱和基督教讲的爱邻如己十分相近，甚至可以说有相同的性质，因为这两家都主张打破血缘家庭的局限性，倡导人与人之间平等的爱。将这种思想与儒家的别爱相比，墨家的思想似乎更加合理。于是他们在儒家和墨家之间，重新选择墨家，批评儒家，选择兼爱，批评别爱。更为重要的是，在这些学者看来，因为儒家过分注重家庭亲情，一旦社会正义和家庭亲情发生矛盾，有了冲突的时候，儒家为了成全家庭亲情，必然牺牲社会正义。他们进而引入了一个法律概念：容隐。所谓容隐，在法律界专指如果家庭中有人犯了罪，允许亲人对其隐匿和保护。比如，爸爸妈妈犯了罪，孩子可以对其隐匿；孩子犯了罪，爸爸妈妈可以对其隐匿。

为此，这些学者在儒家著作中找出了一些"罪证"。

其中之一是父为子隐：

> 叶公语孔子曰："吾党有直躬者，其父攘羊，而子证之。"
>
> 孔子曰："吾党之直者异于是：父为子隐，子为父隐，直在其中矣。"（《论语·子路》）

叶公对孔子说，我们那里有一个非常正直的人，他的父亲攘了一只羊（攘不是偷，是别人的羊走丢了，没有交还失主，顺手占为己有），他的儿子知道后，觉得不好，到官府举告了他的父亲。叶公知道孔子品德高尚，十分正直，以为会赞扬那个人的做法。没想到孔子的看法完全不同，说我们这个地方或我们这个学派，对直的理解与你不同，"父为子隐，子为父隐，直在其中矣"。意思是说，父亲如果犯了一个小错，孩子替他隐匿，孩子如果犯了一个小错，父亲替他隐匿。攘羊是一个小错。父亲犯了这个小错，儿子不应该将其告官。孩子犯了这个小错，父亲也不应该将其告官。这种不告发，这种隐匿里面就有一种直的精神。重新挑起这场争论的学者认为，孔子赞扬"父为子隐，子为父隐"的做法，是为了家庭父子的亲情，牺牲法律的正当性和合理性。攘羊本来就是错的，孩子举报父亲很正常。但儒家不是这样，为了家庭的亲情，连法律的正当性和合理性都不要了。

另一则"罪证"是窃负而逃:

> 桃应问曰:"舜为天子,皋陶为士,瞽瞍杀人,则如之何?"
> 孟子曰:"执之而已矣。"
> "然则舜不禁与?"
> 曰:"夫舜恶得而禁之?夫有所受之也。"
> "然则舜如之何?"
> 曰:"舜视弃天下犹弃敝蹝也。窃负而逃,遵海滨而处,终身欣然,乐而忘天下。"(《孟子·尽心上》)

桃应是孟子晚期的弟子,《孟子》全书中,二人对话比较多。一次,桃应设定了一个场景:舜做天子,皋陶做大法官,舜的父亲瞽瞍杀了人,舜应该怎么做?孟子回答说,把瞽瞍抓起来吧。桃应接着问,难道舜不做点什么,不阻止这件事吗?孟子说,怎么能阻止呢,瞽瞍毕竟杀了人啊。桃应并不满意孟子这样的回答,追问舜到底应该怎么做。这个时候,孟子被逼入两难的境地,必须在两难中做出选择。孟子的结论是:舜的天子之位不要了,丢掉天子之位像扔掉一双旧草鞋一样,把父亲背了走,到海滨找一个地方住下来,一辈子快快乐乐地生活,把做天子的事忘得一干二净。重新挑起这场现代之争的学者说,大家看看,儒家的选择荒唐吧,为了个人的亲情连法律也不要了,不是让父亲去服罪,而是悄悄地背了走,跑到海边住下来,以求得家庭亲情的满足。且不说这样做是丢弃了自己的百姓,不顾他们的死活,更重要的是,如果窃负而逃的做法可以推广,那法律的正义性、社会的公平性还要不要了?

这些学者进而提出,这些荒唐的选择皆源于儒家爱有差等即别爱的思想。这一思想是儒家伦理学中最荒诞、最黑暗的思想,直接导致了腐败现象的产生,是中国社会之所以有众多腐败的总根源。今天社会上有这么多乱七八糟的事情,有这么多贪官徇私枉法,源头就在儒家爱有差等的思想。为了从根本上杜绝这些现象,必须放弃儒家的别爱,重新倡导墨家的兼爱。墨家的兼爱才是更有价值的思想,远比儒家的别爱合理得多。

我们应该如何看待这场争论?它涉及的理论问题比较复杂。要把其中的道理讲清楚,不是一件容易的事情,需要费一些周折。

首先需要考虑为什么要以西方法律为标准的问题。一些学者之所以挑起这场现代之争,是因为他们头脑中有这样一个逻辑关系:西方文化、西方法理很先进,不讲容隐,因为他们受基督教的影响,重视爱无差等;中国文化、儒家学理很落后,主张容隐,因为他们从先秦时期就讲爱有差等;二者相互比照,儒家法律思想就显得比较落后,不那么合格了。对于这个逻辑关系必须质疑的是：我们为什么要以西方的法理为标准来衡量中国法律的得与失呢？第一章特别强调，中国文化是在当时与世界上其他文化完全不知情的情况下独自发展起来的，自身有着很强的特点。这些特点不仅表现在政治方面、道德方面，同时也表现在法律方面，决定了中国法律和西方法律有着不同的性质。过去很长一段时间，我们总是把中国法律系统往西方某些法律系统上靠，希望能够将其归并到西方某些法律系统之中。先看是否符合大陆法，试了一阵，发现不像，后又看是否符合英美法，试了一阵，发现也不像。碰了几十年的钉子，发现这条路无法走通之后，才不得不放弃这种方法，重新认定中国法律既不属于大陆法，也不属于英美法，更不属于伊斯兰法和印度法，它就是中国法，在世界上是独一无二的。

中国法的根本特点是重视法律的伦理性和道德性，学界因此又把中国法称为伦理法。关于中国伦理法的特征，法律学界有很多研究，其中最为重要的可以概括为这样三个方面：第一，以宗法、家庭伦理为最高的考量，宗法、家庭伦理重于一切；第二，宗法伦理被视为法的思想渊源、法的最高价值，远在法律之上，法律的评判，全以此为准则；第三，伦理和法律之间没有明确的界限，甚至以伦理来代替法律，从而形成法律伦理化、伦理法律化的双向强化运动。从这三条不难看出，中国伦理法的核心特征在于不排斥法律,但更加重视家庭宗法伦理的作用,认为这些内容比法律更为重要。

当然,这并不是说,中国的伦理法与近代西方的法律系统相比,没有落后的一面。我们在有些方面确实比较落后,但需要强调的是,这种情况只能代表现在,不能代表历史。从历史上看,中国的伦理法在很长一段时间内都遥遥领先。西方著名汉学家费正清有这样一个看法,大意是,按照现代以前的任何标准看,中国法典显然都是自成一格的宏伟巨作。中国旧制是非现代的,然而按其所处的时代环境来看,则不应马上称它是落后的。早期欧洲观察者曾对中国人的秉公执法留有深刻印象。只是到了18、19世纪,西方改革了法律和刑律之后,中国才落后了。

认清这个事实有重要理论意义。前面多次讲过,中国文化是一个自洽系统,有非常鲜明的特点。正如完全没有必要以西方的philosophy为标准,来衡定中国是否有哲学一样,我们也没有必要以西方的法律为标准,来衡定中国法律系统之短长。近代以来,人们不明白这个道理,看到西方政治、经济、哲学、军事的强大,就认为西方的东西都是好的,它们政治好,法律好,绘画好,音乐好,都比我们高出一截。西方的标准就是一切是非的标准,我们文化中能够与它相符,就是好的,反之,就是差的,就必须更改甚至放弃。这种情况在一些留学生中表现得特别明显。因为这些人在海外生活过,对西方有一定的了解,不自觉地总是以西方为标准,动不动就说我在英国、美国学习的时候,人家是怎么怎么样的。不要忘了,你是从中国出去的,西方好的东西我们当然要学,但他们的东西不都是好的,即使那些好的东西也不一定适合中国的国情。

其次需要考虑对于西方法律的理解是否准确的问题。我之所以提出这个问题,是因为重新挑起这场争论的学者,思想里有这样一个脉络:完善的法治不讲容隐,西方的法治系统就是这样;儒家法理大讲容隐,不符合西方这个标准,所以儒家法理是一个比较落后的系统。

如果上述脉络立得住,容隐的问题当然可以再议。但关键是法律界近年来的大量研究证明,这种理解是完全错误的。法律学界已经普遍认识到,西方有着长远的容隐传统。古希腊就有容隐的做法。当时有个叫游叙弗伦的到法院告发自己的父亲,在门口遇到了苏格拉底。苏格拉底问他干什么来了,他说自己的父亲过失性地把人杀了,他觉得不好,所以到法院来举告。苏格拉底明白事情的原委后,与游叙弗伦有一番对话。苏格拉底对游叙弗伦说,你的道德好高,你真正直,等等。从字面看,苏格拉底好像是赞成游叙弗伦的做法,但据古希腊专家的研究,苏格拉底这些话语是反讽,真正的意思是不赞成游叙弗伦这样做，反对他举告父亲。古希腊被罗马灭掉后，推行罗马法。罗马法同样保留了容隐的做法。他们的法律有明文规定，比如，孩子不得告发父母对自己的私犯，否则丧失继承权。如果亲属犯了罪，法官没有权力要求其亲属必须作证。这些都体现了容隐的精神。

有人或许会说，这些都是古代的事了，现代西方社会十分先进，他们早就不这样做了。不对，现在西方法理同样讲容隐。比如，知道近亲属犯罪而不告发、故意隐匿，令他人隐匿自己亲属、为亲属作伪证、帮助亲属脱逃等均不受处罚；近亲属有拒绝作证的权利，即使自愿作证也有权不宣誓担保证词无伪；证人可以拒绝回答可能使自己近亲属负刑责的问题。法律学家列举了大量的材料，证明容隐制度在近现代西方社会中仍然得到了保留。他们特别强调，这是20世纪初中国法律近代化以来国人最大的误解之一。事实证明，西方法传统中也存在着此类原则的应用，甚至现代英美法中仍有大量体现亲疏有别、尊卑有别的刑事规范，其亲亲尊尊之程度实为我们想象所不及。挑起兼爱与别爱现代之争的学者认为，西方不讲容隐，我们讲容隐，所以我们落后，我们腐朽。但他们不知道，西方同样讲容隐，而且比我们有过之而无不及。

最后需要考虑在法律基础上保留容隐的合理性问题。有一个现象值得认真思考。中国讲容隐，西方同样讲容隐，古代讲容隐，现在同样讲容隐，刑事责任上亲疏有别、尊卑有别是中西法律中的共同原则，是中西法律惊人的不谋而合之处，这难道是古今中外的法律学家脑子不好使，没有把问题想明白吗？为什么古今中外在这个问题上是如此的相似呢？这绝不是讲一句腐朽落后就可以解决问题的，唯一合理的解释是，容隐有其合理性。

合理性之一是不强人所难。所谓不强人所难，是说一个家庭里孩子犯了罪或者父母亲犯了罪，法律如果强迫亲人举告，很难完全做得到，可行性很小。古罗马时期法律曾规定，子女犯了罪，父母亲必须把孩子交出去。查士丁尼在位时废除了这一条，他的理由很简单：谁能忍心把自己的子女尤其是女儿作为加害人向他人交出呢？父亲由于子女的遭遇甚至比子女更加痛苦，廉耻观念更不容许以这种办法对待女儿。查士丁尼这样做的理由很值得思量。我体会很深，我的孩子就是女孩。女孩子心细，和爸爸妈妈贴心，感情好。她很努力，很优秀，至少现在还没有犯罪的迹象。但即使真的走到那一步，作为老爹老娘，狠得下这个心吗？大家想想看，假如一念之差你走上了犯罪的道路，你当然不好受，但比你更难受的一定是你的爸爸妈妈。爸爸妈妈狠下心来，把你举告给公安部门的可能性有多大？你们当了爸爸妈妈就会明白了，这是非常困难的。法律界有一个术语，叫作

"无期待之可能性"。法律不能期待所有的人在公义和私义的矛盾中，都能不顾家庭亲情而全公舍私。如果某些规定大家很难做得到，或者根本做不到，那就不要规定，否则就是打自己的脸。

容隐的合理性之二是有利于保护个人利益不受侵害。家庭和整个国家机器相比，实在是太微不足道了。国家机器开动起来，灭掉一个人，灭掉一个家庭，比踩死一只蚂蚁还简单。家庭是社会的最小单位，好比一个细胞，是整个社会的基础。这个基础稳定了，整个社会才能稳定。在正常情况下，家对于个人来说，是最可信赖、最可依靠的避风港湾。不管遇到什么情况，只要回到了家就可以放松，就有了依靠。在外面遇到什么不顺心的事，有什么牢骚怪话，回到家里都可以说，都可以吐槽，不会担心家里的人把这些东西举告给政府。

容隐还有第三个方面的合理性，这就是有利于国家的长治久安。与前两条相比，这一条可能更重要。一个国家只有民众淳朴，民风和谐，百姓亲法，才能长治久安。要达到这个目的，法律必须近于人情，建立在人情的基础上，不能违背民情民心。这个道理古人很早就看到了。《晋书·刑法志》讲："相隐之道离，则君臣之义废；君臣之义废，则犯上之奸生矣。"（《晋书》，北京：中华书局，2011年，第939页）如果不允许容隐，鼓励大家不管是不是自己的亲属都举告，那一定会出现两个情况：一是君臣之义完全丧失；二是犯上作乱的事情随时随地都会发生。古人主张容隐，很大意义上就是考虑到了这个问题。

有个美国电影叫《闻香识女人》。故事不复杂，说的是一个高中生，有一次看到了三个有钱的学生调皮，戏弄他们的校长。校长很生气，动员他站出来告发。这个学生很穷，学校给他开了高价，告诉他，如果他这样做，学校可以保送他去名校。他很困惑，不知道该怎么做。正当犹豫痛苦的时候，遇到了电影的主人公。主人公是一个失明的退役中校，给他讲了很多人生的道理。电影最精彩的桥段是最后在学校的礼堂里，主人公对在场的校长、校董和全校学生的一番讲话。他告诉大家，如果一个学校鼓励学生为了利益而出卖他的朋友，一个国家主张公民可以为了利益而出卖自己的亲人的话，这个学校、这个国家迟早要完蛋。美国打伊拉克的时候，萨达姆打不过人家，到处跑、到处藏，后来还是因为下属的出卖被抓住了。美国悬赏高额的奖金，谁能提供线索，就把这个钱给谁，帮他改名换姓，重新做证件，到一个谁也不知道的地方，一辈子衣食无忧。萨达姆的下属就是因为经不起诱惑，出卖了他的主子。这刚好从一个侧面证明了《闻香识女人》所要说明的道理：如果一个国家、一种文化鼓励它的民众为了利益而出卖朋友，这个国家、这种文化将是极其可怕的，断无前途可言。

一个电视台的主持人，在饭桌上讲了两句不大合宜的话，视频发到网上，他的饭碗就丢了。我们往往认为这很正常，他说得不对我就可以举报。但问题是，这个饭局是个私人空间，亲戚朋友之间讲点内心的看法，完全是正常的。你要是觉得有人讲得不对，可以和他争论，但不能告发，更不要说这样做是为了获取个人某种利益了。如果划不清这个界限，不能保留一定的空间，每次同学或朋友聚会，必然人人自危，什么话都不敢讲，都不能讲。不久前，一个相声演员和自己的师父闹翻了。严格说来，师父可能也有一些问题，没有哪个老师是十全十美的，文艺界问题可能更多一点。但作为徒弟，只是因为经济原因就跟自己的师父闹翻，还特别显出一副英雄的样子，怎样都是说不过去的。如果师父有问题，可以采取其他的办法解决，不能与自己的师父弄得势不两立，过去这叫"不责善"。这个徒弟往轻处说是不懂事、缺教养，往重处说是受到之前错误人际关系的影响尚不自知。

总的来说，容隐是在承认法律基础之上，为家庭亲情保留一个位置。这个判断包含两层意思。第一，容隐完全承认法律的作用，并不否认和排斥法律。第二，容隐的本质是在法律基础上充分考虑家庭亲情的作用，为其保留一个口子，以利于社会的长治久安。这里最重要的还是法律和道德的关系问题。在今天的环境下，我们一提到法律，往往觉得重要，一提到道德，往往觉得虚无缥缈，靠不住。其实，要治理好一个国家、一个社会，法律和道德都不可缺，而道德的层面更高，更为重要。"道之以政，齐之以刑，民免而无耻；道之以德，齐之以礼，有耻且格。"（《论语·为政》）这段话前面引过，孔子当然明白法律的重要，但他认为只此远远不够，还必须讲道德，这才是最理想的办法。我把孔子思想核心概括为道德的理想主义，就是基于这种考虑的。"父为子隐，子为父隐，直在其中"，体现的正是这种精神。

一些学者对此不能正确理解，他们认为，容隐不符合Justice原则，实不可取。Justice一般译为正义或公正。西方之所以讲正义，是因为在他们的文化系统中，人是独立的，人和人之间属于契约关系。既然是契约，那就一定要讲公正，讲正义。儒家没有这种致思方式。儒家思想的社会基础不是作为单子的个人，而是家庭。既然是家庭，当然就谈不上契约，谈不上justice。在儒家学理系统中，伦理道德就是正直，就是正义。"亲亲，仁也；敬长，义也。无他，达之天下也。"（《孟子·尽心上》）"人人亲其亲，长其长，而天下平。"（《孟子·离娄上》）每个人亲其亲、敬其长，这个家庭就好了。你的家庭好了，他的家庭好了，大家的家庭好了，整个社会也就好了，天下就归于平治了。这才是儒家考虑问题的内在逻辑。有人重新从justice的角度讨论容隐的问题，似乎使讨论有了深意，进了一步，其实仍然是一百年来以西释中做法的延续。我们当然可以检讨中国这种观念是否适合当今社会的要求，但不能以西方代替中国，不能以现实否定历史。

明白了上述道理，再来分析所谓罪证的那两章。"叶公语孔子曰：'吾党有直躬者，其父攘羊，而子证之。'"孔子说，吾党对于直的理解与你们不同，"父为子隐，子为父隐"，就体现了直，直就在其中。细细推敲孔子的话，可以看出，这里的"直"既有率直的意思，也有正直的意思，而这种正直不能理解为Justice。两方的Justice与儒家的"直"尽管内容有交叉，但不是同一个概念。Justice的基础是契约关系，"直"的基础是家庭伦理关系。孔子当然不会认为攘羊是对的，但他更加关注的是家庭的亲情，是家庭内部的伦理关系。如果为了攘羊这种小事，儿子和老爹老娘闹翻，都可以到官府去举告，家庭和谐还怎么能维持？社会稳定怎么能维持？这才是孔子观察问题的重点所在。一些学者觉得"父为子隐，子为父隐，直在其中"这一主张讲不通，无法接受，是因为他们心中已经有了一个Justice的观念。按照这种理解，"父为子隐，子为父隐"不合乎Justice的标准，当然就无法讲通了。但需要了解的是，孔子那时根本没有Justice的观念，他心目中的"直"是家庭伦理式的，"父为子隐，子为父隐"本身就是正直——儒家式的正直。

窃负而逃的例子也应如是观。"舜视弃天下犹弃敝蹝也。窃负而逃，遵海滨而处，终身欣然，乐而忘天下。"

孟子此时面临的是一个两难推理。两难推理必然造成尴尬的结局，无论选择哪一方面，都要牺牲另一方面，不能兼得。这就好像那道智力题一样：你的妈妈和你的女朋友掉到河里去了，你只能救一个，你先救谁？对此类问题最明智的做法是回避，因为它很无聊。但如果一定要做出选择，那么你的选择，先救母亲或先救女朋友，就代表被选择的对象在你心目中的价值更高。对于桃应的追问，孟子选择了家庭亲情，没有选择法律。这意味着在孟子心目中家庭亲情更加重要、价值度更高。法律不是不重要，但如果必须选一个，那只能选择亲情，丢掉法律。这与孔子"父为子隐，子为父隐，直在其中"的致思路线完全相同。

孟子这一选择还可以从另一个角度理解。舜贵为天子，但为了自己的父亲，可以视天子之位如敝屣。可不要小瞧了这种选择，它进一步强调了道德的重要性。与上面略有不同的是，这里不再是道德与法律的关系，而是道德与事功的关系。事功和道德都很重要，但如果排列价值顺序，道德一定居于最高位置。孟子正是如此，在他看来，道德是最重要的，无论什么情况下都不能丢，这个大旗都必须扛，否则儒家就不成其为儒家了，道德理想主义就无法体现了。孟子认为宁肯弃天子之位，也要窃负而逃，代表的正是这种价值取向。当然，孟子做出这种选择，也包含着以身表率的用意。因为如果贵为天子都能这样做，以家庭亲情为重，大家都来效仿，人人亲其亲，长其长，按照孟子的理想，天下自然也就治理好了。挑起兼爱与别爱现代之争的学者，不明白孟子的这个深刻用心，眼光完全是现代式的，既不尊重历史，也不理解儒学。

当然，容隐是一个非常复杂的问题，很多具体环节都需要格外小心。《左传》记载了这样一件事。雍子和邢侯两家为了田地发生了争执，告到了法庭，叔鱼负责审理。雍子自己觉得理亏，就把女儿嫁给了叔鱼。叔鱼得了人家的好处，就判邢侯有罪。邢侯知道后大为不满，一怒之下，把叔鱼和雍子都杀了。事情闹大了，叔向重审此案，认为雍子和人家争田，自知有罪，把自己的女儿嫁给人家，这叫行贿；叔鱼作为法官，收了人家的好处，这叫受贿；邢侯在火头上，把这两个人都杀掉了，也是不对。三人同罪，按律均当杀而弃市。孔子赞成叔向判定叔鱼之罪，对其有很高的评价："叔向，古之遗直也。治国制刑，不隐于亲。三数叔鱼之恶，不为末减。曰义也夫，可谓直矣。"（《左传·昭公十四年》）意思是说，叔向真是古代留下来的讲正直的人呀，治理国家，不计个人亲情，三数叔鱼的错误，不为隐藏、这真是义呀，真是直呀。特别需要注意的是，叔向与叔鱼是兄弟，他没有偏向叔鱼，同样判其有罪。孔子并没有因此批评叔向，而是对其大加褒奖，说明孔子在大的事情上，同样维护法律的严肃性。因此，儒家虽然主张容隐，但也提倡大义灭亲。如果我的孩子平时做了错事，我可以在家里教育批评她，但不能到相关部门去举告。不过在一些极端情况下，比如，她不知道哪根筋搭错了，说社会这也有问题，那也有问题，这也不公平，那也不公平，偷偷搞了个炸药包，非要去搞破坏。我知道这件事，当然要教育，当然要制止，要是在家里实在解决不了，也只能求助相关部门，防止事态进一步扩大。这就叫大义灭亲。历史上这类案例极多。这样做，只要不是为了政治投机，不是为了在经济上捞取好处，一般也会得到社会的认可。

正因为如此，自孔子提出"父为子隐，子为父隐"的原则之后，后人不断补充新的内容，使这一原则日渐完善。"有大罪而诛之，简也。有小罪而赦之，匿也。"（马王堆帛书《五行》）这里的"简"通"实"。全句的意思是：如果犯了大罪，那只能杀掉；如果犯了小罪，像其父攘羊这种小事，则可以隐匿。"门内之治恩掩义，门外之治义斩恩。"（郭店楚简《六德》）"不以小爱害大爱，不以小义害大义也。"（马王堆帛书《五行》）家庭内部的事情，需要讲亲情，亲情的重要性压过义。到了外面，在社会上，就要讲义，讲义的重要性要超过亲情。在一些重大问题上，不能因家庭亲情之爱影响了社会的大爱，不能因家庭的小义影响了社会的大义。郭店楚简和马王堆帛书中的这些材料在时间上均晚于孔子，说明孔子之后儒家对于容隐问题的思考越来越深入，明确把家庭内部和公共范围区分开来，强调容隐只在家庭范围内有效，在公共范围内必须坚持法律的原则。沿着这个思想脉络发展，后来荀子进一步讲"从道不从君，从义不从父，人之大行也"（《荀子·子道》），也就非常好理解了。

由此不得不感叹，中国文化之微妙。既主张容隐，又坚持不能破坏国家的法律和法令。既不赞成亲人举告，又提倡在特殊情况下大义灭亲。容隐必然带来复仇的问题（因为既然官府管不了，那只能自己复仇，复仇即是凶杀），但一般情况下又不会因此引发无节制地滥杀无辜。这些看似矛盾的双方却十分巧妙地有机结合在一起，这是中国文化非常高深、特别难以把握的地方。

最后讲讲容隐的现实性问题。容隐制度在先秦时期十分普及，不仅鲁国讲，秦国也讲。秦国是法家的大本营，制度极其严苛。秦律鼓励相互告发，明文规定不告奸者腰斩。有人通奸，你知道不告发，跟通奸者同罪，一律处以腰斩。但秦律同样有容隐的内容。在秦律中告发有两种，即"公室告"和"非公室告"。前者指控告与自己没有血亲关系的人，后者指控告与自己有血亲关系的人（也就是自己家里的人）。"子告父母，臣妾告主，非公室告，勿听。而行告，告者罪。"（《睡虎地秦墓竹简》）意思是说，孩子告父母，仆人告主人，这属于"非公室告",官府可以不听。如果"行告",也就是死乞白赖一定要告自己家里的人,法庭当判告者有罪。注意不是被告有罪,而是告者有罪。那么严苛的秦律尚且有这样的规定,更不要说鲁国这样讲究儒家文化的国度了。

主张容隐是中国文化的一贯传统,两千年来始终如此。即使在20世纪初,中国法律现代化修律之后,这种情况仍然没有变化。我讲一个真实的例子,主人公名叫施剑翘。这是20世纪非常有名的几大案例之一。施剑翘的父亲是一个高级将领,后来被孙传芳所杀。孙传芳原来讲好,只要投降,就不杀你,但孙传芳没有信守承诺,以极其残忍的方式把他杀掉了。施剑翘下决心复仇。一开始将希望寄托在自己丈夫身上,没想到那个人是个胆小鬼,一怒之下决定自己干。从1925年一直到1935年,准备了整整十年。1935年,当时孙传芳隐居在天津,施剑翘查到行踪后,一天趁其在居士林烧香拜佛时,提着枪,走到身后,照着脑袋就是一枪,孙传芳当场毙命。施剑翘把枪一扔,到法庭自首。法庭一开始判她十年徒刑,社会舆论大哗,盛赞施剑翘是女中豪杰,如此判罚不合理。国民党元老于右任等人联名上书,评价施剑翘的行为其情可嘉,其心可悯,弘扬正气,敦化人伦。法庭迫于压力,减刑为七年。社会还是不平,最后无罪释放。这是1935年的事情。这件事最值得关注的是当时社会的普遍反应。人们并不认为施剑翘杀人不对,反倒对其予以表彰，虽然这与容隐没有直接关系，但也可以反映出当时人们对于家庭亲情与法律关系的一般态度。

非常可惜，近代以来，经过几十年的折腾，我们自认为手中掌握了真理，轻易之间就丢掉了我们的传统，其中也包括容隐制度。我国《刑事诉讼法》第47条、第48条，《民事诉讼法》第70条曾这样规定："除特殊情况之外，凡是知道案件情况的个人都有作证的义务，有意作伪证或隐匿罪证是违法。"这就是说，不管什么情况，如果亲属犯罪了，都必须去法庭作证，否则就是违法。法律研究者曾设想过这样一个场景：匿名将中国的刑法和法国的刑法放在一起，让孔孟在天之灵判别哪个是中国之法。孔孟在天之灵肯定会指着法国的刑法异口同声地说："此当为中国之法，虽经两千余年演变，然精神尚在，尚可辨认。"至于中国的刑法，他们肯定说："此乃外邦之法，不见我中华民族精神之痕迹。"这种情况实在让我们这些后来者尴尬莫名，愧对祖先。庆幸的是，现在的情况有了好的变化。经过理论界的努力，我们现在的《刑事诉讼法》做了修改，第188条是这样规定的："经人民法院通知，证人没有正当理由不出庭作证的，人民法院可以强制其到庭，但是被告人的配偶、父母、子女除外。"意思是说，如果亲属有犯罪行为，配偶、父母、子女可以不向人民法院作证。这是一个重要的拨乱反正，代表着传统文化精神的回归。

通过分析兼爱与别爱的观代之争,希望大家能够明白这样一些道理。第一,要充分了解中国文化的重要特点是重视家庭,关注道德。第二,要认真思考道德和法律的关系,法律当然重要,但在儒家系统中,亲情和道德的价值更高。第三,要认真清理头脑中那些好像天然正确的内容,清醒看到,一些所谓正确的东西,很可能是不正确甚至是荒谬的,需要从根柢处加以检讨。

第四章 老子及其创立的道家学派

司马迁写《史记》的时候，老子其人其事已经不大清楚了，但他还是尽可能提供了一些材料。"老子者，楚苦县厉乡曲仁里人也，姓李氏，名耳，字聃，周守藏室之史也。"(《史记·老子韩非列传》)按照这种说法，老子是楚国苦县人。苦县，一说位于安徽涡阳县，一说位于河南鹿邑县。姓李，名耳，字聃。聃就是耳曼，耳朵比较大。他是周的守藏室之史，大致相当于今天的国家图书馆馆长。当时的官员是世袭的，这说明老子的家学相当好。与此同时，司马迁还提供了其他一些说法，比如老子就是老莱子，或老子就是太史儋。到底李耳是老子，还是老莱子是老子，还是太史儋是老子，历史上有不同的看法，争论很多，难有定论。后代关于老子生平有很多故事，如说老子身长八尺八寸，长耳大目，黄色美眉，广额疏齿，方口厚唇，额有三五达理。又说李氏怀胎八十一载，割左腋而生，等等。这些都是传说，不足为信。中国文化有一个现象，一个地方出了名人，当地围绕其出生便会生出很多传说。是否将这些传说当真，是检验一个人思想成熟度的标尺，如果有人真的相信这些传说，就说明其心志还远未成熟。老子看到周已衰，无力挽救，弃周而去。经过函谷关时，守关的官员知道老子有才学，请他把自己的思想主张写下来，于是有了《老子》这本书。书成后，老子西出函谷关，不知所终。

从《史记》看，孔子曾经向老子问过礼，但老子并没有给孔子讲什么礼，而是对其说，"良贾深藏若虚，君子盛德容貌若愚。去子之骄气与多欲，态色与淫志，是皆无益于子之身"（《史记·老子韩非列传》），力劝孔子去掉身上的骄气、淫志，认为这些东西对身体没有好处。孔子对弟子说："鸟，吾知其能飞；鱼，吾知其能游；兽，吾知其能走。走者可以为罔，游者可以为纶，飞者可以为矰。至于龙，吾不能知，其乘风云而上天。吾今日见老子，其犹龙邪！"（《史记·老子韩非列传》）意思是说，鸟我可以看到在天上飞，鱼我可以看到在水里游，兽我可以看到在地里跑。天上飞的，水中游的，地上走的，我可以把它们抓住。但龙我是不知道的，把握不住，老子就像龙一样啊。从这段材料可以得出两个看法：第一，孔子对老子很尊敬；第二，老子的年龄要长于孔子。这样就产生一个问题，既然老子年长，我们为什么先讲孔子，再讲老子？这是因为，不管老子生平如何，我们今天能够看到的《老子》文本，已经加入了后人的思想，有些内容要晚于孔子。更为重要的是，先讲孔子，再讲墨子，再讲老子，从思想背景角度看，理路更顺一些，更便于讲述。

我们今天看到的《老子》的版本，是王弼注过的，俗称王弼本。这个版本流传很广，影响很大。这些年来，关于《老子》的不同版本有不少新发现，其中较为重要的有两个。一是1973年在湖南长沙马王堆汉墓发现的本子，因为是抄写在绸布上的，学界习惯称为帛书本。再一个是1993年湖北荆门郭店楚墓发现的本子，因为是写在竹简上的，学界习惯称为竹简本。据专家考证，这两个版本年代都早于王弼本，非常重要。王弼本中不清楚的内容，可以与帛书本、竹简本相互参读。《老子》全书八十一章，一到三十七章为道经，三十八章到八十一章为德经，全书约五千字，连现在一篇学术论文的量都赶不上，但内涵丰富，博大精深，不易把握。下面分两个方面给大家做介绍。

一 道之释义

道是老子思想最重要的内容，道家这个名称就是由此而来的。要了解老子道的思想，需要再次提到周文疲敝的话头。经过数百年的发展，盛行一时的周代礼乐之制不行了，天下大乱。面对这种情况，有识之士纷纷检讨原因，寻求对治之策，希望天下重归太平。孔子想一个办法，墨子想一个办法，老子同样想一个办法。先秦诸子就是在这个大背景下产生的，这也决定了中国文化的基本走向。我反复讲中国哲学是忧天下之忧出来的，不是吃饱了饭没事干闲出来的，就是这个意思。

老子严厉批评当时人们盲目追求利欲的现象。"五色令人目盲，五音令人耳聋，五味令人口爽，驰骋畋猎令人心发狂，难得之货令人行妨。"（《老子》第十二章）"五色令人目盲"是说颜色太多了，花里胡哨的东西太多了，会失掉眼睛的辨别力。"五音令人耳聋"是说声音太多了，美妙的音乐太多了，会失掉耳朵的辨别力。这两句意思比较清楚，稍微难一点的是"五味令人口爽"。有一次我去一家饭店，金碧辉煌，很上档次。老板很想表现出有文化的样子，墙上挂了不少书法作品，其中一幅就是这一句："五味令人口爽——《老子》第十二章"。老板显然是将这一句理解为山珍海味可以令口舌爽快了。他哪里知道，这个"爽"不是爽快，而是盲失。意思是说，美味太多了，会废掉口舌的辨别力。老板想装得有文化，结果闹了大笑话。"驰骋畋猎"这种事情，会让人们心里躁动不安。北京、上海、广州这些大城市每年都要办车展，展会上人山人海，摩肩接踵。人们围着香车美女，转来转去，兴奋异常。看到那种景象，我们就明白什么叫"驰骋畋猎令人心发狂"了。"难得之货"就是各种珍奇之物。

一些科技公司新品上市之后，"粉丝"发疯了一般，连夜排队。这就叫"难得之货令人心发狂"。

老子还严厉批评当时人们对于名的追求。"天下皆知美之为美，斯恶已；皆知善之为善，斯不善已。"(《老子》第二章)在老子看来，在自然的状况下，人们不知道什么是善，你不装，我不假，完全凭本性生活，过得很好。后来圣人出来了，告诉大家这是善，大家都要去求。善不好求，求不到，只能装出善的样子来，其实只是假善、虚善，这就是恶。老子是辩证思维的大师，很早就看到了高下、大小、善恶是相对的。有了高才有下，有了大才有小，有了善才有恶。"不尚贤，使民不争；不贵难得之货，使民不为盗；不见可欲，使民心不乱。"(《老子》第三章)在自然状态中没有什么贤，没有什么难得之货，没有什么可欲之物，大家都生活在自然状态中，很美好，很和谐。后来圣人弄出个贤来，弄出个难得之货来，弄出个欲来，结果大家都去追求，争来争去，天下由此就大乱了。

从这个角度就可以看出老子的伟大了。孔子、墨子、老子都不满意当时社会发展的状况，提出了批评，就此而言，他们是一致的。但与孔子、墨子相比，老子似乎站得更高，看得更远。他没有停留于社会现象本身，而是站在文明发展的高度，对上述现象做出反思。在他看来，社会之所以陷入空前的混乱，皆因理性的发展点醒了人们的知欲之心，进到了所谓的文明社会，背离了自然无为的原则。这是理解老子思想的一个重要抓手。孔子说天下大乱是大家不按礼乐制度去做了，墨子说天下大乱是没有遵循夏代的制度。老子既不同于孔子，没有从周代礼乐制度找原因，也不同于墨子，没有从夏代社会制度找原因，而是认为整个人类文明出了问题。

类似观察问题的角度，在西方也有。卢梭认为："我们的大多数痛苦是我们自己造成的，因此，只要我们保持大自然给我们安排的简朴的、有规律的和孤单的生活方式，这些痛苦几乎全都可以避免。"（卢梭《论人与人之间不平等的起因和基础》，北京：商务印书馆，2015年，第54页）在卢梭看来，社会出现如此多的问题，源于我们破坏了自然的简朴。如果我们能够保持原本的简朴，就可以生活得美满，不会陷入痛苦之中了。卢梭这一思想，其实在《圣经》中早有预示。亚当夏娃偷吃的就是智慧果。如果不偷吃智慧果，大家没有智慧，就没有羞耻之心。偷吃了智慧果，大家有了智慧，也就有了羞耻之心，整个社会也就走向了堕落。

由此出发，第三十八章就不难理解了："故失道而后德，失德而后仁，失仁而后义，失义而后礼。夫礼者，忠信之薄而乱之首。"（《老子》第三十八章）在老子心目中，最早是道的时代，那时一切都是自然的。后来道保持不住了，就有了德；德保持不住了，就有了仁；仁保持不住了，就有了义；义又保持不住了，就有了礼。孔子把周礼说得好得不得了，但在老子看来，它恰恰是整个社会乱了之后的结果。另一章讲的是同样的意思，更加简略："大道废，有仁义；智慧出，有大伪；六亲不和，有孝慈；国家昏乱，有忠臣。"（《老子》第十八章）大道废了之后，才谈论仁义；有了智慧，才出现虚伪；六亲不和，国家动乱了，才有人高扬"孝慈"，提倡"忠臣"。远古时代，大道之行，任凭自然，没有仁义，也不需要仁义，没有礼乐，也不需要礼乐。人们之所以大讲仁义，大讲礼乐，正说明大道不行了。

老子这一思想具有很高的理论价值。以前我们往往只从正面看到文明的进步性，老子却尖锐地从反面看到了它的危害性。这些年来，我们已经越来越清楚地认识到，文明发展是一柄双刃剑，既可以为人类造福，更可以为社会添祸。现今社会出现那么多的问题，很大程度上都是由人类文明发展造成的。日常生活中很多现象都可以说明这个道理。很多同学听课的时候带笔记本电脑，非常方便，但它也有不好的地方。笔记本电脑实在是太方便了，我这里讲课，因为讲得好，大家可以集中听讲，如果讲得稍微不如意，大家的心就跑了，要么上网看NBA打球，要么上网店搜寻购买自己的心爱之物。另外，电脑用多了，很多人不再重视写字。中国老话说"字如其人"，一看字就大概知道你的个性如何。现在的大学生很多字写得不好,一个重要原因,就是电脑用多了。手机更是如此。人类发明了手机,也彻底异化成了手机的奴隶,以至于一天不看手机,命可能还在,但魂肯定没了。有一次,我到饭堂吃饭,长桌坐了六个人,除我之外,其他五个都一边吃,一边看手机,谁也不跟谁说话。这种现象引起了我极大的警觉,感叹人类已经彻底被手机绑架了。似乎现代人离开手机已经没有了生存的能力。

由此可以得出两个结论。第一,同孔子、墨子学说一样,老子学说也首先是政治哲学,关注的是如何治国的问题,不是没事想出来的一套空理论。第二,与孔子、墨子相比,老子想得更为深远,抽象程度更高,更有通常所说的哲学的味道。当然,这只是就致思的特点而言,不是说老子的学理比孔子的价值更高。

要准确把握老子的思想,需要对三个概念有透彻的了解。首先是自然。"自然"一词在《老子》全书中出现过五次,即:"道法自然"(《老子》第二十五章),"常自然"(《老子》第五十一章),"以辅万物之自然"(《老子》第六十四章),"百姓皆谓我自然"(《老子》第十七章),"希言自然"(《老子》第二十三章)。将这些不同的说法归并到一块,简单说,自然就是万事万物自己如此,自然而然的意思,与西方的 nature 完全不同。换言之,万事万物任由自己发展,不受外力强制,通常都能够达到最佳状态,和周围环境保持平衡与和谐。这种情况,老子就叫作"自然"。

其次是道。道在老子之前就有了，这与仁字在孔子之前就有了是一样的。道在甲骨文和金文中都有，有很多不同的变形，如⿰亻⿱目又、⿰彳⿱目又。从字形上看，这是一个会意字，表示一个人在十字路口辨别方向，确定往哪个方向走。虽然道字很早就有了，但老子对这个字的含义做了极大的扩展，使其成为道家的核心概念。在老子看来，道是宇宙万物的最究竟者，是宇宙万物的本源，万事万物都由它而来。老子之前，人们即已开始讨论宇宙的本源问题了。那个时候，人们普遍把帝或天作为本源。"皇矣上帝，监下有赫，监观四方，求民之莫。"（《诗经·大雅·皇矣》）在《皇矣》作者看来，天是最高的存在，监管四方，让老百姓过好日子。老子不满意这种看法，希望找到比帝和天更根本的本源，而他找到的对象就是道。"湛兮，似或存。吾不知谁之子，象帝之先。"（《老子》第四章）"湛"是深远的意思。道好像在那里存在着，我不知道它从哪里来，但"象帝之先"。这个"先"字很重要，说明道比帝还要早。这里的逻辑关系很清楚。事物的本源一定是最早的，道比帝要早，说明帝作为本源远远赶不上道，道比帝更为远古，更为根本。

《老子》另一些论述表达的也是这个意思。"无名天地之始，有名万物之母。"（《老子》第一章）此章有不同的断句方式，有的读为"无名，天地之始；有名，万物之母。"《老子》的文本太简略了,几乎每一句都可以有不同的理解。我倾向于把"无""名"断开,读为"无,名天地之始;有,名万物之母。"不管哪一种断句,道都是"天地之始",都是"万物之母"。这里的"始"和"母",都指本源。"道冲而用之或不盈,渊兮似万物之宗。"(《老子》第四章)"冲"是空虚无形的意思,用也用不尽。"渊"是深远幽暗的意思,是万事万物的总根源。"有物混成,先天地生,寂兮寥兮,独立不改,周行而不殆,可以为天下母。"(《老子》第二十五章)这里的"物"不宜理解为具体之物,它其实就是道。道是混混沌沌的那个样子,先于宇宙万物而生。"寂"和"寥"是对道的状态的描述。"独立不改,周行而不殆"一般理解为道没有消沉,始终运行没有穷尽。《老子》这些不同的说法,表达了一个相同的意思:道是事物的最终源头,是宇宙的那个最究竟者。

最后是德。德由道而来,有了道才有德。"德者,得也。常得而无丧,利而无害,故以德为名焉。何以得德?由乎道也。"(《王弼集校释》上册,北京:中华书局,2009年,第93页)这是王弼对德的解说。其实类似的说法在其他材料中早有所见。《乐记》中就有"德者,得也"的句子。由此可知,"德"就是得到的"得",换言之,能够在道中得到一点东西即为"德"。《老子》又名《道德经》,而《道德经》有的版本又叫《德道经》,有时道在前，有时德在前，但不管怎样，德的这个含义都没有不同。

在《老子》中，德分上德和下德。"上德不德，是以有德；下德不失德，是以无德。"（《老子》第三十八章）。上德和下德是德的两种状态。上德是最高的德，没有偏私，没有固执，完全是自然的状态。有上德的人不显德之相，在外边看不出有德的样子。这是真正的德。下德境界不高，有固执，有分别心，故意装出自己有德，其实是没有德。这种情况在日常生活中时有所见。真正有德的人，外表跟平常人没有区别。没有德或德浅的人，总是装出有德的样子。这和佛家有相通之处。佛家认为执是人生陷入痛苦的根源，要求破执，但破执又不能陷于执，否则仍然是一种执。由此反观前面讲过的那一章就好理解了："故失道而后德，失德而后仁，失仁而后义，失义而后礼。夫礼者，忠信之薄而乱之首。"（同上）这里首句中的"后德"只能理解为下德，不能理解为上德。

在分别讲了道的缘起，自然、道、德三个概念之后，需要着重讲讲道与有无的关系。对中国文化有所了解的人都知道，有无是老子学说十分重要的概念。这两个概念之所以值得关注，是因为它涉及重要的哲学问题。前面讲了，道是事物最终的根源，是宇宙的本源。这就决定了道一定不能是无，因为是无的话，这个无如何能够成为事物最终的根源，就无从解释了。就是说，道不能是绝对的空无。但道又不可能是有，因为是有的话，这个有一定还有根源，这个问题就没有穷尽了。比如，这是一支激光笔，这是一块手表，这支激光笔、这块手表一定有其来源，你可以说它们来自工匠的创造，那工匠又来自何处？来自他的爸爸妈妈，那他的爸爸妈妈又来自何处？这样一级级推上去，是没有头的。

面对这个复杂问题，老子表现出了极高的智慧。一方面，老子说道是有，确有其物。"道之为物，惟恍惟惚。惚兮恍兮，其中有象；恍兮惚兮，其中有物。"（《老子》第二十一章）道可以说是一种物，但这个物有一个特点，就是惟恍惟惚。在惚兮恍兮中有象，在恍兮惚兮中有物。这里的象，这里的物，都是真实存在。没有真实存在，道不可能创生宇宙万物。这种真实存在，就是有。

但这种真实存在，这种有，又不是具体的物。它没有形象，所以又为无。"视之不见，名曰夷；听之不闻，名曰希；搏之不得，名曰微……是谓无状之状，无物之象，是谓惚恍。"（《老子》第十四章）"夷"指幽暗，"希"指稀薄，"微"指微弱。道这种东西，我们看也看不到，听也听不到，抓也抓不到。这种神奇的东西，没有任何的形状，没有任何的形象。老子将这种无状之状、无物之象称为"惚恍"。世界上可以见到的任何东西，都有其象。比如，同学有同学之象，老师有老师之象，校长有校长之象。我们小时候去动物园，可以认识马、骆驼、熊猫，因为马有马的象，骆驼有骆驼的象，熊猫有熊猫的象。

但有一种动物很奇怪,它的头像马,脚像鹿,尾巴像驴,蹄子像牛,但既不是马,也不是鹿,不是驴,不是牛,我们就叫它"四不像"。四不像已经很神奇了,而道更加神奇,它是万不像。正因如此,老子才有"大音希声,大象无形"(《老子》第四十一章)的说法。"音"是单音节,声是多音节。"大音"没有和,大象没有形。这种没有形,即为"无"。老子经常用无来表达道。"三十辐共一毂,当其无,有车之用。埏埴以为器,当其无,有器之用。凿户牖以为室,当其无,有室之用。"(《老子》第十一章)车轮有三十个条辐,中间部分的那个圆圈是空的。因为是空的,所以才能成为车轮。"埏埴"指用泥做的器皿,比如杯子。杯子中间是空的,所以有器之用,可以盛水。窗户中间是空的,所以"有室之用",可以通风采光。老子举了这么多例子,最后得出结论说:"故有之以为利,无之以为用。"(同上)具体事物,因为无才能有其用。

这样就出现了一个问题,道究竟是有还是无?合理的答案是:既是有又是无,是有与无的统一。这是老子思想中最难把握的部分。好在前贤在这方面做了大量工作,为我们的理解创造了条件。据学者研究,无字最早来源于舞字,也就是古代祭祀时跳舞的那个舞。古代祭祀跳舞有一个特点,即"似无而实有"。意思是说,跳舞的形态可以看到,跳舞所要表达的那种精神却看不到,因为它和神相通。虽然那种精神看不到,但它又确实存在。無字是后来有的。与舞不同,無指绝对的空无,也就是什么都没有。再后来,又有了更为简化的无字,更加强了空无的意思。由此说来,用来形容道的特点的無字,有一个由舞到無再到无的过程。我们今天讲无,往往取其绝对空无的意思,但这个意思已经无法表达最早舞字"似无而实有"的含义了。

由此不难看出,老子用来描述道的这个"无"字,实在是奇妙无比。它既不是一般意义的有,又不是一般意义的无,既是有又是无,既是无又是有,是有与无的统一。这就好像前面所说"三十辐共一毂"中间那个圆圈,那个圆圈表面看是无,但能说这个无什么都不存在吗?亦如"埏埴以为器""凿户牖以为室",用泥做成杯子,中间是空的,在墙上开个洞,留下空间,能说杯子空的部分,墙上空的部分什么都不存在吗?小孩子往往认为零就是零,什么都没有。学得多了才知道,零也是有内容的。所以道一定不是一般意义的无,不然一定会出现这种无是如何衍生宇宙万物的难题。同时,道又一定不是一般意义的有,不然一定会出现这种有的根源是什么的难题。道与有无的关系,实在微妙神奇,是道家哲学最引人入胜之处。

明白了道与有无的关系,老子很多篇章就不难理解了。我们再来看老子最有名的第一章:"无,名天地之始；有，名万物之母。故常无，欲以观其妙；常有，欲以观其徼。此两者同出而异名，同谓之玄。"(《老子》第一章）老子认为，无和有同是万物的本源。也就是说，万物的本源既是无又是有。因为是无，所以用它来观察万物之微妙，因为是有，所以用它来观察事物之分界。无和有两者是一个东西，只不过名称不同而已，这就叫作"玄"。玄指黑色，喻为难以把捉。魏晋时期玄学大盛，即取此意。此章最后一句"同出而异名"，帛书本为"两者同出，异名同谓"，意思是一样的。

"天下万物生于有，有生于无。"（《老子》第四十章）这一章很短，但如何解释，从古到今争议不断。按照字面的意思，天下万物首先生于有，而有又生于无。倒过来说，首先有无，由无产生了有，再由有产生了万物，即无——有——万物。如果是这样的话，这个无是如何产生有的，就成了一个无法解释的问题。历史上，人们无不为此大伤脑筋。有人认为，此处的"有"通"又"，意即天下万物既生于有，又生于无。这种解释虽自成一家，但无法得到普遍的认可。好在竹简本帮了大忙。竹简本这一章与今天通行的王弼本不同，写作："天下之物生于有，生于无。"（郭店楚简《老子》甲组第十九节）按照这种写法，这一章的意思就比较清楚了：天下万物既生于有，又生于无，这个既是有又是无的东西，就是道。当然，竹简本的这种写法还需要更多材料证实，但它至少提供了一种理解的可能，而这种理解显然要合理得多。

道既是有又是无，与世间万物都不相同，实在是太奇妙了，无法用日常语言加以表达。这样就可以明白老子为什么要说"道可道，非常道；名可名，非常名"（《老子》第一章）了。这一章历来有不同的诠释，但主旨并非不能把握。第一个道指道生万物的那个道，即自然之道。第二个道指言说，即用语言来表达自然之道。道太神奇了，既是有又是无，所以用日常语言无法准确表达它，反之，能用日常语言所表达的，都不是自然之道。"名可名，非常名"也应如此理解。这一章的可贵在于涉及了语言的局限性。我们往往认为世间的事情都可以用语言来表达。其实不然。语言的局限性非常强，很多东西，语言是表达不了的。西方近代以来语言哲学十分发达，很重要的就是要表达这层意思。尽管老子那个时候还没有语言哲学，但他实际上已经意识到了这个问题的重要性，涉及了这个问题。

老子提出道的思想，最根本的用意是以道说明万物的产生和发展都是自然的过程，从而证明自然的重要性。"道生一，一生二，二生三，三生万物。"（《老子》第四十二章）这一章我们都很熟悉。道首先生一，这个一不宜理解为一个独立的存在，它其实就是道之自己。有了一，再生二，二就是对立的两个方面，比如说阴阳。有了阴阳，便有阴阳之合，这就是三。有了三，宇宙万物就可以生生不息了。这一章在竹简本中没有，找不到。这至少说明，我们今天看到的王弼本，有一部分内容是后人加进去的。过去没个版权的观念，抄书的时候往往把自己的体会加进去，因为有圣人的庇护，自己的思想就可以与圣人同体，传于后世了。与这一句相对的是"人法地，地法天，天法道，道法自然"（《老子》第二十五章）。意思是说，人要效法地，地要效法天，天要效法道，但至此还没有结束，最重要的是道要效法自然。显然，这里自然居于最高层面。这两章出处不同，但刚好成为一副对联。上联："道生一，一生二，二生三，三生万物。"下联："人法地，地法天，天法道，道法自然。"对仗工整，结构严密，在各地道观中都能见到。

另一章讲的是同样的道理："道生之，德畜之，长而育之，亭之毒之，养之覆之。生而不有，为而不恃，长而不宰，是谓玄德。""是以万物莫不尊道而贵德。道之尊，德之贵，夫莫之命而常自然。"（《老子》第五十一章）道生育，德蓄养，不断生育，不断蓄养。"亭之毒之"不大好解。"亭"又解释为成，"毒"又解释为熟。意思是说，道的生长要不断成熟，不断完善。"养而覆之"，是对道产生万物过程的描述。道虽然生育万物，是万物的本源，但德行高尚，从不贪功，从不认为这是自己的功劳，这就叫"生而不有，为而不恃，长而不宰"。做到了这些，也就达到了最高的德,即所谓"玄德"。所以,世间万事万物都尊那个道,贵那个德。道虽然尊,德虽然贵,但并没有哪个力量故意支使它,这就叫"莫之命"。最重要的是结尾句的"常自然"。万事万物都是自己发展,自己变化,自己如此。要让事物发展好,最重要的是尊重它,而不是施加人为干预。王弼对"法自然"的注解很精当:"法自然者,在方而法方,在圆而法圆,于自然无所违也。"(《王弼集校释》上册,北京:中华书局,2009年,第65页)自然是什么样子,你就是什么样子,它是方的,你就学它的方,它是圆的,你就学它的圆,所有的东西和自然没有违逆,这就叫作"法自然"。"法自然"是老子整个思想的终结点,也是老子整个思想的最高目的。

以此为据,在我看来,道是由自然衍生出来的一个概念,甚至可以说,道是为了说明自然而服务的。我们知道,道家这个称谓到了汉代才有,先秦并不存在。因为汉代有了道家的说法,人们习惯性地认为,道是道家思想最核心的内容。这种理解当然有它的道理,但如果进一步探究,道家讲道不是空的,最终还是为了阐明自然的道理。前面讲了,老子讲的自然不同于今天的nature,特指事物自己如此、自然而然。因为是自己如此、自然而然,不受外力强制,所以可以达到最佳状态,和周围的事物保持平衡与和谐。但人类文明的发展破坏了自然,出了很多问题。老子提出道的学说,就是希望以此阐明自然的道理,让人类社会重新回到这种自然的状态。如果排座次的话,一个是道,一个是自然,第一把交椅无论如何应由自然来坐,而不能由道来坐。在特定意义上,我们不妨将道家称为"自然家"。这个看法可能会有争议,但对于准确把握老子的思想实质,可能还是有帮助的。

我这样理解《老子》,与我经历的一件小事有关。刚开始读《老子》的时候,字也认得了,句意也了解了,但总觉得隔着一层,在大纲大本处把握不住。有一次,看书看累了,到楼下散步,走了一段后,坐在草坪上休息。那是一个很大的草坪,人很少,不一会儿,天上飞来一群麻雀,落在地上。麻雀不怕人,离我很近,它们的活动方式引起了我的关注。麻雀有大一点的,有小一点的,有灰一点的,有黑一点的,有胖一点的,有瘦一点的,有漂亮一点的,有丑一点的。它们蹦来蹦去,找地上的草籽和掉落的饼干渣。遇到来人,飞到天上,人走后,又回到老地方,继续找吃的,一副快快乐乐的样子。看着看着我突然明白了,这不就是老子说的道吗?

麻雀之所以如此快活,是因为麻雀没有人类社会所谓的"文明",完全是自然的。想象一下,如果上帝突然赋予一只麻雀以很高的理性,这个麻雀会怎么想呢?它一定会想,我为什么要如此辛苦地找东西吃呢?我可以把大家组织起来,让一批麻雀去捡草籽,另一批麻雀去捡饼干渣，然后集中起来一块分，因为我是组织者，是劳心者，可以得大部分，其他麻雀是劳力者，只能得少部分。因为我是劳心者，是贵族，当然不能和他们一样。这样的话，麻雀的生存方式就被彻底打乱了。

由此我又联想到蜜蜂。蜜蜂是一个内部联系严密、分工严格的群体，有蜂王，有工蜂。工蜂出去采蜜，蜂王在蜂巢繁衍后代，不出去干活。如果有一天一只工蜂突然有了很高的理性，有了很高的智慧，心想我为什么要如此辛苦，飞得老远老远的，蜂王为什么不干活，不劳而获呢？它是对我的剥削，压榨我的剩余价值呀。全天下的工蜂应该联合起来，打倒不劳而获的蜂王。一旦如此，蜜蜂群体还能不能保持原先的自然状态呢？通过对麻雀和蜜蜂的观察，我彻底明白了老子用道来阐发自然这一重要道理的深刻用心。

需要强调的是，老子并不一概反对理性。《老子》中有一个重要概念叫作"常"。"道可道，非常道；名可名，非常名。"（《老子》第一章）一些学者认为，这里的"常道"当为"恒道"，后人为避汉文帝讳而改。"常"和"恒"意义相近，无论是"常"还是"恒"，都是变中不变的那个部分。"常"与"道"相通。学习老子，目的就是要认识"道"，达到"常"。"知和曰常，知常曰明。"（《老子》第五十五章）最高的理想，是知这个"常"，达这个"明"。要实现这个理想，当然离不开理性，离不开认知。因此，在老子那里，其实有两种"知"。一是上面说的"知常"之知，这种知只有圣人才能达到。二是"不知常"之知，"不知常，妄作，凶"（《老子》第十六章）。"不知常"也是一种知，这种知很危险，会给社会带来灾难。

老子思想的内在价值在这里得到了充分的显现。我们通常认为人有理性，社会才能发展。这自然是对的。但我们同时又必须注意到，理性也有它的弊端。理性是人类在自然过程中自己发展出来的，从这个意义上说，它也是自然。然而这个自然生成之物如果操持不好的话，很可能又会成为破坏自然的凶器。我们很长时间不明白这个道理，对于理性完全持尊敬崇尚的态度，过分相信它，处在理性狂妄之中，相信理性可以解决一切问题。然而，大量事实证明，人的理性能力是有限的，对自己的理性能力不能毫无顾忌。如果只看到理性的好处，看不到理性的不足，一定会给整个世界带来巨大的灾难。人类有了理性，取得了其他动物不可能取得的成就，但这种理性也如同从瓶子中跑出来的恶魔，会彻底断送整个人类的命运。真正毁灭人类，毁灭地球的，不是什么外星人，一定是人类自己，是人类自己的理性。理性狂妄是人类文明最大的危险，也是人类文明最大的败笔。

好多年之前我还在部队工作，到了一定年限，分到了房子。那个时候房子是稀罕之物，非常宝贵。拿到钥匙之后着手装修，左画一张图纸，右画一张图纸，左改一个方案，右改一个方案，兴奋得不行。但两三个月装修完之后发现很多不如意的地方，由此明白了一个道理：装修是一门遗憾的艺术。自己的房子，哪有不用心的。但装修完后，才发现这个地方错了，那个地方也错了，门再往那个方向挪一点就好了，家具的颜色再浅一点就好了，窗户选另外一种材质就好了，一个劲儿地后悔。有人会说，你不是专业人员，专业人士就不会这样了。专业人士照样后悔。北京国家大剧院是法国设计师设计的，是第一流的专家。他为剧院中央大厅层顶的设计用了很多心思，选了最理想的方案，用了最昂贵的材料。但把材料吊上去以后，他到现场才发现，效果并不好，只好命令拆掉重来。

这种例子比比皆是。日本福岛核电站事故，很能说明问题。核电站是非常危险的工程，在设计的时候已经把可以想到的安全设施都想到了。比如，必须有备用电源，万一备用电源不行了，还配有独立的电厂。但实际情况是，设计师万万没有想到，巨大的海啸不仅损坏了备用电源，也损坏了独立的电厂。因为没有电源，核燃料不断燃烧，无法冷却，直至把房顶烧掉。工程人员没有办法，只好抽海水用于冷却，致使含有辐射物的海水流向大海，造成大面积的污染，后果极为严重。

埃及的阿斯旺水坝，从1960年开始建了十年，自以为了不得了，既可以解决尼罗河泛滥的问题，又可以解决农业浇灌问题。结果不仅这些问题没有解决，还产生了很多根本没有想到的危害。比如，修了水坝之后，没有河水的四季冲刷，下游的土地开始大面积的盐碱化，严重影响了农业生产。又如，沙丁鱼原来要按季节从尼罗河游到海里产卵，修了水坝后，尼罗河断成两截，沙丁鱼无法洄游，逐渐灭绝。"不知常，妄作，凶"之危害，由此可知一二。

学习老子道的思想，自然的思想，最重要的是要明白上述道理。让我们放弃理性的狂妄，充分尊重自然吧——善待周围的一切，包括每一处沙滩，每一片草地，每一只小虫，每一根松枝，还有那高耸的山峰，翱翔的雄鹰，保持自然的本性，同享自然美好的世界。这是老子思想对我们今天最大的教益。

二 道之应用

上面多次讲过，与孔子、墨子一样，老子的思想不是空想出来的一套空理论，有着很强的应用性。

这种应用首先表现为"绝智"。如何治理国家，是老子最为关心的问题。"民之难治，以其智多。"（《老子》第六十五章）这里的智并非泛指，而是一种可以称为"市俗之智"的东西。按照老子的理解，当时社会大乱，主要是因为人们过于相信自己的理性，玩弄市俗之智。老子的治国理念与之完全不同:"以智治国,国之贼;不以智治国,国之福。"(同上)如果玩弄市俗之智,国家就会陷于混乱,反之,国家才能治理好。五十七章讲的也是这个道理:"民多利器,国家滋昏;人多伎巧,奇物滋起;法物滋彰,盗贼多有。""利器"或释为权谋,或释为凶器,我认为解释为权谋在语义上可能更顺一些。老百姓都玩弄权谋,国家就乱了。"伎巧"即智巧。有了这种智巧,就会有很多稀奇古怪的东西,即所谓"法物",盗贼于是也就滋生出来了。

"名与身孰亲?身与货孰多?得与亡孰病?甚爱必大费;多藏必厚亡。"(《老子》第四十四章)老子向人们提出了一系列尖锐的问题:努力追求的名利与保持自然之身哪一个更为亲切?自然之身与各种珍奇之物哪一个更有价值?得到的各种珍宝与由此失去的自然之身哪一个更不应该?你以为得到了一款最时尚的手机不得了了,其实在此过程中也丢掉了自然真朴之心,得到的远不及失去的。世人拼命追求财富,收藏珍品,希望成为世界上最富有的人,但这样必然会失去自己最有价值的东西,造成"大费""厚亡"。《老子》第四十六章又说:"罪莫大于可欲(此句据帛书本补),祸莫大于不知足,咎莫大于欲得。"最大的祸害是不知足,有欲利之心。欲利之心来自理性,来自智巧。一旦理性和智巧点燃了欲利之心,欲利之心没有止境,好了还想好,多了还想多,永远不知足，人生从此走向苦难。这是最大的"祸"，最大的"罪"，最大的"咎"。

以此为基础，老子提出了与孔子、墨子完全不同的主张。前面讲过，孔子的治国办法是复周礼，墨子的治国办法是用夏政。老子不同，他认为，要让天下重归太平，最好的办法是"绝智"。"绝圣弃智，民利百倍；绝仁弃义，民复孝慈；绝巧弃利，盗贼无有。"（《老子》第十九章）在这章中，头一句"绝圣弃智"最重要。如果绝了智巧，老百姓就可以生活好了。不要仁义，老百姓就会恢复原本的孝慈之心了。不要巧和利，天下就无贼了。上面所引是王弼本，竹简本此句写作"绝智弃辩，民利百倍；绝伪弃诈，民复孝慈"。通过对比，可以看出，两个版本有多处不同。竹简本不说"绝仁弃义"，而说"绝伪弃诈"，不说"绝圣弃智"，而说"绝智弃辩"。这些不同说明，竹简本的内容并非完全直接针对儒家。后来道家成了儒家的直接对立面，是后人不断加进自己诠释的结果。这里尤为重要的是"绝仁弃义"一句。"仁义"是儒家的核心概念，王弼本这样写，显然是针对儒家的。而根据竹简本，这一句当为"绝伪弃诈"。一个是"绝伪弃诈"，一个是"绝仁弃义"，二者之不同，一望即知。虽然王弼本和竹简本有此差异，但对于"智"的态度则完全相同，只不过王弼本为"弃智"，竹简本为"绝智"，用字不同而已。

老子进而提出了"尚愚"的主张。"古之善为道者，非以明民，将以愚之。"（《老子》第六十五章）古代善于操持道的人，不是让老百姓有所开化，变得聪明，更有智巧，而是令其愚。前面在讲墨子的时候，曾谈过愚有三种含义，一是智商不及之愚，即脑子不够使。二是大智若愚之"愚"。"大智若愚"这一说法不出自《老子》，但《老子》中有"大巧若拙""大辩若讷"的提法，所以一般也将大智若愚归为老子的思想。大智若愚不应视为虽有高超智巧，故意装疯卖傻，而应理解为有很高的智慧，但这种智慧不破坏真朴之心，抱朴守素，没有心机，淳朴自然。三是甘愿牺牲之"愚"，指为了道德理想甘愿做出牺牲。除此之外，愚还有第四种含义，即尚未开化之"愚"，指完全没有智巧，没有开化。上引第六十五章中"非以明民，将以愚之"，即是此意。根据老子的一贯思想，社会发展出现如此多的问题，是由于人们过分重视智巧。要让天下恢复平治，根本之策是去掉智巧，恢复之前尚未开化的状态。将愚的含义做了分疏之后，不难明白，除智商不及外，愚是一种很高的境界，和我们今天的观念大相径庭。现代教育追求的是聪明，是智慧，但真正难达到的不是聪明，不是智慧，而是愚。人生的最高境界也不应是智，而应是愚。智在于算计，愚在于牺牲。智有穷，愚无尽。很多人可以做到智，但很难做到愚。我们现在常给孩子取"明明""聪聪"这样的名字。

古人不是这样,他们起名常用"愚"字,如"若愚""绍愚"。孩子的名字是一个家庭文化底蕴的符号。字如其人,名显其家。这里有大文章。

为了说明上述道理,老子提出了很多相近的说法。头一个是"无为"。"为学日益,为道日损。损之又损,以至于无为,无为而无不为。"(《老子》第四十八章)"为学"是不断进步的。今天听一堂课,脑子里多了一点东西,有了进步;明天看一本书,脑子里多了一点东西,又有了进步。这叫"为学日益"。"为道"恰好相反。道在那里圆融地存在着,如果人的主观意识太重,成见太多,就会干扰对于道的体认。因此要想把握道,必须"损",今天损一点,明天损一点。这叫"为道日损"。损的目的是为了"无为",而"无为"的目的是"无不为"。请大家注意"无为"不是"什么事都不做"。《老子》这本书是写给君王的,不是写给一般百姓的。"无为无不为"是告诉君王,不要乱做事,乱折腾。如果不乱做事,不乱折腾,凭借自然的发展,按照自然无为的方略治国,国家就能治理好了。反之,只能是越治越乱,直至不可收拾。有学者认为,此处损与益,其义来自《易经》的损卦与益卦。损卦,卦象为上艮(山)下兑(泽),山下有泽。君子观此卦象,以泽水浸蚀山脚为戒,从而制止其忿怒,杜塞其贪欲。益卦,卦象为上巽(风)下震(雷),风雷激荡。君子观此卦象,惊恐于风雷之威力,从而见善而从，见过而改。可做参考。

另一个说法是"无执"。"为者败之，执者失之。是以圣人无为，故无败；无执，故无失。"(《老子》第六十四章)在政治上任意动用自己智巧的人，是一定要失败的。道家心目中的圣人，不执意做什么，完全操之于无为。因为无为，所以没有失败；因为没有失败，所以没有所失。这种情况即为"无执"。"执"是一个非常重要的概念，道家讲"执"，佛家也讲"执"，道家破"执"，佛家也破"执"。道家讲的"执"是动用理性故意操持某些东西。因为有"执"，所以离自然本身就远。佛家讲的"执"指贪嗔痴。如果陷溺于物质欲望之中，不识因果缘起的道理，就会陷入苦海，难以自拔。虽然道家和佛家讲"执"的具体内涵有所区别，但也有相通之处。正因如此，古人才用"执"字翻译佛教相应的观念。

"自化"是第三个说法。"我无为而民自化，我好静而民自正，我无事而民自富，我无欲而民自朴。"(《老子》第五十七章)君王不故意操持什么，任凭百姓自己发展，百姓自己会有一个比较好的变化，这叫"自化"。君王好静不好动，任凭百姓自己发展，百姓自己会达到比较好的状态，这就叫"自正"。君王不是没事找事，任凭百姓自己发展，百姓自己就会富足，这叫"自富"。君王自身没有更高的欲望，任凭百姓自己发展，百姓自己就会达到素朴，这叫"自朴"。这里"自化""自正""自富""自朴"意思相近,而"自化"最有代表性,最为重要。魏晋时期,这个概念经过郭象的阐释,地位更高,上升为老子学说最重要的思想。所谓"自化"简单说就是万物自己生长、自己变化,不要在外面施加人为的干预。这一思想用老子的话说,又叫"道常无为而无不为,侯王若能守之,万物将自化"(《老子》第三十七章)。侯王指君王或统治者,统治者如果能够做到"无为",万物都将自己生长,自己发展,达到最好的状态,这就叫作"万物将自化"。

老子讲"自化",是因为他已经认识到了理性的局限。前面我提出过理性狂妄的问题,认为这是近代以来我们所犯错误最为重要的原因。我们自认为有了理性,可以认识世界,改造世界,殊不知人的认知能力有很大的局限性,很难达到上面说的目的,弄不好还会造成大麻烦。1949年之后,我们很长时间内坚持计划经济。按照计划经济,首先要统计社会中有多少人,然后计算这些人一年要穿多少衣服,并建立相应的工厂来生产。生产衣服需要布料,然后建设相应的工厂生产这些布料。生产布料需要棉花,再计算需要多少耕地种植棉花。种植棉花需要土地,再来安排相应数量的土地。从理论上说,人如果有理性,这些都可以计算出来,从而安排生产计划。但在现实生活中,人的理性是有限的,很多环节想不周全,很多变化预计不到,挂一漏万,不知哪个地方会出纰漏，最后导致计划失灵，计划变成无计划。计划经济的失败，其实是理性的失败，是执的失败。

由此出发，老子提出了一个重要的说法叫"不敢为"。"辅万物之自然，而不敢为。"（《老子》第六十四章）君王治理国家最重要的是辅助万物自己发展，自己变化，不能胆子太大，不能胡乱做事。"不敢为"就是要有敬畏之心，敬畏自然。如果没有敬畏之心，胆子太大，乱用理性，一定会造成对自然的破坏。另一章讲得更为具体："是以圣人之治，虚其心，实其腹，弱其志，强其骨。常使民无知无欲，使夫智者不敢为也。"（《老子》第三章）道家意义的圣人与儒家不同。儒家的圣人既指德行高超，又指事功超绝，能给百姓带来实际的利益。道家意义的圣人为自然义。这种意义的圣人治国，最看重的是让百姓去掉智巧，削弱意志，填饱肚子，强壮身体，没有那么多的智巧，没有那么多的欲望。有了这种理念，那些统治者，那些智者，就不敢随意做事，胡乱而为了。

老子用很多例子表达他的这一思想，下面两章经常被人引用。其一，"天地不仁，以万物为刍狗，圣人不仁，以百姓为刍狗。"（《老子》第五章）"刍狗"是古代祭祀用草扎的狗，祭祀的时候摆在那里，祭祀完，人走了，它还在原来那个地方，任由风吹日晒雨淋。"天地不仁，以万物为刍狗"意思是说，天地没有那么多仁慈之心，不是今天想想百姓是不是受罪了，明天想想百姓是不是挨饿了，而是任凭百姓自己发展，自生自灭，就好像对待"刍狗"一样。其二，"治大国若烹小鲜。"（《老子》第六十章）如果大家会做饭，很容易明白这句话的意思。小鲜就是小鱼。烹饪鱼的时候，把鱼洗好放在一边，锅里放油，油热了把鱼放进去煎一煎，一面黄了，翻过来再煎另一面，然后倒水，放葱，放蒜，放盐，放醋，放酱油，过个十几分钟，起锅装盘就好了。最忌讳的是一会儿翻一翻，一会儿动一动，三翻两翻，三动两动，鱼就烂了。老子通过这个例子告诉我们，治大国最重要的是不要乱折腾。

与"不敢为"相对的是"敢为"。"敢为"意即过于相信自己的理性，过于相信自己的能力，胡乱而行。"不知常，妄作，凶。"（《老子》第十六章）"常"在这里可以理解为道。不了解道，不了解自然，胡乱而行，必然导致"妄作"。"妄作"是国之凶器。这对于圣人而言尤为重要。"以道莅天下，其鬼不神；非其鬼不神，其神不伤人；非其神不伤人，圣人亦不伤人。夫两不相伤，故德交归焉。"（《老子》第六十章）以道治理天下，鬼就不能发挥作用了；不仅鬼不能发挥作用，神也不能发挥作用，不能伤人了；不仅神不能伤人，圣人也不能伤人了。鬼神不伤人，圣人不伤人，这叫"两不相伤"。做到了"两不相伤"，好处就交相可得了。每次读到这里都不得不感叹老子之伟大。鬼神伤人，人容易看到，圣人伤人，人则不容易注意。而一旦圣人伤人,其程度远过于鬼神。这种情况必须引起人们足够的警觉。

有了这个前提,再来看老子的"小国寡民":

> 小国寡民,使有什伯之器而不用,使民重死而不远徙。虽有舟舆,无所乘之;虽有甲兵,无所陈之。使民复结绳而用之。甘其食,美其服,安其居,乐其俗。邻国相望,鸡犬之声相闻,民至老死不相往来。(《老子》第八十章)

在老子看来,最理想的治国办法是国家小,人口少。各种各样的器皿,比如电脑、手机,都不要用。老百姓不到远处去,有舟车也不使用,有甲兵也不显摆。没有文字,没有计数,有了事情在绳子上系个疙瘩。老百姓最重要的是甘其食,美其服,安其居,乐其俗。两国相邻不远,鸡犬之声可以听得清清楚楚,就是不相来往。

中国人但凡受过教育,没有不知道"小国寡民"的。但老子这一主张并不容易理解。好多年之前,有一次,我从桂林开会乘飞机回上海。那个时候的桂林,还不是特别发达。飞回上海正是白天,随着飞机的降落,城市地貌看得越来越清楚了。看到了鳞次栉比的高楼大厦,看到了纵横交错的大街小巷,看到了街道上的车水马龙。看着看着,联想桂林的情景,我突然领悟到老子为什么要讲"小国寡民"了。城市是人类文明发展的标志，有了文明，有了智巧，就会有分工。分工到一定程度，就会有城市。城市越大，分工越细，智巧越多，出现问题的概率也越大。目前上海户籍人口一千三四百万，常住人口两千多万，管理这么大的城市是极为复杂的工程，弄不好会出大问题。2010年上海开世博会的时候，提出的口号是"城市让生活更美好"（"better city, better life"）。老子绝对不会这样说，若让他选，他只能说"城市让人们生活更糟糕"（"worse city, worse life"）。

从特有的治国理念出发，老子将政治之好坏划定了四个等级："太上，不知有之；其次，亲而誉之；其次，畏之；其次，侮之。……功成事遂，百姓皆谓我自然。"（《老子》第十七章）如果政治操持得好，最高的境界是"不知有之"。要是问一个大学老师，你们学校的校长、党委书记是谁？他说，不知道啊，好像姓李，也可能姓张，不大清楚。这样的话，这个学校就有希望了。如果学校里任何一个老师都能把校长姓什么，党委书记叫什么，哪年出生，哪年入党，有什么爱好，讲得清清楚楚，这个学校肯定不好，糟透了。这就好像踢足球一样。踢足球除球员外，还有裁判。最好的裁判是人们感觉不到他的存在，而糟糕的裁判是处处表现自己，恐怕别人不知道他在那里。第二个境界是"亲而誉之"。这种情况我们现在可以经常见到。一些人提到领导，总是喜上眉梢，大加赞叹："我们的好领导呀""人民的好公仆呀"，其实在老子那里这只能列为第二境界。第三个境界"畏之"，第四个境界"侮之"，意思很清楚，不解释了。最后一句"功成事遂，百姓皆谓我自然"需要特别注意。受法家思想影响，我们常常把"功成事遂"理解为打了天下或做成某事后，隐身而退，保全自身。其实老子这句话真正的意思是，君王不施加过多的干扰，任凭事物自己发展，百姓就会说我行了自然之道。法家把老子很多思想做了自己的理解，成了权谋的一种手段，扭曲了老子的本意。

  道的应用还表现在守柔方面。守柔和绝智不同。如果说绝智是老子的第一序智慧的话，守柔可以说是老子的第二序智慧。老子提出守柔的思想，源于他敏锐的洞察力。"有无相生，难易相成，长短相形，高下相倾。"（《老子》第二章）老子很早就认识到事物是由两个不同方面组成的，如这里列出的有无、难易、长短、高下。在《老子》文本中，这样的对子还有很多。比如，大小、前后、生死、进退、始终、正反、智愚、巧拙、善恶、正奇、善妖、强弱、刚柔、兴废、与夺、胜败、损益、利害、阴阳、盈虚、静躁、塞开、张歙、华实、枉直、雌雄、贵贱、荣辱、吉凶、祸福、轻重、闷闷、察察、淳淳、缺缺。不仅如此，老子还注意到，事物的发展是向自己相反的方向走的。"大曰逝，逝曰远，远曰反。"（《老子》第二十五章）"大"了就慢慢走向"逝"，"逝"了就慢慢走向"远"，"远"

了就慢慢走向"反"。"曲则全,枉则直,洼则盈,敝则新,少则得,多则惑。"(《老子》第二十二章)"曲"到一定程度就走向"全","枉"到一定程度就走向"直","洼"到一定程度就走向"盈","敝"到一定程度就走向"新","少"到一定程度就走向"得","多"到一定程度就走向"惑"。

老子这种辩证智慧对中国人的人生态度有直接影响。"祸兮福之所倚,福兮祸之所伏。孰知其极?"(《老子》第五十八章)自从领受了老子这一教导,中国人很早就懂得了一件事情是好是坏,谁也说不上。遇到不顺心的事,很可能瞬间就变好了。遇到开心的事,很可能瞬间就变坏了。当你发达的时候,要特别小心,很可能坏事就来了;当你倒霉的时候,不要灰心,一拐角就可能碰到了光明。中国人生性乐观,不悲观厌世,这是一个重要原因。另外,中国人很容易知足,不喜欢逞强露富,也与此有关。"金玉满堂,莫之能守。富贵而骄,自遗其咎。"(《老子》第九章)"故知足之足,常足矣。"(《老子》第四十六章)知足是一种高超的智慧,正所谓知足常乐。前些年出了很多贪官,每个案子的涉案金额都惊人。贪官之所以要那么多的钱,除制度管理有漏洞外,从心理上讲就是不知足。"是以圣人去甚,去奢,去泰。"(《老子》第二十九章)"甚""奢""泰"都是负面的词。中国人喜欢有富不露,有强不逞,肚子里有货,表面上看起来平平淡淡，不显现在外。现在很多人不懂这个道理。有钱人家嫁女儿，明星办婚礼，相互攀比，搞大排场。在老子看来，这刚好说明这些人没有文化，层次太低。

老子在这方面有一章非常精彩，值得反复研读，这就是第七十六章。"人之生也柔弱，其死也坚强；万物草木之生也柔脆，其死也枯槁。故坚强者，死之徒，柔弱者，生之徒。是以兵强则灭，木强则折。"什么叫"人之生也柔弱，其死也坚强"？当过爸爸妈妈的都知道，小孩子刚出生的时候都很柔弱，小屁股小脚丫，小胳膊小腿，软软乎乎，讨人喜欢。随着年龄的增长，到了七老八十，在生命结束的时候，去了一个地方，身体冰凉，盖上白布单，就很坚强了。这个"坚强"是僵硬的意思。自然界都一样。三四月份，刚刚开春，草木返青，吐出嫩芽，随风摇曳，美得不得了。到了深秋，树枝渐渐干枯，就容易折断了。老子由此得出的结论是："故坚强者，死之徒，柔弱者，生之徒。"较之坚强而言，柔弱更有力量，更有生命力，价值也更高。高明的人，识道的人，最重要的是守柔。

这一章的意思很清楚，但如果不注意学习，也容易弄错。2008年汶川地震发生后第七天，举行全国性的哀悼活动。一家电视台做了一档节目。女主持人看到播放那么多惨烈的画面，动了感情，流下热泪。男主持人见此情景，安慰她说："孔子早就教导我们了，人之生也柔弱，其死也坚强，我们应该坚强一点。"这里有两处明显的错误：第一，"人之生也柔弱，其死也坚强"不是孔子说的，是老子说的；第二，老子这样讲，不是说我们开始的时候很柔弱，随着思想的成熟，锻炼的增加，会变得比较坚强。男主持人文化修养不够，不仅张冠李戴，而且把意思完全弄拧了，闹了笑话。

第二十八章更值得玩味："知其雄，守其雌，为天下溪……知其白，守其黑，为天下式。"（《老子》第二十八章）明明知道雄，却要守那个雌。之所以这样选择，是因为老子明白"兵强则灭，木强则折"的道理。"为天下溪"的"溪"指溪谷，以水喻虚。水有柔的特性，用水喻虚，就是要表达守柔的意向。"式"是效仿的意思，意即以守柔为基本原则，天下人皆来效仿。

老子直接把守柔的原则用于治国。"坚强处下，柔弱处上。"（《老子》第七十六章）治理国家最重要的不是显出自己"坚强"的一面，处处耍威风，而应处弱守柔。强者示弱，弱者逞强。"大国者下流，天下之牝。天下之交也，牝常以静胜牡。"（《老子》第六十一章）"牝"指"雌"，"牡"指"雄"。雌最明显的特点是柔。柔看起来好像没有力量，容易被欺负，其实力量要超过雄。在国际关系中也应奉行这一政策。改革开放后，我们奉行"韬光养晦"的政策。国际上的事，我们不出头，让人家出头。这个政策为我们争取了很长一段的战略机遇期，其思想渊源就来自老子。虽然随着国力的增强，这一政策会渐渐退出历史舞台，但什么时候退出，以什么方式退出，都需要认真考虑。即使要逐渐退出，也不能处处逞强，摆着架子俯视世界，领导世界，不然会出大乱子。这些情况足以说明，老子思想的产生是政治性的，其应用也是政治性的。我反复讲老子之学是政治之学，就是这个道理。

第三十六章也与此有关。"将欲歙之，必固张之；将欲弱之，必固强之；将欲废之，必固兴之；将欲夺之，必固与之。"(《老子》第三十六章）老子之前也有类似的表述，比如《周书》中就讲过"将欲败之，必姑辅之，将欲取之，必姑予之"(《韩非子·说林上》)。老子认识到，道很神奇，要走向一个方向，先要向另一个方向发展。要你收缩，首先让你张大；要你弱小，首先让你坚强；要忘掉你，首先让你发达；要剥夺你，首先给予你。现在流行的说法"上帝让你灭亡，首先让你疯狂"，就包含着这层意思。法家将老子这一思想做了错误的解释，强调治国必须耍手腕，弄权谋。老子的原意不是这样的。

由此出发，老子特别提倡"谦下不争"。"天之道，利而不害；圣人之道，为而不争。"(《老子》第八十一章）天之道，在于与利，而不是戕害。圣人之道，在于努力，而不是争夺。这个"不争"既可以理解为不与百姓争利，也可以理解为在相互关系中不采取争夺的策略。另一章可作为参考:"善胜敌者不与,善用人者为之下,是谓不争之德。"(《老子》第六十八章)"善胜敌者不与",是说善于战胜敌人的,不去与其争夺。"善用人者为之下",是说善于用人的人,要有谦虚的态度。刘备懂这个道理,他请诸葛亮必须三顾茅庐,姿态要"下"。你摆个老大的架子,高高在上,没有人搭理你。古代贤者用人很了解这一套,而士人也很有气节,非当下一些读书人可比。

为了阐发"守柔"的道理,老子打了很多比方。首先是以水为喻。"上善若水。水善利万物而不争,处众人之所恶,故几于道。"(《老子》第八章)水处于低处,不与别人相争,所以没有谁可以与之相争,这就是"上善",最高的善。请注意,这里的"不争"是实实在在的"不争",不是表面不争,暗地里较劲,搞小动作,把你打倒。否则,老子就真成权谋家了。"江海所以能为百谷王者,以其善下之,故能为百谷王……(圣人)以其不争,故天下莫能与之争。"(《老子》第六十六章)江海能成百谷之王,就是因为它处于低位。谁也不喜欢在低位,但江海不同,因为它处在低位,所以天下的水都汇集到它那里,天下也就没有谁可以与之相争了。

第七十八章也是以水为喻:"天下莫柔弱于水,而攻坚强者莫之能胜,其无以易之。弱之胜强,柔之胜刚,天下莫之知,莫能行。"天下最柔弱的恐怕就是水了,但任何坚强的东西都胜不过它。人人都说石头坚强,但滴水可以穿石。这就叫作"弱之胜强，柔之胜刚"。人类从大处上分，无非有两类，一类为男，一类为女。上天造男人，最重要的特征就是刚强。女人则相反，最重要的特征是柔弱。柔弱不是没有价值，其价值甚至高于刚强。男人虽然刚强，但内心很脆弱；女人虽然柔弱，但内心很坚毅。男人似石块，表面看坚硬，其实容易碎裂；女人像钢丝，表面看柔弱，其实韧性十足。上天造人，就有这个刚强，有这个柔弱。现在不是这样，最受欢迎的男性流量小生多是小白脸，"娘化"倾向严重。少年强则国强，少年娘则国娘。这不仅是审美问题，更是严肃的社会问题。而女性也不了解柔弱的价值，把柔弱当作缺点，处处表现出刚强的样子。其实柔弱不是女性的缺点，恰恰是她们的优点，是其价值所在。

老子还以婴儿为喻，阐释"守柔"的道理。从人性的角度看，每个人都喜欢婴儿，但喜欢的程度不同。有人特别喜欢，有的一般喜欢，有的不特别喜欢。据我观察，老子是特别喜欢婴儿的那类哲学家。"常德不离，复归于婴儿。"（《老子》第二十八章）"专气致柔，能如婴儿乎？"（《老子》第十章）"常德"又为"恒德"，表示最高的德，这种最高的德，能够复归到婴儿的状态。老子用四个字表达婴儿状态：专气致柔。婴儿精气十足，但身体柔弱无比。因为柔弱，所以有无尽的力量，可以战胜一切。"含德之厚，比于赤子。毒虫不螫，猛兽不据，攫鸟不搏。骨弱筋柔而握固。未知牝牡之合而朘作，精之至也。终日号而不嗄，和之至也。"(《老子》第五十五章）人有了高尚的德性，就如赤子一般。人刚出生的时候，皮肤是红的，所以叫赤子。赤子看起来很柔弱，但毒虫不去螫他，猛兽不去吃他，大鸟不去抓他。胳膊腿软软的，但很有韧劲。"握固"就是握拳。小孩子刚出生的时候，手一定是握拳的，大拇指在内，四指在外，这叫"握固"。"牝牡"指男女相交之事，小孩子刚生下来，不了解这些事，但小男孩那个小东西总是很有力量，因为精气旺盛。每天都啼哭，但嗓子并不沙哑，因为和气十足。如此描述婴儿，可见老子用心之精细。人之所以喜欢孩子，是因为孩子天真、自然。看小孩子最重要的是看他的眼睛，不管是男孩女孩，好不好看，孩子的眼睛都极有吸引力，那么清澈，那么纯洁，那么自然，没有一丝杂念。岁数越大，特别是人老珠黄的时候，眼睛里的东西就越多，越复杂。人之所以喜欢孩子，还在于小孩子的笑。小孩子的笑有好多种，有微笑、大笑、狂笑、憨笑、傻笑，但绝不会奸笑、皮笑肉不笑。我常说，幼儿园的老师可能是天底下最幸福的职业了，每天和天真无邪的孩子在一起，自己的心态也变得单纯，变得年轻了。

除了水和婴儿，老子还以女性为喻，说明"守柔"的道理。"我有三宝，持而保之。一曰慈，二曰俭，三曰不敢为天下先。"(《老子》第六十七章)这里一共讲了三条,一是"慈",二是"俭",三是"不敢为天下先"。这三条都和女性有关。女人天性有"慈"的特点。"慈母手中线,游子身上衣。临行密密缝,意恐迟迟归。"孟郊的这首诗十分形象地表达了女性慈爱的特点,非常感人。为了持家,女性还有"俭"的特点。"慈"和"俭"都表现出守柔的特点,所以女性又有"不敢为天下先"的品德。

以女性为喻,对于全面了解老子思想有重要作用。前面讲了,老子道的应用主要表现在绝智和守柔两个方面。绝智相对而言不难理解,只要能够清楚看到智巧的负面作用,就可以把握老子的用意了。与绝智相比,守柔思想的渊源要复杂得多。现在学界一般认为,老子的守柔思想与古代女性崇拜有一定关系。同世界上不少文化一样,中国古代文化也有女性崇拜的传统。老子提出守柔的思想,很可能是受到了这种传统的影响。第六章有助于说明这个问题。"谷神不死,是谓玄牝。"(《老子》第六章)"谷"就是山谷,"谷神"就是山谷之神。"谷神"最明显的特点是虚。"牝"指女阴,"玄牝"指最大的女阴。"玄牝之门,是谓天地根。绵绵若存,用之不勤。"(同上)"玄牝"是宇宙万物的本源,整个世界万物都由它而生。整个过程没有停歇,用也用不尽。这里女性崇拜的特征已经十分明显了。

老子的思想既不同于孔子,也不同于墨子,完全有异于常人的思维。"知我者希,则我者贵。是以圣人被褐怀玉。"(《老子》第七十章)"褐"是粗布的衣裳,破衣服。"被褐怀玉"就是身上穿着破衣服,怀里揣着玉。肚子里有货,外表看不出来,这就是老子。"吾言甚易知,甚易行。""天下莫能知,莫能行。"(同上)老子早就预见到了他的主张虽然易懂易行,但真正能够照着去做的寥寥无几。老子确实为中国文化开辟了一个完全不同的路向,对中国文化的发展产生了极其深远的影响。随着墨家的失传,儒道两家构成了中国文化的骨干。儒家代表道德,代表有为,代表阳刚,代表积极奋进,代表"大丈夫";道家代表自然,代表无为,代表阴柔,代表休养生息,代表"真性情"。儒家画左半边,道家画右半边,共同构成一个完美之圆,其精美程度堪称天作之合、妙到毫巅。欲了解中国文化,儒道两家不可不知,不可不晓。

第五章　孟子对孔子仁的思想的继承

在先秦诸子中,孔子、墨子、老子是开创者,奠定了中国文化的基础,后面的人物都是对他们思想的继承。孟子和荀子是对孔子思想的继承;墨子之学沦为绝学,鲜有后人;庄子则是对老子思想的延续。

孟子生卒年有不同的说法,一般认为是公元前372年到公元前289年。我考证下来,这个说法还是比较可靠的。孟子与孔子相隔一百多年,不可能与孔子相见。但孟子非常尊敬孔子,将自己视为孔子的私淑弟子。没有缘分见到老师,但敬仰老师的人格,喜欢老师的学问,自认为是老师的学生,这叫"私淑"。我的硕士和博士学位是在复旦大学读的,我的导师是潘富恩先生,他为我打开了复旦的大门,改变了我整个人生的方向,我非常尊敬他,我们的关系也很好。但受历史条件的影响,我的学问更多是受到现代新儒家第二代代表人物牟宗三的影响。我一直仿照孟子,称自己是牟宗三的私淑弟子。

孟子之所以能够成为一代大儒,与其母亲善教化密不可分。提到中国历史上伟大的女性，首先想到的就是孟母。孟母善于教子的故事很多，三迁最为有名。一开始住在墓地之旁，小孟子就跟着别人学吹吹打打，做祭祀之事。孟母想，这个地方不行，不适合教育孩子，就搬到了集市旁边。小孟子又跟着别人学吆喝，做买卖。孟母说，这个地方也不行，不适合教育孩子，又搬到了校舍旁边。小孟子就模仿别人读书学习。孟母善于教子，还有一个断机的故事。孟子小的时候，不好好读书，孟母为了教育他，把织机的梭子折断了。看到母亲生气了，小孟子坐了下来，安心学习。再就是杀豚的故事，这则故事又用于曾子。说的是小孟子一次听到杀猪的声音，问母亲杀猪干什么。孟母随口说了一句，给你吃。话一出口，孟母就后悔了，因为这是邻家杀猪，不是自家杀猪。孟母说："吾怀妊是子，席不正不坐，割不正不食。"意思是说，我怀这个孩子，席子不正我都不坐，肉割不正我都不吃，就是为了胎教。可是现在明明是邻家杀猪，我这么说，不是教孩子不诚信吗？于是，孟母就把家里的钱拿出来，把邻家的猪肉买来给孟子吃。

孟母善于教子的故事，是中国文化重教化优良传统的重要组成部分，它告诉我们这样一个道理：有知识、善教化的母亲，是一个人一生最宝贵的财富。大家想想看，我们一生中受谁的影响最大？一般都会说是母亲。教育孩子是母亲的重要责任，也是衡量一个母亲是否称职的重要尺度。孩子是一个家庭的希望，孩子好，一切都好，不好也好；孩子不好，一切不好，好也不好。现在不少家庭有了钱，物质生活富裕了，但不会教育孩子，出现了很多问题。在这种情况下，重温孟母善于教子的故事，很有现实意义。

一　孟子的王道思想

王道或仁政，是孟子政治思想的核心。前面讲过，孔子的政治主张是复周礼，这一主张在当时已经面临很大的困难，处处碰壁。时隔一百多年，孟子要是再这样做，照本宣科，一定会更加困难，更难施行。但孟子并没有因此放弃孔子的政治路线，没有放弃道德的理想，只不过变换了具体说法，不再讲复周礼，而是讲行王道，行仁政。王道和仁政是同义词，没有原则区别。于是，王道仁政就成了孟子政治思想的代名词。

孟子之时，两种不同的治国理念有激烈的争论，一是王道，二是霸道，史称"王霸之辨"。这是当时不同政治理念的大碰撞，代表着完全不同的政治走向。王道以德以心为胜，霸道以力以法为强。王道就是讲道德，讲民心，霸道就是讲力讲法，讲兵强马壮。王道是儒家的主张，霸道是兵家、法家及纵横家的主张。孟子认为："民之憔悴于虐政，未有甚于此时者也。"（《孟子·公孙丑上》）意思是说，老百姓受苦受难没有比这个时候更加悲惨的了。为了让天下重归于治，最理想的办法，就是行王道、行仁政。

《孟子》与《论语》一样，编排没有逻辑顺序，孟子关于王道和仁政的论述散见全书之中。但其中有一章特别重要，原文如下：

> 天时不如地利，地利不如人和。三里之城，七里之郭，环而攻之而不胜。夫环而攻之，必有得天时者矣；然而不胜者，是天时不如地利也。城非不高也，池非不深也，兵革非不坚利也，米粟非不多也；委而去之，是地利不如人和也……得道者多助，失道者寡助。寡助之至，亲戚畔之；多助之至，天下顺之。以天下之所顺，攻亲戚之所畔；故君子有不战，战必胜矣。(《孟子·公孙丑下》)

这一章字句没有太困难的地方，意思是说，天时赶不上地利，地利赶不上人和。三里之城，七里之郭，地方不大，可以把它围起来，但就是打不下来，说明你得了天时，但没有得地利。天时和地利相比，地利更重要。城很高，池很深，兵革很坚利，粮食很多，但就是守不住，不得不弃城而去，说明你得了地利，但没有得人和。地利与人和相比，人和更重要。"得道者多助，失道者寡助。"寡助到了极限，亲戚都会反叛，多助到了极限，天下的人都来归顺。以天下之所顺，攻击亲戚之所叛，除非不打仗，否则"战必胜"一打一个准。

这一章之所以重要，是因为它集中阐释了孟子的王道思想，分别讲了王道的三个好处。先说王道的第一个好处，这就是可以得到"人和"。"人和"这个词我们现在经常用。比如说，明天我喜欢的球队有一场重要比赛，我们是主场，得天时地利人和，一定能取得大胜。严格说来，这种用法已经不合孟子的原意了。孟子所用这个词主要是从政治角度来讲的。范仲淹的《岳阳楼记》还能体现这个意思："庆历四年春，滕子京谪守巴陵郡。越明年，政通人和，百废俱兴，乃重修岳阳楼，增其旧制，刻唐贤今人诗赋于其上。属予作文以记之。"这里"政通人和"的说法，较好地体现了孟子的思想。"人和"一定放在"政通"的角度讲。复旦大学旁边有条政通路，虽然这是过去国民政府筹建"大上海"时，将江湾五角场一带的路名按"国""民""政""府"四个字的顺序排出来的，但"政通"这个名字很不错，很有意义。

"人和"中最重要的因素是民。孟子之前就有重民的传统，这种传统一般称为"民本论"。孟子继承了这一思想，非常重视民的作用。孟子阐发民本论，有一句非常经典的论述，叫作："民为贵，社稷次之，君为轻。"(《孟子·尽心下》)治理国家有三个要素最为重要，一个是民；一个是社稷，社指土神，稷指谷神，泛指国家；再一个是君。我们现在一般认为,这三个因素中君最为重要,有一个好的领导才能把人民带上幸福之路。孟子的看法完全相反。他说,民最重要,其次是社稷,最次才是君。孟子那个时代没有我们现在这么严格的国界,老百姓可以随意流动,你这个国家乱来,老百姓过不上好日子,可以到比较好的国家去,所以国家并不特别重要。国君也不重要,实在不行可以换一个。关键是民,民是不能换的,治理国家必须让百姓过上好日子。这一思想在今天仍有重要教益。现在看一个国家治理得好不好,有很多的指标,如政治体制、幸福指数、GDP 高低等。但我说,有两个办法更为直接,更为简明。一是"婚嫁指数"。女孩子喜欢嫁到哪个国家去,一般来说那个国家治理得就比较好。比如,现在一些欧洲国家的姑娘愿意嫁到中国来,这就说明中国的情况还不错,有吸引力。这在过去是很难想象的。二是"流动指数"。假如两个国家交界,把国界打通,允许老百姓自由流动,看甲国的老百姓向乙国跑,还是乙国的老百姓向甲国跑。比如,现在把中朝边界打开,中国东北的老百姓是往朝鲜跑,还是朝鲜的老百姓往东北跑?一望即知,无须多言。

王道的第二个好处是可以得到"多助"。一个国家如果行王道,行仁政,不仅对内可以得到人和,而且对外可以协和万邦,得到他国的帮助,这就叫"多助"。"得道者多助,失道者寡助"讲的就是这个道理。1970 年,毛泽东发表了一个对世界局势的看法，因为是在5月20日发布的，史称"520声明"。主要是批评美国不行，在朝鲜打不赢，在越南打不赢，是个纸老虎。全国各地组织了很多宣传活动，热火朝天。当时还有一首歌，歌词是这样的："东风吹战鼓擂，现在世界上究竟谁怕谁。不是人民怕美帝，而是美帝怕人民。得道者多助，失道者寡助。美帝国主义一定灭亡，全世界人民一定胜利，全世界人民一定胜利。"那时我正在连队，跟着瞎学瞎唱，不知道"得道者多助，失道者寡助"的出处。后来学习中国文化，才知道出自孟子，是孟子的名言。

王道的好处之三是"战必胜"。行王道，行仁政，对内得"人和"，对外得"多助"，如果迫不得已，必须打仗，胜面很大，这就叫"战必胜"。孟子对待战争的态度比较微妙。他不是绝对的反战，用今天的话说，要看战争是不是正义，看那个国家或地区的老百姓能不能得到好处，是不是欢迎。孟子讲过这样一件事。从前汤和葛为邻。汤是圣人，葛的领导叫葛伯，为人不善，不祭祀。在古代不祭祀是大罪过。汤问为什么不祭祀，葛伯说没有牛羊。汤说我有牛羊，派百姓送去牛羊。葛伯把牛羊杀掉吃了，还不祭祀。汤又问为什么不祭祀。葛伯说我没粮食。汤说我有粮食，派大人小孩送去粮食。葛伯把粮食拦下来，还把送粮食的孩子杀了。这时汤不干了，发动战争讨伐葛伯。"'汤始征，自葛载'，十一征而无敌于天下。东面而征，西夷怨；南面而征，北狄怨。曰：'奚为后我？'民之望之，若大旱之望雨也。"(《孟子·滕文公下》)汤的讨伐之战从葛开始。"载"是开始的意思。打了十一仗，没有敌手。最有意思的是"东面而征，西夷怨；南面而征，北狄怨。曰：'奚为后我？'"汤打东边，西边的老百姓怨声载道，汤打南面，北边的老百姓怨声载道：为什么最后才解放我们呢，应该先解放我们才对呀。葛国的老百姓盼望汤，像七八月大旱的庄稼盼望下雨一样。

关于孟子对待战争的态度，还有一则材料。这则材料现已变为成语了，这就是"尽信《书》，则不如无《书》"(《孟子·尽心下》)。孟子晚年和弟子一起读《尚书》。书上记载，武王伐纣，仗打得很惨，死了很多人，血流漂杵，也就是流的血很多，把洗衣服的木杵都漂起来了。孟子读到这里，对弟子说：《尚书》记错了，如果这样相信《尚书》，还不如没有《尚书》呢。孟子之所以怀疑《尚书》的记载，是因为在他看来，武王伐纣是以至仁伐至不仁。这是正义的战争，老百姓应该持欢迎的态度，城门洞开，夹道欢迎才对，不可能死这么多人。

总之，可以得"人和"，可以得"多助"，可以"战必胜"，这些都是行王道、行仁政的好处。王道仁政的内容很多，其精神实质可以概括为四个字——保民而王。"王"应读四声，作动词讲。"保民而王"简单说就是保护老百姓，以此而称王。"保民而王"最重要的因素是民。

孟子非常重视民的作用,为了表达民的重要,甚至把民抬到了天的高度。"《泰誓》曰:'天视自我民视,天听自我民听'。"(《孟子·万章上》)《泰誓》是《尚书》中的一篇,已经佚失了,但其中"天视自我民视,天听自我民听"一句,因为《孟子》的引用,得到了保留。这一句的意思并不难懂,是说老天没有固定的亲眷,没有自己的喜好,完全以百姓为转移,百姓的喜欢,就是上天的喜欢,百姓的厌恶,就是上天的厌恶。这一思想对中国"民本论"的传统有深远的影响。后来流传很广的一些名句,如"民以食为天,君以民为本""民惟邦本,本固邦宁",都来自这个传统,是对这个传统的继承和发展。

反之,与之相比,行霸道也有三个坏处。第一,只能得民力,不能得民心。如果对内行高压,完全相信兵家、法家那一套,老百姓惹不起,躲着你,但你得不到老百姓的心。第二,只能以力服人,不能以心服人。在国家之间,如果你凭着兵强马壮打人家,人家打不过你,暂时称臣,但内心不服。"以力服人者,非心服也,力不赡也;以德服人者,中心悦而诚服也,如七十子之服孔子也。"(《孟子·公孙丑上》)七十二弟子对于孔子的服膺,那叫心悦诚服。国家之间也应该如此,应该让别的国家"中心悦而诚服"。第三,只能得势一时,不能得势长久。这一点更加值得玩味。孟子洞察当时的政治局势,做出了一个精彩的预言:"由今之道,无变今之俗,虽与之天下,不能一朝居也。"(《孟子·告子下》)假如按照当时兵家、法家那套做法,纵然把天下都给你,你也坐不长久。

这的确是一个精彩的预言,很快就得到了历史的验证。孟子卒于公元前289年,秦统一是公元前221年。从公元前289年到公元前221年,不过60多年。秦统一是了不起的大事业。如果大家看过咸阳兵马俑,对此会有切身的感受。我初次看兵马俑,一下子就被那个场景镇住了。那叫什么?那就叫北方文化的大气象。秦是北方文化的典型代表,特点就是气象大,格局大。我常说,看咸阳兵马俑的感觉,同去苏州看留园、怡园的感觉是完全不同的。兵马俑是大开大阖,留园、怡园是小家碧玉。这是两种完全不同的审美趣味,完全不同的精神世界。但那么大的气象,那么大的力量,没有过多久就"二世而亡"了,仅仅维持了十五年。原因就在于行霸道虽然可以得势一时,但不可能得势长久。站在历史的高度,重温孟子"虽与之天下,不能一朝居也"的论述,不得不感叹这一预言的真实和精准。

虽然孟子是天才的预言家,但他的主张在当时并不得势。司马迁对当时的局面有一个非常好的描述:

> 当是之时,秦用商君,富国强兵;楚、魏用吴起,战胜弱敌;齐威王、宣王用孙子、田忌之徒,而诸侯东面朝齐。天下方务于合从连衡,以攻伐为

贤，而孟轲乃述唐、虞、三代之德，是以所如者不合。（《史记·孟子荀卿列传》）

当时秦用商鞅，两次变法，国内大治。楚、魏用吴起，力量也很强盛。齐威王、齐宣王用孙膑，战胜弱敌，诸侯皆对其称臣。"合从连衡，以攻伐为贤"是当时的时代精神。孟轲与此完全不同，讲述唐虞三代之德，没有谁真的听他的。当时就有人批评孟子"迂远而阔于事情"，用今天的话来说就是"傻乎乎""戆兮兮"的，跟不上趟，不合潮流。孟子与他的老师孔子一样，在当时都不被重用，这是一个无法回避的事实。王道理想虽然高贵，但其失败在当时是不可避免的。

苍天无情亦有情，历史并非完全以成败论英雄。孟子主张的王道当时确实不得势，失败了，但非常奇怪，后来却成了常讲常新的话题。在中国政治历史上，自秦之后，不管哪个君王，要把国家治理好，必须讲到孟子，必须讲到王道，必须讲到仁政。这是一个明显的矛盾：先秦时期孟子失败了，并不得势，但后来却成了"香饽饽"，老树开新花。为什么会有这种奇特的现象？这是学习孟子绕不开的重大话题。

近代以来，人们试图从民主的角度加以解释。一些学者认为，孟子有深厚的民本论传统，而民本论与西方的民主思想非常接近，甚至可以说民本论本身就包含着民主思想的萌芽。现在没有谁可以否定民主思想的价值，而早在两千多年前，孟子的民本论就包含了民主思想的因素，这是中国政治历史离不开孟子的根本原因。一些学者甚至指出，孟子早在先秦时期就提出了西方的民主思想，孟德斯鸠的法意，卢梭的民约论，法国大革命所争取的自由、平等、博爱，林肯不惜以南北一战所换来的民有、民治、民享，孙中山集中外大成所首创的三民主义，统统都可以包括在这里。孟子不仅是中国民主政治的"保姆"，也是世界先知先觉的革命导师。学界一般将这种理解概括为"民为政治主体论"。意即民本论的精神实质是以民为主，民是政治的主体，这种主张与西方民主思想十分接近，这是孟子王道政治两千年常讲不断的根本原因。

我不同意这种理解，认为这是以西释中的典型案例。近代以来，由于我们文化弱、经济弱、军事弱，饱受人家欺负，内心又不服，有一种阿Q心理，老是想着我们的祖先比他们强多了。这种情况一般有两个步骤：第一，在自己老祖宗那里找与西方相近的东西；第二，证明我们老祖宗的东西比西方还要早。将孟子的民本论理解为民主思想，做"民为政治主体论"的解说，就属于这种情况。我之所以不同意这种理解，是因为这种做法从根本上混淆了民本和民主的性质。西方民主思想的基础是契约精神，契约的基础是一个个独立的个体，而每个个体都有权参加国家的管理。在现实操作层面,国家管理并不需要这么多人,于是就想出一个办法,大家选出一个人来,把自己的权力让渡给他,同时跟他订好契约,他必须代表我的利益和意见,否则我就不选他,甚至弹劾他。契约精神是民主思想的土壤,离开它再鲜艳的民主之花都无法开放。反观我们,中国文化并没有这种契约精神。前面反复讲过,中国是一个以农业为基础的伦理型社会,特别重视家庭。家庭是一个小社会,社会是一个大家庭,每个人都是大家庭的一员,不是独立的个体。虽然家长必须带头把家庭操持好,对每个成员负责,家庭成员也可以提出自己的要求,但这并不构成契约关系。借用西方一个术语,西方民主政治是"by the people",中国传统政治是"for the people"。前者是说,选民是政治主体。后者远没有这层意思,只是说君主要好好操持政治,为百姓谋福利,尽可能让百姓过上好日子。

既然我们否定了将民本论解释为民主论的可能,那么怎样才能准确理解孟子的民本思想呢?我在这里提出自己的一种理解。在我看来,作为王道思想基础的民本论,其实仍然是一种君本论,只不过是一种特殊的君本论,确切一点说,是一种"理想化的君本论"。所谓理想化的君本论,是说王道的基础仍然是君本,政治的主体仍然是君,但对君有特殊要求。这个说法,可以有效解释儒家政治的合理内核,揭示中国两千年政治史的内在逻辑关系。下面对这个问题分三个方面加以说明。

首先,王道的基础仍然是君本。这个意思前面已经讲过了,这里再强调一下。孟子讲王道,讲仁政,基础仍然是君本;虽然也重民,但民并不具有主体的意义。这个道理,只要粗略考察一下国家权力由何而来,就可以清楚了。中国历史朝代不断更替,各个朝代各有特点,但各个朝代政权的来源并没有不同,都是君王马上打天下打出来的。既然天下是君王打下来的,天下当然只能姓张,不能姓李、姓赵、姓韩,否则就是亡国了。所以,在中国古代历史上,君王才是政治的主体,民并不是政治主体。这是我特别强调王道政治的基础是"君本论"的重要依据。

这个道理,透过《孟子》的文本,可以看得更加明白。"为民父母,行政,不免于率兽而食人,恶在其为民父母也?"(《孟子·梁惠王上》)"信能行此五者,则邻国之民仰之若父母矣。"(《孟子·公孙丑上》)这两段材料都将官员称为民之父母。治理国家,操持行政,老百姓吃不上,喝不上,等于率领野兽吃人,这怎么能叫百姓的父母官呢?反之,如果道德品行高,政治操作得好,邻国的百姓都翘首以盼,如同盼望自己的父母一样。这种情况在社会生活中表现得更为具体生动。古代政治体制效率很高,县以下不设制,由民间自己管理。县一层政府只有县官和不多的几个行政人员。老百姓有个信念:"屈死不告官，饿死不当贼。"没有事不跟官府打交道。只是实在没有办法，冤情太重，才到县里击鼓告官。县衙升堂，小民下跪，陈述冤情，开头一般都是这么一句："小民冤枉，请青天大老爷替我做主。"这个说法很能体现中国传统政治的实情。在老百姓心目中，官员是自己父母，遇有冤情，需要请父母官为自己做主。在美国、法国、英国绝对不可能有这种观念。我们完全不能想象这些国家的民众对他们的国家领导人说：你是我的父母官，你应该替我做主。中西情况如此不同，关键就在政治主体这个环节。西方的民本是"民为政治主体"，也就是选民为政治主体；中国的民本是"君为政治主体"，也就是以马上打天下的那个君王为政治主体。这是基本原则，不可动摇，这一环动摇了，其性质就完全变了。那种将孟子的民本思想解释为"民为政治主体"的做法，有失准确，难以成立。

其次，王道是"理想化的君本论"。这里的重点是"理想化"三个字。虽说中国政治是君本论，但又不是一般的君本论，而是"理想化"的君本。所谓"理想化"，主要是指对君王在道德上有特殊要求，要求自身要有德，善待百姓，做到"保民而王"。这个意义的君王，过去称为圣贤。圣贤可以简单理解为高级别的好人。由此说来，孟子王道思想的核心其实是一种"好人政治"。"好人政治"有一个基本要求：不管你的权力是怎么来的，自身必须有德,必须对老百姓好。有人或许对此有所怀疑,他们会说,西方政治难道不也是这样的吗?西方近代的民主政治,不能概括为"好人政治",套用这种说法,可以叫作"中人政治"。这是因为,近代三百年来,西方政治最根本性的变化,是宗教和政治或道德和政治的分离。这是一个重要转向,也是一个重要进步。在中世纪,道德和宗教密不可分,而宗教又与政治有着密切的关联,从而出现政教合一的问题。三百年来,西方人拆解了这种关联,将道德归道德,将政治归政治。道德由社会特别是宗教来管,政治由政府的行政人员来管。这个变化直接标志着政教合一的解体,同时也意味着西方政治对现实领导人的道德虽然不能说完全没有要求,但至少不像中国传统政治那样,有那么高的要求。这种情况我们一般不太好理解。在美国生活很长时间的一位老师,跟我讲了这样一件事,有助于说明这一现象。当年小布什在竞选美国总统的时候,竞争对手是克里。小布什和克里都是耶鲁大学毕业的,两个人学习成绩差不多,小布什的绩点还略高一点。但他的竞选团队经过精密的筹划,故意把小布什打造成一个脑子不大够用的平民形象。因为美国人往往有这样一种心理,如果领导人过于聪明了,不见得是好事。中国肯定没有这种情况。中国传统政治有点像柏拉图理想国中的哲学王。领导人首先要有智慧,要有道德,然后才有资格当这个王。

为了说明这种不同,举一个例子。克林顿当了两届美国总统,在任上发生了与莱温斯基的丑闻。东窗事发,热闹一阵后,美国人民像原谅会犯错误的高中生一样原谅了他。法官问克林顿,你跟莱温斯基有没有"go to bed"?这句话可作两种解释,一是指发生性关系,二是单纯指上床。克林顿是律师出身,想打擦边球,回答说没有。法官拆穿了他的想法,指责他说谎,这是不能允许的,但你和别人乱来,那是你个人的事,是你的隐私,法律不管。这件事情充分说明,近代西方政治中道德与政治的分离十分明显。而中国有"好人政治"的传统,希望并要求君王德性高尚,绝对不接受也不允许自己的领导人出类似克林顿那样的糗事。

最后,"理想化君本论"的本质是坚持"以德治国"的路线。孔子不排斥法的作用,承认法有重要意义,但他的政治理想是"以德治国"。"道之以政,齐之以刑,民免而无耻;道之以德,齐之以礼,有耻且格。"(《论语·为政》)此前讲过,这段话很重要,表达了孔子的政治理想。在孔子那里,"以法治国"和"以德治国"都讲到了,但分属两个不同的层次,最高层次是"以德治国",而不是相反。既然坚持"以德治国",而其政治主体又是君王,不是老百姓,那么,检验君王政治好坏的重要标准,就是看君王品德之高下,看能否得到老百姓的支持。我将这种政治理念统称为"民心论"。简单说,"民心论"

就是以君王能否得到民心作为检验其政治得失的一种理论。政治的主体是君王，在这一点上我们没有二话，但君王首先要自作表率，要以德来治国，要让老百姓过上好日子。如果可以，那君王就得了民心，反之君王就失了民心。民本论的本质是民心论。"得民心者得天下，失民心者失天下""民可载舟亦可覆舟"，讲的都是这个道理。

熟悉北京的人都知道，顺着东西长安街，从天安门往西走，不远处，路北有一个新华门。新华门之内是国家领导办公的地方，戒备森严，一般人进不去。但古代建筑很讲究，门不能直冲，需要有一个影壁挡一挡。新华门也有一个影壁，上面写着五个大字："为人民服务"。这是毛泽东的话。过去学习毛主席著作，有"老三篇"之说，其中一篇就是《为人民服务》。开头是这样的："我们的共产党和共产党所领导的八路军、新四军，是革命的队伍。我们这个队伍完全是为着解放人民的，是彻底地为人民的利益工作的。张思德同志就是我们这个队伍中的一个同志。"那个时候我们觉得毛主席真伟大，提出了"为人民服务"的伟大思想。但对中国文化有了比较多的了解之后，才知道毛泽东的这一主张，其实是中国传统政治的延续。传统政治的主体是君，但君必须要考虑民心的得失，必须给老百姓带来实际的利益，而不能损坏他们的利益，这就叫"为人民服务"。"为人民服务"

是"民心论"的具体表现。

这里说一个较为敏感的话题：为什么共产党战胜了国民党，最后把蒋介石赶到台湾去了？就是因为共产党得了民心，国民党失了民心。在根据地，共产党进行土地改革。共产党对百姓说"你跟着我干，我给你土地"。农民祖祖辈辈都想有自己的土地，于是纷纷跟着共产党，翻身求解放，一亿三千万农民由此得到了土地。国民党在这一点上棋输一招。前几年有一部电视剧生动地描述了这段历史，其中的一个细节十分精彩。共产党代表和驻守北平的国民党代表谈判，讨论一旦投诚，北平银行里贮存的黄金怎么办。共产党代表说："黄金可以拿走，民心必须留下。"国民党代表问，这是谁说的。共产党代表说："我党毛泽东主席。"电视审查的时候这句出了问题，过不了关，因为毛泽东没有这个原话。编剧据理力争，虽然不是原话，但这个思想是有的。最后这句台词还是保留了下来，保留了整剧的华彩乐章，也告诫后人，民心是为政第一等大事，万万不可轻视。这些年，政治环境不理想，出了不少贪官。政府下了很大决心反腐，因为情况很清楚：如果反腐，一定会得罪一大批既得利益者；如果不反，不仅辛辛苦苦培养的一代甚至两代干部全部垮掉，而且人们会从根本上怀疑执政党"为人民服务"的宗旨还管不管用。一旦这个根基动摇了，政权的性质就会改变，民心相背，危险的日子很快就会到来,手中的江山很快就会丢失,为他人所替代。

上面是我对"理想化的君本论"的解释。我做这种解释,并非只是单纯的理论探讨,而是试图说明一种重要的政治现象,这种现象没有现成的名字,我称为"张力说"。这里所说的"张力"特指现实政治与理想政治的一种紧张度(tension)。它涉及两个名词,一个是"现实政治",一个是"理想政治"。"现实政治"是君王马上打天下所得到的政治形态。天下是君王马上打来的,君王本身可能是草寇,可能是流氓,他把天下打下来了,这个天下就是他的。但这只是"现实政治",它需要有一种理想来指引,而能够起这个作用的,就是"理想政治"。在中国长达几千年的历史上,能够起这个作用的,就是孔子和孟子所描绘的"以德治国"的政治蓝图。有了"理想政治","现实政治"会受到无形的约束,有一种提升的力量,一般不敢也不能随心所欲,胡作非为。从这个角度就不难理解,为什么孟子的王道思想在当时不得势,后来却常常新成了"香饽饽",有那么大的影响力了。君王打下天下,要治理国家,自秦破除分封制,建立郡县制后,不可能只靠自己家里的人,需要请社会上有真才实学之士。这些人就是古代所说的士人,而其极致就是出任宰相。在中国文化背景下,士人从小读的是儒家的书,孔子的"为政以德",孟子的王道思想,对其有深刻的影响。一旦他们出仕为官，成为以宰相为代表的文官系统中的一员，自然要以孔孟的思想为理想，引导马上打天下的君王，告知民心的重要，劝导君王不能乱来。

由此可以引申出如何看待政教合一的问题。我们过去总是说，中国传统政治是政教合一的，以至于这种说法早已成了一种习惯。但根据前面的分析，我完全不接受这种说法，坚持认为，中国传统政治在政和教两者之间既没有完全走到一起，也没有完全走向分离，而是若即若离的，充满着"现实政治"与"理想政治"的张力。"现实政治"是马上打天下的这拨人，属于政。"理想政治"是儒家学理系统，属于教（这个教不能理解为宗教，最多可以算是一种人文教）。这是两个不同的系统，很难完全扭在一块，内部有很强的紧张度。这个问题与中国两千年是不是专制制度有密切关系。批评中国是专制制度由来已久，由此成为反传统的一个重要理据。但有人（比如钱穆）并不赞成这种批评，认为中国传统政治并非是专制的。从"张力说"的角度，这个问题可以得到合理的化解。中国传统政治的格局，当然有专制的因素，因为天下是皇帝打下来的，天下大事当然由他说了算，这一点不能讨论。但皇帝的权力其实也受到一定程度的限制，特别是受到来自以宰相为代表的士人系统的制约，要顾忌到自己身后臣下的评议，等等，没有人们想象的那样大。

这个问题有着强烈的现实意义。中国两千多年政治发展史证实了这样一个规律：凡是"理想政治"与"现实政治"之间的张力能够保持的时候，就是这个社会治理得比较好的时期；凡是"理想政治"与"现实政治"之间的张力无法保持的时候，一定是政治黑暗、社会腐败的时期。这是一个重要的判断。在中国历史上，每次朝代更替后的前几任皇帝，一般来说都不错。因为打天下的这些人不少是穷苦出身，知道老百姓的厉害，明白"民可载舟亦可覆舟"的道理，不敢乱来。到了朝代的末期，小皇帝是在皇宫里长大的，不了解老百姓的具体生活，乱来了，直至不可收拾，被人推翻。新朝代起来后，好上一段，末尾又被推翻。这种情况，表面看是循环往复，没有止境，其实是文化内部自我疗伤的一个过程。一个较为健康的文化，如同一个健康的有机体一样，必须有自我疗伤的机能。有了问题，不需要外部因素的强力介入，自己就有调整的能力。中国政治的历史其实就是这样一个过程，不断出问题，不断自我疗伤，不断自我恢复。在这个过程中，以孔子和孟子为代表的"理想政治"担当着极为重要的角色。正是这种力量的存在，中国传统政治内部始终有一种张力，区别仅在或大或小而已。

需要注意的是，根据我的观察，我们有一段时间在这个环节上出了一些问题。历史上所有的"现实政治"都是马上打天下这拨人,他们只能代表"现实政治",不能代表"理想政治","理想政治"是由读儒家书的士人代表的。20世纪40年代末我们党执政之后,打天下的这拨人仍然代表着"现实政治",这一点没有改变,但它同时又是"理想政治"的代表。与历史相比,这是一个根本性的转变,直接决定了"现实政治"和"理想政治"二者合一,没有了内在的张力。通过前面的分析,我们已经看到,中国传统政治中"现实政治"和"理想政治"之间"张力"非常重要,甚至可以把它视为中国传统政治的遗传密码,那个神秘的DNA。遗传密码我们平时看不到,但它所起到的作用,却万万不可轻视。在一段时间里,由于特殊的政治背景,我们无意中破坏了这个遗传密码。遗传密码是不能轻易破坏的,否则一定会出现大麻烦。

问题是我们现在应该怎么办。有两个问题我们需要考虑。一方面,我们不可能再简单回到过去了。这个"过去"既指古代传统,也指我们经历的那段特殊时期。我们现在不可能再简单回到传统,希望以宰相为代表的文官制度对君王加以限制,否则只能为后人耻笑。但现在又有人希望回到我们经历过的那段特殊时期,这更是不能允许的。另一方面,我们又不能盲目接受西方民主那一套做法。在当今条件下,我们一提到合理的政治形式一定会想到民主政治。但必须明白,民主制度虽然有效,但不是十全十美的。有一些人一提到民主,两眼就放光,把希望完全寄托在民主之上。民主有一个发展的过程。在古希腊的时候,它还是个负面的概念,不是最好的治理国家的办法。这在《理想国》中可以看得非常清楚。苏格拉底、柏拉图的智慧程度大大高于常人,他们都不赞成民主制度,难道他们的脑子出了问题不成?民主政治成为主流,只是西方近代的事。我们应该看到它的正面意义,但也不能忽视其弊端。更为重要的是,民主是文化的产物,没有一定的文化土壤,把民主制度照搬过来,一定会出现水土不服的问题。人到一个新地方,水土不服,吃点药过两天就好了。政治的水土不服所造成的损害,绝不是吃两片药那么简单,会造成致命的伤害。

这就是悬在我们头上的那把达摩克利斯剑,是整个画板中的最后一块拼图。这个问题解决不好,这块拼图找不到,整个画板就始终留有一个黑洞,构不成绚丽的画卷。一旦我们在这个根本问题上犯下战略性的错误,前期积累的成果不管有多大,都会毁于一旦,一切都要重新来过。希望大家认真对待这个问题。我们这一代以及我们的下一代两代,担负着极其重要的历史使命,任重而道远,万万不可轻忽,切切不可怠慢。

二 孟子的性善理论

孟子王道思想有深厚的哲学基础,这就是他的性善理论。性善论是孟子最有代表性的思想。中国人都知道历史上有个孟子，知道孟子的都知道他有个性善论。性善论有很强的特殊性，在世界范围内很难找到第二家，对中国文化有深远的影响。

要了解性善论，需要注意两个背景。第一，孔子创立了仁的学说，但没有说仁究竟是什么。前面讲过，《论语》关于仁的论述很多，但孔子没有给仁下一个定义，说仁究竟是什么。第二，仁是道德的根据，但孔子没有说仁来自什么地方，更没有将仁与性联系起来。孔子很少谈性，以致他的弟子感叹，"夫子之言性与天道，不可得而闻也"（《论语·公冶长》）。孔子之后，经过一百多年的发展，到孟子之时，情况有了很大变化，性成了热门话题，几乎人人都谈。从《孟子》保存下来的资料看，当时至少有三种不同的人性理论。一是"性无善无不善"。这是告子的说法。意思是说，人生下来没有善恶，是一张白纸，涂上红颜色就变红了，涂上黑颜色就变黑了。我们过去受唯物主义影响，特别喜欢这种理论。二是"性可以为善，可以为不善"。意思是说，社会环境好，人的性就变好了，社会环境不好，人的性就变坏了。三是"有性善有性不善"。意思是说，不管社会环境好不好，不管哪个君王当家，有的性就是好的，有的性就是坏的。孟子对这三种人性理论都不认可，独创了性善论。由此可知，孟子创立性善论，从思想脉络上说，是希望从性的角度解决孔子留下来的仁究竟是什么以及仁来自于何处这两个问题。

建构任何一种理论都必须对其加以证明。性善论也不例外。这是一个非常困难的任务。不要说两千多年以前的孟子，就是今天仍然不是一件容易的事。如果你跟周围的同学说，张同学，你的性是善的，李同学，你的性也是善的。张同学不好想问题，可能随口应允。如果李同学好想问题，有哲学素养，他很可能会反问，你怎么知道我的性是善的？你怎么能够证明我的性是善的？这样你就必须进一步提供你的证明。孟子就面临着这样的困难。为此，孟子利用善辩的特长，提供了多方面的证明。我把这些证明称为"孟子的性善论立论"。这些立论在《孟子》全书中没有前后顺序，散见于各章之中。

孟子以亲情论性善。亲情指人与人之间的亲爱之情。孟子观察社会，观察人类，发现每个人都有亲情，而亲情来自天生。既然天生即有亲情，亲情是好的，所以人天生就有好的性。"孩提之童，无不知爱其亲者，及其长也，无不知敬其兄也。"（《孟子·尽心上》）这一章非常有名，世人皆知。"孩提之童"就是可以怀抱的小孩子。可以怀抱的小孩子，都知道亲近自己的母亲。特别是那些比较认生的孩子，别人抱又哭又闹，妈妈抱又欢喜又安静。"及其长"是说稍大一点，随着年龄的增长，都知道尊敬自己的兄长。"敬其兄"也是亲情，这种亲情在孟子看来也是天生的。

孟子还以不忍论性善。《说文解字》将"忍"释为承受。不忍就是不能承受。孟子观察社会,观察人类,发现每个人都有不能承受之心。为了说明这个道理,他举了这样一个例子:"今人乍见孺子将入于井,皆有怵惕恻隐之心。"(《孟子·公孙丑上》)"今人"指现在,"乍见"指猛然见,"孺子"指小孩子,特别是一两岁的小孩子。鲁迅讲"俯首甘为孺子牛",就是这个孺子。小孩子一两岁是最讨人喜欢的时候,刚刚学会走路,跌跌撞撞往前走,不知道深浅,走到了井口旁边。这个时候,你正在做别的事情,一扭头看到这个场景,内心会有什么感觉?一定是一激灵,汗毛孔一下子张了起来,头发一下子立了起来,心里怦怦直跳。这种状况孟子称为"怵惕恻隐"。怵和惕是同义词,意为惊惧;恻和隐是同义词,意为哀悯。孟子认为,每个人这个时候都有不忍之心,不愿意看到小孩子落入井中。不忍之心是好的,天生就有,所以人天生就有好心,就有善性。有些人可能不这样认为,他们说,我见到小孩子掉到井里,就没有这种感觉。对此孟子一定会回你一句:"非人也,禽兽也。"这话看起来是骂人,其实很有道理。在那个特殊场景,正常人都会有这种感觉,关键是能不能体察到自己的内心。这不是逻辑证明的问题,而是生命体验的问题。

通过努力,孟子证明了每个人都有内在的道德根据,这就是"四心":"恻隐之心人皆有之,羞恶之心人皆有之,恭敬之心人皆有之,是非之心人皆有之。恻隐之心仁也,羞恶之心义也,恭敬之心礼也,是非之心智也。仁义礼智,非由外铄我也,我固有之也,弗思耳矣。"(《孟子·告子上》)"恻隐"刚才讲过了,是哀悯的意思。"羞恶"可以简单理解为羞耻。做好事内心很高兴,做不好的事、错误的事,会觉得不好意思,这就是"羞恶"。见到长者,步子要慢一点,让长者先走,这是"恭敬"。"恭敬"又叫"辞让",二者同义。"是非"要小心一点,有两种"是非"。一是认知"是非"。比如做算术题,2+3等于5为是,等于6为非。二是道德是非。什么事情是道德的,当做,此为是,什么事情是不道德的,不当做,此为非。孟子讲的"是非之心"特指后者。孟子进而分别将恻隐之心、羞恶之心、恭敬之心、是非之心与仁义礼智挂钩,恻隐之心就是仁,羞恶之心就是义,恭敬之心就是礼,是非之心就是智。仁义礼智"非由外铄我也","铄"是取,"外铄"意为从外面取得。仁义礼智之心不是从外面得来的,是自己原本就有的,关键是要向内求到它。这个向内而求,在孟子叫作"思"。这个"思"不是逻辑意义的思考,而是内向的反思之思。

孟子又把"四心"叫作"良心"。齐国都城旁边有个牛山,上面原本有茂密的树木,因为和城市离得近,大家每天拿着斧子砍伐,后来变得光秃秃了。孟子触景生情，感叹道德亦是如此。"虽存乎人者，岂无仁义之心哉？其所以放其良心者，亦犹斧斤之于木也，旦旦而伐之，可以为美乎？"（同上）人原本也有仁义之心，不去好好养护，就像牛山之木一样，每天都去砍伐，仁义之心也就丢失了，变得不美了。"放其良心"不是今天"你办事我放心"的那个"放心"，而是把良心丢掉了，放弃了。"良心"的概念就出现在这里，而且仅出现过这一次。这一次实在不得了，两千多年过去了，我们今天仍然频繁使用这个说法。

　　孟子认为，良心是天生的，人一生下来就有。性字源自生，最早没有竖心旁，随着字义内涵的丰富，后来才加上的。性善论其实就是生善论。生而有良心，所以生而有善性。为了加强这个意思，孟子还把问题抬到天的高度，强调人之所以有良心善性，是"天之所与我者"（同上），意即是老天爷给我的。既然是老天爷给我的，当然是生而即有的，不可能是人生中某一段突然才有的。对于孟子的这种说法，可以从两个层次来思考。一是事实问题。每个人都有良心，这一点相信大家不会有疑问。不然的话，你可以举手说："我就没有良心。"我看没有谁敢举手的。这不是敢不敢的问题，而是一个事实问题，容不得怀疑。二是来源问题。孟子说，良心生而即有，因为人原本就有良心，所以人天生就有善性。问题在于，良心真的是生而即有的吗？这是一个重大哲学问题，甚至可以说是儒学研究最尖端的问题。20世纪90年代，中国社会科学院一个研究员写过一篇文章，有这样一个提法：人为什么有良心，为什么有善性的问题，是儒学研究中的哥德巴赫猜想。数学研究领域有一个俗称1+1=2的哥德巴赫猜想，被誉为数学王冠上的宝珠。儒学研究也有类似难度的问题，这就是良心和善性的问题。我从事儒学研究做的第一个项目，就是这个问题。前后花了十年左右的工夫，形成了自己的理解。这是一个非常复杂的问题，考虑到教学的层次，这里只能做一个简单的介绍。

首先应当承认，人天生确实有一种端倪，这种端倪有利于个人的健康生长。孟子将这种端倪叫作"才"。"若夫为不善，非才之罪也。"（《孟子·告子上》）在《说文解字》中，"才"为草木之初。草木刚刚发育的那个芽，就是"才"。在性善论整个大厦中，"才"字具有非常重要的意义。依照孟子的思路，人出生就有善的端倪，顺着这个端倪发展，扩而充之，不去破坏，就可以成德成善，成圣成贤。这与树木之初即有参天的潜质，只要有适当的土壤、水分、阳光、温度，即可以长成参天之木是一样的。我举一个例子，帮助大家理解这个道理。现在社会发展太快了，人们内心孤寂，养宠物的越来越多。小猫小狗来到家里后，大家喜欢得不行，又是给吃的，又是给喝的，又是洗澡，又是遛弯。但我们从来不会跟它这样讲话:"小猫小猫好好长,长大以后要当一个猫哦。""小狗小狗好好长,长大以后要当一个狗哦。"这好像是在开玩笑,其实有深刻的道理。我们为什么不这样讲话,不提出这样的傻问题,是因为猫和狗都有"才"。这种"才"有固定的发展方向。猫有猫的"才",狗有狗的"才",树有树的"才",草有草的"才"。

为了把这层意思说得更清楚,我将这种情况叫作"人性中的自然生长倾向",简称"生长倾向"。人天生就有一种生长的倾向性,这种倾向性就是孟子所说的"才"。如果不承认这一点,我们无法解释,自然界中有生命的类,如植物、动物,包括人,是如何有序生存和发展的。我们这个世界表面看五花八门,斑斓多彩,但其内部是有定则的。猫长大自然成猫,狗长大自然成狗,树和草也是一个道理。我们从来不担心,人长着长着突然变成了狗,狗长着长着突然变成了猫,猫长着长着突然变成了草。究其原因,就在于凡是有生命的类,天生都有"才",都有"生长倾向"。从这个角度,就可以明白我为什么不赞成告子的理论了。前面讲了,我们很长时间比较喜欢告子的"无善无不善论",认为人生下来是张白纸,关键看给予什么样的教育。这种理论用西方哲学的语言表达,就是"白板说",意思是人生犹如一块白板,没有固定的方向。如果是这样的话,我们根本无法解释猫长大何以自然成猫,狗长大何以自然成狗。告子的理论,表面看很有道理，其实十分浅薄。我们受唯物主义的影响，喜欢告子，不喜欢孟子，同样非常浅薄。

说得具体一点，"生长倾向"有两个意思。第一，它决定有生命的物顺着自己的方向发展，即可以成为自己。这层意思前面讲了，不再重复。第二，顺着这个方向发展，有利于这个类的延续。任何有生命的类，都有一个延续的问题。哪怕从常识出发也可以看到，凡有生命的类，都有自己的天性，而这种天性都有利于其类的绵延。我看过一张非常有名的照片，得奖无数。母鹿带着自己的孩子在草原上奔跑，两头豹子在后面紧紧追赶。如果再这么跑的话，小鹿很可能就会被豹子抓住。这个时候母鹿停下来不跑了，心甘情愿让豹子来吃自己。照片中母鹿的眼神，令人极为震撼，没有丝毫的惊恐。它为什么要这样做，就是因为它有"生长倾向"，这种倾向有利于它的类有效发展下去。如果不承认"生长倾向"，不承认"才"，我们完全无法解释上述现象。我提出"生长倾向"这一概念，就是要从根本上解决这个问题。

其次，我们也必须看到，如果只以"生长倾向"解说良心，有些问题不好解释。因为良心的很多具体内容很难说是天生的。"孩提之童，无不知爱其亲者，及其长也，无不知敬其兄也。"（《孟子·尽心上》）这一章前面引用过，孟子如此讲，意在强调良心生而即有。此章前半句"孩提之童，无不知爱其亲者"没有问题，小孩子生下来就知道亲近自己的母亲，不仅人是这样，哺乳动物皆如此。问题出在后半句。"及其长也，无不知敬其兄也"，孟子顺着前半句一路讲下来，是要说明敬兄之悌心同样是生而即有的。两千多年来人们读《孟子》，没有谁能够留意这半句是否有问题。但我在读书的时候却发现这个说法有瑕疵，而且是重大瑕疵："及其长"这个说法本身就意味着需要长到一定岁数，既然如此，那么实际上就等于承认了敬兄之心并非天生，而是来自后天的教化。

悌是儒家道德的重要内容。孔融让梨的故事在中国流行很广，传为佳话。孔融四岁时，家里来了客人，大人端了一盘梨，孔融挑了一个小的。大人问为什么要挑小的，孔融说，我有哥哥，我要让着哥哥。大人惊奇地问，那你还有弟弟呢。意思是说，既然有弟弟，你也是哥哥，那应该拿大的呀。孔融回答道，因为有弟弟，所以我要让着弟弟。我们这里关注的焦点，不在故事本身，而是追问孔融敬兄之悌心的来源。你可以说，孔融四岁让梨是因为他十分聪明，并非凡人。那我要问，三岁知不知道？你说，三岁也知道。那我要问，两岁知不知道？一岁知不知道？不满周岁知不知道？一路追问下来，我们只能得出一个结论：孔融这种敬兄之悌心并非来自天生。孔融之所以四岁让梨，是因为他是孔子二十世孙，自小接受的是儒家的教育。

由此我们只能得出这样一个看法：良心除了有"生

长倾向"之外，还有另外一个更为重要的根源，这就是后天的养成。道德的很多内容都来自后天的养成。好多年前，有一次快过春节了，我到邮局办事，看到前面有一个人，我就在一米线后面等着。这时，来了几个农民工兄弟，嘻嘻哈哈的，大概快过年了要给家里寄钱，看到我前面有个空当，就挤到我前面去了。工作人员告诉他们要在一米线后面排队。农民工兄弟好像不知道什么是一米线，没有听懂，有点发蒙。我就指着那根黄线客气地跟他们说：看到了吧，这叫一米线，应该在一米线后排队。听我这样一说，他们一下子就明白了，在一米线后面排起队来。这件事使我想到，我是一个老师，见到一米线知道要等一等，农民工兄弟为什么不知道？显然不是我多聪明，而是我受过这方面的教育，他们没有。我们可以设想一下，假如孔子穿越时光隧道，来到21世纪的今天，看到了红绿灯，会知道红灯等一等，绿灯才可以走吗？合理的回答一定是否定的。红灯停绿灯行，是最基本的交通规则，现代人哪怕是小孩子都明白。但孔子这样的圣人却不知道，这只能说明他没有这种环境，没有受过这种教育，而我们今天有这种环境，接受了这方面的教育。

由此说来，孟子发现了良心，功不可没，但他将良心完全归于上天的赋予，归于生而即有，并不准确。作为性善根据的良心，主要来自后天养成，这是我诠释性善论不可动摇的原则。为了便于表达，我把后天养成这个因素叫作"伦理心境"。生活在现实社会中，社会生活的道德标准，通过潜移默化会对我们内心产生影响；与此同时，我们还要具备智性思维，智性思维也会在内心留下一些痕迹。时间长了，这些影响和痕迹会形成某种结晶物，这种结晶物就是"伦理心境"。一言以蔽之，"伦理心境"是社会生活和智性思维在内心结晶而成的伦理的境况和境界。这是我对这个重要概念的定义。很多同学去过九寨沟。九寨沟是大自然的造化，非常美，特别是它的水。水从火山口流下来，里面含有丰富的矿物质。水流经过一些石坎的时候，这些矿物质渐渐积累为一个个小的水坝，学名"钙华堤"。后面的水经过这些水坝，又形成新的积累。水不断地流，不断地积累，天长日久，就形成了九寨沟独特的地质风貌。伦理心境与这种情况有类似之处。社会生活和智性思维对内心有深刻的影响，不可能马上消失，总会留下一些痕迹。这些痕迹大致相当于那一个个小的水坝。水坝不是原本就有的，而是流水形成的。伦理心境同样不是原本就有的，而是社会生活和智性思维对内心影响的结果。

总之，一个是"生长倾向"，一个是"伦理心境"，作为性善论基础的良心，其实不过是建基在"生长倾向"之上的"伦理心境"而已。这个表述有两层意思。第一，"生长倾向"是"伦理心境"的基础，没有这个基础，不可能形成"伦理心境"。第二，在现实社会生活中，"生长倾向"不能单独存在，一定会发展为"伦理心境"。前者是基础，后者是发展，没有基础，不可能有发展，而发展又不是基础之本身。将这两方面有机结合，性善论才能得到合理的说明。这就好像九寨沟的水坝一样，起初是有突起的一些石坎，流水长年经过这些石坎，水中的矿物质不断积累在上面，形成一个个水坝。最初的石坎和流水的积累，缺了哪个方面都不行。

希望注意，上面只是我对性善论解说最简单的介绍，围绕这个问题还有很多重要内容，要全面了解我的想法，请参阅我的其他著作。这个问题不是一两句话可以说得清的，有很高的难度，不然"儒学研究中的哥德巴赫猜想"就沦为虚谈了。我对性善论的这种诠释差不多有三十来年了，但学界很少有人接受，甚至批评我在瞎搞。对此我并不悲观，认为这无非有两种可能。一是我智商低，犯了大错，不知悔改。二是我的方法超前，别人理解不了，达不到这个高度。我更愿意相信是后者。好东西往往都是超前的，很难被当时的人们理解。随着时间的推移，耐心地等待，终究会有云开雾散的一天。

性善论告诉我们这样一个道理：人原本就有道德根据，这个根据就是良心，要成就道德必须首先找到自己的道德根据。孟子认为，要找到自己的道德根据，最有效的办法是反求诸己。"仁者如射，射者正己而后发；发而不中，不怨胜己者，反求诸己而已矣。"（《孟子·公孙丑上》）仁者像射手一样，身正颈直，朝向目标。这些你都做到了，但就是打不中，或者环数就是超不过别人，你打九环，人家打十环，你打十环，人家打十点一环。遇到这种情况最重要的是"反求诸己"。"反"即返，"求"即追求。"诸"是之于的合义，"己"即自己。"反求诸己"就是在自己身上找原因。2008年北京奥运会，我们占地利之优，将女子单人射箭金牌抢到了手。我们知道，射箭是韩国的强项，就像乒乓球是我们的强项一样。赛后记者采访韩国选手，她们纷纷抱怨现场噪声太大，又说天气不好，老是下雨，受到了影响。我看了这个采访后，感叹韩国运动员没好好读《孟子》。孟子不是说了嘛，"发而不中，不怨胜己者，反求诸己而已矣"。

孟子又说："爱人不亲，反其仁；治人不治，反其智；礼人不答，反其敬——行有不得者皆反求诸己，其身正而天下归之。"（《孟子·离娄上》）我爱一个人，那个人却不爱我，自己要反省是不是做到了仁。我治理一个地方，老是治理不好，自己要反省哪些工作没做好。我对别人以礼相待，人家却不搭理我，自己要反省有没有诚敬之心。这就好像街上遇到乞丐，给人家两块钱硬币，是弯下腰恭恭敬敬地给，还是直着身子老远扔给人家，境界是不同的。"行有不得者皆反求诸己"，这是我特别喜欢的句子。意思是说，如果遇事达不到目的，必须老老实实在自己身上找原因，不要老是抱怨他人。我有一个生活经验。我们每个人都有三五好友，但要想一想这些好友属于哪一类人，是遇事好抱怨的，还是善于反省的。如果你的朋友圈都是些好抱怨的，建议你最好和他们保持一定的距离。不然，三抱怨两抱怨，时间一长，把你也同化了。那叫负能量，暗物质，是巨大的黑洞。永远不要责备周围的人，人们没有你想象的那样坏；永远不要抱怨社会，社会没有你想象的那样糟。

"反求诸己"包含着深刻的哲学道理。良心就在自己身上，遇事会表现自己。这在学界有个专门的用语，叫"当下呈现"。这个说法看似平淡，其实大有深意。20世纪三四十年代，熊十力和冯友兰都在北大教书。有一次，两位先生谈话，商讨学问，熊十力批评冯友兰说，你怎么能够把良知当作假说呢，良知是实在，是当下呈现。牟宗三在一边旁听，据他回忆说，听熊先生此言，振聋发聩，一下子把他的境界提到了宋明理学的高度。但牟宗三当时并不懂当下呈现的含义，只是很多年之后，才明白了这个道理，从此成为现代新儒家第二代的重要代表人物。我接触这个材料是在读硕士的时候，本能地感到非常重要，马上抄卡片，记了下来。但这个问题牟宗三当时尚且不懂，我更是如在五里雾中，摸不着头脑。好在长年当兵的经历使我养成了一个习惯，遇到困难绝不放弃，凡是搞不懂的问题，想方设法，千方百计，一定要弄懂。大约用了三年的时间，有一天通过对实际生活的观察，突然明白了当下呈现的道理，"悟"到了其中的真义。我常讲，我入儒家的门，就是从领悟当下呈现开始的。要真正理解性善论，"悟"有重要的意义。不管你是复旦的老师，还是北大、清华的老师，如果没有"悟"，不懂当下呈现，不可能真正读懂孟子，儒学和你的生命就是"两张皮"，很难合为一体。这种说法很可能会得罪人，但我愿意负这个责任，不怕得罪人。

良知当下呈现，只是问题的一个方面，与此同时，人对自己的内心有一种直觉的能力，可以觉知良心正在呈现。比如，我们来上课，经过卫生间，看到水龙头没有关紧，哗哗地流水。在这种境遇下我们应当怎么做？我想大家一定会说，把它关上，不能浪费水资源。这一点没有疑问。但我要问的是，你是怎么知道要把它关上的？是别人告诉你或有人命令你的吗？是临时学习某种道德学说得出的结论吗？是通过逻辑推证知道的吗？都不是，是你自己知道的。这个"自己知道"的思维方式是直觉，通过这种直觉可以觉知到良心正在当下呈现。我把这个道理概括为这样一句话："知道自己知道应该如何去做"。这里连用了两个"知道"，是一种特殊的表述方式。后面的"知道应该如何去做"是说，人的内心有一个是非标准，遇到相应情况，会当下呈现。头一个"知道自己"则是说，当良心这个是非标准呈现自身时，你有直觉的能力，不需要他人提示，自己就知道它在告知。

这个话题有点过于沉重了，为了帮助大家理解，我们还是举例说明。比如，到了节日，我们到公园去。公园里人很多，非常热闹。天气很热，我们吃了棒冰，喝了奶茶，在享受节日快乐的同时，也产生了垃圾，如包棒冰的纸、装奶茶的纸杯等。这些东西，就我们现有的道德教育程度而言，每个人都知道应该丢到垃圾箱里。为什么会有这种奇特的情景？就是因为我们都有良心，良心是一个是非标准，在特定场景中会表现自己，而且我们有直觉感知的能力，可以直达内心，在良心表现自己的同时知道它在表现。这就叫作"知道自己知道应该如何去做"。梁漱溟对儒家这一思想有透彻的理解。他说："儒家没有什么教条给人；有之，便是教人反省自求一条而已。除了信赖人自己的理性，不再信赖其他。这是何等精神！人类便再进步一万年，怕亦不得超过罢！"（梁漱溟《梁漱溟全集》第三卷，《中国文化要义》，济南：山东人民出版社，2005年，第108页）这里讲得十分清楚，儒家最重要的精神，就是教人反省。这种教人反省，是一种理性精神。相信这种理性精神，就是自信，有了这种自信，便不再需要相信其他。这种精神再过多久也不会过时。

"反求诸己"还不能决定人马上就能成德，除此之外，还必须做一个选择。人既有道德的要求，又有体欲的要求，孟子明确将它们区别开来，分别称为"大体"和"小体"。"大体"指道德，"小体"指物欲，也就是通常讲的"臭皮囊"。在性善论系统中，要成就道德，必须把"大体"牢牢树立起来，不受"小体"的干扰。孟子将这一义理称为"先立其大"。"先立乎其大者，则其小者弗能夺也。此为大人而已矣。"（《孟子·告子上》）弟子问，人和人都差不多，为什么有的成了圣人，有的成了一般的人，甚至乱臣贼子呢？孟子回答说，关键是要把"大体"树立起来，做到了这一步，"小体"就不能对你有负面的影响了，就可以成为大人了。

在日常生活中，"先立其大"才能成德的情况比比皆是。仍用前面的例子。我们去游园，吃了棒冰，喝了奶茶，都知道应该把垃圾扔到垃圾箱里。你不怕麻烦，这样做了，就是立了"大体"，反之，你怕麻烦，只顾自己的方便，随地乱扔，就是先立了"小体"，用"小体"破坏了"大体"。又如，你来听课，非常积极，来得很早，老师和同学都没到，教室就你一个人。你坐下来一低头，发现抽屉里头好像有东西，拿出来一看，原来是一部崭新的手机。这个时候，根据前面分析得出的"知道自己知道应该如何去做"这一结论，我们知道应当将其交还失主。但与此同时，你还有物欲的要求。对一个穷学生来说，能够得到一部手机，无疑是很有诱惑力的。这时你有两种选择：不顾大体，先立其小，就是留给自己；放弃小体，先立其大，就是交还失主。

由此可知，"先立其大"不是一个小问题，一点都不轻松，因为它意味着必须在物欲方面做出牺牲。道德本身就意味着在物欲方面做出牺牲，小牺牲小道德，大牺牲大道德，没有牺牲没有道德。这种牺牲从世俗的角度来看，就是一种愚。但这种愚对于成德成善，又是完全必要、不可缺少的。前面讲过，"愚"有多种含义，"甘愿牺牲之愚"是其中之一。成德成善，必须有这种愚的精神。遍查历史，凡是能够成就道德的人，毫无例外，都是愚人。具备了这种"愚"的精神，人才能成就自己的道德，完善自己的人生。如果大家问我有没有一句话可以一生遵守的，我会毫不犹豫地说，这就是"先立其大"。每当学生毕业走出校门，拿个本子让我写字留言的时候，我都会写这四个字。这句话看似简单，但真正做到并不容易。很多人一生发生重要转折，就是在关键环节知道自己应该选大的时候，没有选大，选了小。大家想想看，这些年揪出来的贪官，哪一个不属于这种情景，哪一个不知道人家给的钱不应该收？他们当然知道，但为什么还是收了，就是因为放弃了"大体"，选择了"小体"，没有做到"先立其大"。现实生活十分残酷，好人与坏人只在一念之差，相隔只有一张纸的厚度，而造成最后不同结果的原因，就在先立大体，还是先立小体。

每个人都有良心，在道德境遇中，良心会告诉我们如何去做，提出道德的要求，这时特别需要注意的，是不要欺骗它。这一步工作儒家有一个专门说法，叫作"诚"。"万物皆备于我矣，反身而诚，乐莫大焉。"(《孟子·尽心上》)"万物皆备于我"过去常有错误的理解，以为这是在讨论世界的本源是什么。第一章讲过，儒家哲学对这类问题不感兴趣。孟子所说的"物"与"事"是同义，"万物"即"万事"。这里的"万事"又有具体的含义，特指道德的根据，意思是说，成就道德的根据我都具备。要成就道德，最重要的是"反身而诚"。"反身而诚"与"反求诸己"同义，但又比"反求诸己"多了一个含义，这就是"诚"。"诚"是不欺骗的意思，具体说，就是不欺骗自己的良心。儒家特别重视诚，《孟子》讲，《中庸》讲，《大学》也讲，道理就在这里。

遇事反身求得自己的道德根据，不欺骗它，就满足了它的要求，就能体验到一种最高等级的快乐，这就叫"乐莫大焉"。孟子认为，人生有三种快乐，"仰不愧于天，俯不怍于人"(同上)，即在其中。这就说明，成就道德做出物欲方面的牺牲，不光是一种苦，同时也是一种乐、一种福。当"大体"和"小体"发生矛盾的时候，放弃"小体"，选择"大体"，确实必须在物欲方面做出牺牲，但它同时又可以给内心带来巨大的满足感，成为一种快乐，一种幸福。在当今社会，这种快乐更为珍贵难得。今天这个社会太浮躁了，大家不注意观察自己内心，不关注也不懂得道德之乐，追求的多是物欲之乐。我们不排除物欲之乐，因为人有物欲的要求是十分正常的，但一定要知道，有比物欲之乐更高级的快乐，这就是道德之乐。道德之乐远在物欲之乐之上，是人生最高级的快乐。

性善论最大的教益莫过于告诉我们，人原本就有良心，就有道德根据，成就道德是自己分内的事。近代以来，受各种因素的影响，传统文化受到了空前的冲击，几近失传。人们不再信奉儒学的基本道理，不再讲良心，不再宣扬自己原本就有道德根据，不再相信自己是一个道德的存在，甚至提出了一个非常蛊惑人心的说法："反对道德绑架。"意思是说，社会对一个人提出道德要求，要求他做道德的事情，是用道德绑架他，是对他的胁迫。必须承认，我们希望并劝导他人做道德之事，自己首先应该做好，不能手电筒只照别人不照自己，而且必须量力而行，不宜提出过高的要求，令人难以企及。社会状态不好，人际关系紧张时，可能会发生这种情况，这是应该努力避免的。但社会对人提出道德要求，不能理解为对他的胁迫。正如一个人犯了罪，判了刑，虽然十分可惜，但从另一个方面看，这恰恰是法律对他的尊重，因为他是有理性的，应该为自己的行为负责。同样道理，社会对人提出道德要求，不是用道德来绑架他，不是限制他的自由，而是对他的尊重。因为根据性善论的基本原理，他既然是人，就有善性，就有良心，就有是非标准，就应该成德成善。行善不仅是情分，更是本分。社会希望并要求一个人做道德的事情是把他当一个正常人看待。否则，他或许可以由此得到"自由"，但不会也不应值得庆幸，因为社会已经把他排除在正常人的范围之外，将其视为一个"病人"了。必须把"反对道德绑架"之说扔进历史的垃圾箱，来不得一刻迟疑，容不得半点怜悯。

第六章　沿着老子路线前行的庄子

一　由老子到庄子

庄子生卒年有不同看法，一般取公元前369年到公元前289年之说，与孟子相差无几。庄子，名周，宋国蒙人。蒙在今天河南商丘一带，也有说在今天安徽蒙城的。庄子做过漆园小吏，后来脱离仕途，隐居起来。司马迁为其写列传的时候讲了一个故事，很能体现庄子的人生态度。楚王礼聘庄子出山，庄子对来者讲："千金，重利；卿相，尊位也。子独不见郊祭之牺牛乎？养食之数岁，衣以文绣，以入太庙。当是之时，虽欲为孤豚，岂可得乎？子亟去，无污我。我宁游戏污渎之中自快，无为有国者所羁，终身不仕，以快吾志焉。"（《史记·老子韩非列传》）意思是说，人们普遍看重的千金、卿相，在我眼中一钱不值。难道没有看过祭祀时的牛吗？平时好吃好喝，到祭祀的时候，穿上绣花衣裳，拉到太庙，杀了作牺牲。牛此时才明白，平时管吃管喝，其实是为了最后宰我一刀。这个时候，再想当一个快乐的小猪，满地打滚，也做不到了。你们离我远远的，千万不要让这些东西束缚我，玷污我。这段材料原出自《庄子》，根据庄子行文的特点，当是一则寓言。司马迁写《史记》，引用此事来说明庄子的生平，不知是否确有其事。

本章取题为"沿着老子路线前行的庄子"，而不是"庄子对老子思想的继承和发展"，是有特殊考虑的。"老庄"连称始于何时不可确考，但不会太晚。照此说法，庄子之学当出于老子，与老子思想一致。但至少从宋代开始，有人便对此提出怀疑，认为庄子出于儒家，以方以智、王船山最为有名。近代章太炎、钱穆亦持此说。近年来又有学者做这方面的工作，提出"儒门内的庄子"的说法，认为虽然庄子自己没有安居儒门的故意，但他同情儒家，与孔子思想有密切的关系。我不采纳这种观点。庄子与孔子的关联在《庄子》一书中确实可以找到一些迹象。比如，《庄子》内七篇借老聃讲故事只有三则，以孔子设论则多达九则。又如，《天下》篇纵论天下是非，唯独对儒家批评很少。但这些无法掩盖庄子思想和儒家思想内在主旨不合这一事实。儒家的主基调是肯定以周礼为基础的社会规范，要求人们按照它的要求去做；庄子的主基调则是不满于既有社会规范对人性的束缚，希望打破这些规范，追求无待逍遥。如果说庄子出于儒门，这个现象很难得到圆满解说。

既然《庄子》中有一些同儒家相关联的材料，而其思想主旨明显又与儒家不符，一种可能的解释是，庄子或曾学于儒，后来离开了儒家，事实上归于了老子，是沿着老子的路线前行的。老子西出函谷关，不知所终。关于老子的传人，史书没有明确记载。儒学则不同，孔子之后儒分为八。孔子有那么多的学生，每个学生又带学生。这些学生中有人很可能就是庄子的老师。据考证，庄子之学出自田子方，而田子方即是子夏之徒。但庄子思想内核与儒家不合，和老子倒是更为相契，于是事实上背离了儒家，与老子走到了一起。我将这种解释概括为"出儒入老说"，恰如墨子学于儒，韩非李斯亦学于儒，但后来都背离了儒家，一个创立了墨家学派，另两个则成了法家的代表人物。郭沫若的看法与这种意见相近。他说："庄子是从颜氏之儒出来的，但他就和墨子'学儒者之业，受孔子之术'而卒于'背周道而用夏政'一样，自己也成立了一个宗派。他在黄老思想里面找到了共鸣，于是与儒、墨鼎足而三，也成立了一个思想上的新的宗派。"（郭沫若《十批判书》，北京：东方出版社，1996年，第199页）

要了解庄子思想的起源，不能不说到隐者传统。春秋战国时期，存在着一个特殊的群体，这就是隐者。隐者有两个明显的特征：一是鄙夷政治，避世而居；二是思想抽象，哲理性强。隐者本事很大，但看不起政治，就是不出山。因为他们隐居，可以想一些抽象程度比较高的问题，所以思想的哲理性比较强。庄子刚好符合这两条：有大本事，但拒不出仕，思想的抽象性也比较高。除此之外，隐者还有第三个特征，这就是关注生命，全性保真。与这个特征相关，有一个人物必须提到，这就是杨朱。杨朱是卫国人，主张贵生、全生，当时名气很大，孟子称其为天下之显学。《天下》篇纵论当时各家学说，没有明确提到杨朱。但从学理的相关性分析，庄子与杨朱的内在关联，是一个绕不开的话题。有学者不认同这一看法，认为杨朱是"感觉论者"，与庄子不同类。从现有材料看，将庄子与杨朱联系在一起，确实很难找到有力的史料支撑，但不宜急于将结论下得太死。前面讲了，庄子或曾学于儒家，但思想内核与孔子相异。孔子明明知道自己的主张难以实现，仍然拼命努力，没有放弃。庄子则是看到社会之险恶，明白自己力量渺小，无法用手臂挡住巨大的车轮，于是干脆不做，提出了不谴是非、无待逍遥的主张，以达全性保真的目的。从思想发展一般理路看，庄子的这些主张不可能凭空产生，一定有其渊源。而这个时候社会上又有一个杨朱，影响很大，庄子思想至少在全性保真这一点上与其有相近之处，那么完全排除杨朱对庄子的影响，将其视为完全不相干的两个人物，恐怕就不尽合理了。

我这样理解，还有助于解释老子与庄子思想何以有所不同。尽管老庄常常并称，但庄子与老子的关系比较微妙。老子思想最重要的内容是自然，自然一词在《老子》中出现过五次，《庄子》内七篇却只出现过三次。这还只是表面，庄子与老子思想的相异之处更为重要。首先，老子关注的重点是社会，庄子关注的重点偏向于个人。其次，老子强调无为，目的是无不为，把社会治理好，庄子思想的重心是如何看透当时的乱世，在其中全性保真。这两点决定了他们之间的第三个不同：老子是"入世"的，庄子则是"游世"的。这个"游"就是《逍遥游》的"游"。它不同于佛教的出世，而是在乱世的夹缝中游移生存。深入探讨杨朱可能对庄子的影响，乃至将杨朱作为由老子到庄子之间的一个因素，整个思想脉络或许可以把握得更清楚一些。总的说来，庄子早年或学于儒家，但思想气质与儒家不合，反倒与杨朱更为近似，于是以自己的方式解释了老子，事实上脱离了儒家，归入道家一脉。受条件所限，这种看法尚待具体材料的证实，但不妨聊备一格，以待后人验证。

《庄子》现存33篇，内篇7，外篇15，杂篇11。内篇比较可靠，外篇和杂篇多有争议。学界一般以内篇为主，必要的时候，也参照外篇和杂篇。我们也一样，以内篇为主要依据，必要时辅以外篇和杂篇。《庄子》一书的行文，特点十分鲜明。《天下》篇说，庄子这个学派，非常广大，十分高深。天下太乱了，太浑浊了，没有办法讲正经的话，严正的话，只能"以卮言为曼衍，以重言为真，以寓言为广"（《庄子·天下》）。卮言、重言、寓言历来有不同的解释。寓言是通过一个故事让读者明了背后的道理，与今天所说之寓言同义。也有学者认为，寓言是对偶之言，就是"对话"（郑开《庄子哲学讲记》，南宁：广西人民出版社，2016年，第9页）。"重言"是借助古代圣贤之言，也就是讲重复的话。"卮言"之"卮"为酒杯，卮言因而有两种解释。其一，酒杯是空的，倒进去的东西满了就溢出来，这个溢出来就是变化，所以卮言是变化之言。其二，酒喝多了，愿意说什么就说什么，不受拘束，所以卮言是酒后的话，是无心之语。这两种解释各有道理，我倾向于后者，因为与当时其他人的著作相比，庄子讲的确实都是一些荒诞之语，近似于酒后的"疯话"。

庄子的文章非常漂亮。闻一多说："读《庄子》，本分不出那是思想的美，那是文字的美。那思想与文字，外形与本质的极端的调和，那种不可捉摸的浑圆的机体，便是文章家的极致；只那一点，便足注定庄子在文学中的地位。"（闻一多《古典新义》，《庄子》，北京：商务印书馆，2011年，第252页）讲中国文学史，没有一个不重视庄子的。在先秦能够与庄子相比的，恐怕只有屈原了。但《庄子》不好读。清代有个叫余飏的，点破了个中的奥秘："其与孟子同功而不与孟子同报者，孟子以正,庄生以反,孟子以严,庄生以诞。严与正者,其心易见;而反与诞者,其旨难知也。"(方以智《药地炮庄》,北京:华夏出版社,2011年,第5页)庄子和孟子都是大人物,有大贡献,结果却相反。孟子从正面讲,庄子从反面讲;孟子讲严正的话,庄子讲荒诞的话。从正面讲,意思容易理解,从反面讲,就不好知晓了。

《庄子》义理深奥,不好读,更不好懂,很考验人的理解力。要概括庄子思想的核心,从总体上准确把握庄子,不是一件容易的事,争议很大。但深入了解《庄子·天下》篇,可能是一个不错的进路。《天下》篇对当时不同学派做了总评。讲到庄子时,有两句话特别要紧。一是"独与天地精神往来,而不敖倪于万物,不谴是非,以与世俗处"(《庄子·天下》)。这是说,庄子精神非常高远,和天地精神相往来,不高高在上俯视万物,不计较世间的是非。我将这一条概括为"不谴是非"。二是"彼其充实不可以已,上与造物者游,而下与外死生无终始者为友"(同上)。这是说,庄子思想十分充实,不为外物所待,上与造物者为一,下与不重死生、无终始者为友。我将这一条概括为"无待逍遥"。章太炎讲,庄子的精神核心有二,一是平等,二是自由。虽然这是用今天的话讲过去的事,但如果去除这两个概念的现代色彩,这个说法还是有参考价值的。不谴是非讲的就是"庄子意义的平等",无待逍遥讲的就是"庄子意义的自由"。一个不谴是非,一个无待逍遥,抓住了这两条,纲举目张,庄子的基本精神也就可以掌握个八九不离十了,虽不中亦不会太远。

二 庄子思想核心之一:不谴是非

不谴是非是庄子思想核心的第一个方面。生活中都有是非,既然如此,自然要去辩,要去谴。庄子却主张,是非不要去辩、不要去谴,这全然不合常理。庄子为什么会有这一思想?这是学习庄子必须首先了解的。

哲学家的思想是其时代精神的集中体现,要了解庄子思想的核心,需要从庄子所处时代的特点说起。《庄子》内七篇的顺序是《逍遥游》《齐物论》《养生主》《人间世》《德充符》《大宗师》《应帝王》。关于内七篇的内在关联,古人多有研究,人们一般也都按照这个顺序阅读和学习。但近来有学者主张先从第四篇《人间世》读起(王博《庄子哲学》,北京:北京大学出版社,2004年,第24页)。以我个人的体会来说,这很有道理。这一篇读懂了,再依次读《大宗师》《齐物论》《养生主》《德充符》《逍遥游》《应帝王》,庄子思想为什么要讲不谴是非,就比较好理解了。

《人间世》开篇连续讲了三个寓言故事,描述了当时社会环境的险恶。首先是颜回与孔子的对话。颜回准备到魏国当官，临别的时候跟孔子告别。颜回说，魏王不行，年轻气盛，好打仗，不知道死了多少人，我到魏国后一定想办法用夫子的教导矫正他，让老百姓过好日子。谁知孔子完全不认可颜回的说法，告诫他这些东西是最危险的："德荡乎名，知出乎争。名也者，相札也；知也者，争之器也。二者凶器，非所以尽行也。"（《庄子·人间世》）意思是说，颜回追求的那些东西，德也好，名也罢，都是凶器。以这些凶器为本，"非所以尽行"，不可能保存自己的自然生命。

其次是叶公子高与孔子的对话。叶公子高将出使齐国，临行前请教孔子。孔子问其缘由，告诫他说，你这次去风险很大。两国之交，近了以信，远了以忠，不管是近还是远，都要有人传话。传话的时候，好的人传好话，恶的人传恶话。作为中间的使者，要是传好话，就会好上加好；要是传坏话，就会坏上加坏。"凡溢之类妄，妄则其信之也莫，莫则传言者殃。"（同上）传来传去，最后传的话就变了调。国家出了事，倒了霉，首先追究的就是你这个使者的责任。

最后是颜阖与蘧伯玉的对话。颜阖做卫灵公太子的老师，行前请益蘧伯玉。蘧伯玉告诫他说："戒之，慎之，正女身也哉！形莫若就，心莫若和。虽然，之二者有患。就不欲入，和不欲出。形就而入，且为颠为灭，为崩为蹶。心和而出，且为声为名，为妖为孽。"（同上）你到那里，一定要戒之，慎之，外形不要过于亲近，内心不要有诱导之意。亲近太过，则颠败毁亡。诱导太露，则争声争名。即使这些都注意了，仍然十分危险，稍不小心，就会"为崩为蹶""为妖为孽"，风险大得很呀。

《人间世》最后一篇又讲了一个孔子南游遇到狂者接舆的故事。接舆对孔子讲："天下有道，圣人成焉；天下无道，圣人生焉；方今之时，仅免刑焉。福轻乎羽，莫之知载；祸重乎地，莫之知避。"（同上）如果天下有道，圣人可以成就自己的事业。如果天下无道，圣人只能维持自己的生命。今天不同了，不仅无道，而且情况更为惨烈，大家只能避免刑罚，稍不小心就犯了罪，丢了性命。"福轻乎羽，莫之知载；祸重乎地，莫之知避"一句特别重要。这里的"福"可以理解为养护自己的生命，全性保真。养护自己的生命，全性保真，是很轻松的事，人们偏偏不去做。各种罪责沉重得很，大家却不知避让，趋之若鹜。

《人间世》这一系列故事生动反映出庄子生活状况的险恶。在这种险恶的条件下，如何生活就成了头等重要的问题。庄子对这些问题进行了自己的思考。庄子的伟大在于他的思考不是一般性的，而是延续老子道的路线，站在道的高度俯视性的哲学式思考。这种思考在《齐物论》中表现得最为集中，《齐物论》因此也成为庄子的思想中枢和理论基础，在全书中的地位极为重要。《齐物论》的篇名有两种读法。一是齐物—论，意即万物原本就是齐的，把这个道理阐释出来，因此而论。二是齐—物论，意即万物原本不齐，但可以以齐的方式来看待它们，把它们当作齐。前者以郭象为代表，后者以王船山为代表。我觉得后者可能更为合理一些。因为学界早就注意到了，庄子之时尚没有以"论"的方式写文章的先例，很难想象庄子会写一篇关于"齐物"的专文。更为重要的是，庄子写作《齐物论》的目的，是劝告人们以齐的方式看待万物，杜绝不齐，以达不谴是非的目的。

《齐物论》开篇是南郭子綦与颜成子游的对话，其中讲到人籁、地籁、天籁的不同。籁指古代的乐器，学界一般解释为箫。人籁即人吹箫发出声音。庄子不喜欢人籁，因为人吹箫有人心的介入。相对而言，地籁就好多了。庄子对地籁的描述十分详细："山林之畏佳，大木百围之窍穴，似鼻，似口，似耳，似枅，似圈，似臼，似洼者，似污者；激者，謞者，叱者，吸者，叫者，号者，宎者，咬者，前者唱于而随者唱喁。"万物有不同的形状，有的像鼻，有的像嘴，有的像耳，各种风吹过来，发出不同的声音，有的像激水，有的像射箭，有的像叱咄，有的像呼吸，有的像叫喊，有的像号哭，有的像深谷回音，有的像哀叹。前面的风呜呜地唱着，后面的风呼呼地和着。但更可贵的是天籁："夫天籁者，吹万不同，而使其自己也。咸其自取，怒者其谁邪？"(《庄子·齐物论》)关于天籁一般有两种解释。一是说天籁是万物因其自己的自然状态而自鸣，远高于地籁，而地籁又高于人籁。二是说天籁不离地籁和人籁，就是地籁和人籁中自然的部分。不管取何种解释，天籁均指自然之义。庄子高扬天籁，意在凸显"咸其自取，怒者其谁邪"，即没有谁有意鼓动，故意而行，而是纯任自然。

庄子划分人籁、地籁、天籁的一个重要用意，是告诉人们应从天的角度，而不是从人的角度观察问题。因为人有固有意识，受其影响，必然产生彼此对待之分别。"彼出于是，是亦因彼。彼是方生之说也，虽然，方生方死，方死方生；方可方不可，方不可方可；因是因非，因非因是。"(同上)彼方是出于此方的对待，此方也由彼方对待而成。彼和此相对而生，事物随起随灭，随灭随起，刚说可就转为了不可，刚说不可就转为了可。有认为是的，就有认为非的，有认为非的，就有认为是的。"是以圣人不由，而照之于天，亦因是也。"(同上)圣人与世俗不同，他们不走这条道路，而是"照之于天"，从天的角度观察问题。因为天无心，不受固有意识的影响，所以可以充分尊重事物自身的发展。这就叫作"因是"。简单说，"因是"就是顺应事物自身的是，也就是尊重事物自身的价值。这是庄子一个非常重要的概念。

在庄子看来，要做到"因是"，必须去除分别之心，回归于道。"古之人，其知有所至矣。恶乎至？有以为未始有物者，至矣，尽矣，不可以加矣。其次以为有物矣，而未始有封也。其次以为有封焉，而未始有是非也。"（同上）庄子将不同的人划分为三个层次。首先是古人。古人的认知有个边际，这个边际就在宇宙初始未曾形成万物的时候。达到这个边际，就不能再往前走了。这是最理想的。次一等的人，探讨事物的存在，但不严格划分事物界域，即所谓"未始有封"，"封"是界域的意思。再次一等的人，以为事物有分界，但不计较是非。这三个境界虽各不相同，但都不计较是非。庄子接着讲："是非之彰也，道之所以亏也。道之所以亏，爱之所之成。"（同上）社会上之所以有是非，是因为道有了亏损，而道之所以有亏损，是因为人有了偏好之心。

按照庄子的理解，如果去除了偏好之心，没有了分别之心，抛弃了"爱之所之成"，也就可以不计较世间的是与非了。"是亦彼也，彼亦是也。彼亦一是非，此亦一是非。果且有彼是乎哉？果且无彼是乎哉？彼是莫得其偶，谓之道枢。"（同上）此就是彼，彼就是此。彼亦一个是非，此亦一个是非。你以为彼的那个是非，是真是非？你以为此的这个是非，是真是非？其实这里并没有是非。最重要的是要做到"莫得其偶"。"偶"即是对立，"莫得其偶"就是不以对立的方式观察问题。如果做到了这一点，没有了分别之心，就达到了道枢。"枢"就是中心点。台风的中心点是安静的。如果能够"莫得其偶",不站在对立面的角度观察问题,而是站在中心点上,任何是非就都没有了意义。"物固有所然,物固有所可。无物不然,无物不可。故为是举莛与楹,厉与西施,恢恑憰怪,道通为一。"(同上)物都有自己的道理,都有自己的理由,没有哪个物没有自己的道理,没有哪个物没有自己的理由。从日常的角度看,小草(莛)很小,房梁(楹)很大,但庄子告诉我们,它们并没有什么区别。同样道理,美女西施与丑女厉,也没有区别,是一样的。世间万物所有稀奇古怪的事情,其实都一样,都有自己的道理,不能以一方之是非辨别他方之是非。

可惜社会上的人们不明白这个道理,总是要争是非,结果闹出很多可笑的事情来。"狙公赋茅"的故事,对这种现象进行了辛辣的讽刺。"狙公赋茅曰:'朝三暮四。'众狙皆怒。曰:'然则朝四而暮三。'众狙皆悦。名实未亏而喜怒为用,亦因是也。"(同上)"狙"是猴子,"狙公"是养猴子的人。养猴子的人跟猴子说,松子早晨给三升,晚上给四升。猴子一听就怒了,要造反,抗议狙公亏待它们。养猴子的人说,那就改一改,早上四升,晚上三升。猴子都很高兴,山呼万岁。"名实未亏",总量没有变化,都是七升,"而喜怒为用",争来争去,有什么意义呢?

著名的庄周梦蝶的故事,所要表达的也是这个道理:

> 昔者庄周梦为胡蝶，栩栩然胡蝶也。自喻适志与！不知周也。俄然觉，则蘧蘧然周也。不知周之梦为胡蝶与？胡蝶之梦为周与？（同上）

庄子做梦梦到了一只蝴蝶，十分快乐的样子，不知道自己是庄周。醒了后，突然发现自己仍然躺在那里，不知是庄周梦见了蝴蝶，还是蝴蝶梦见了庄周。这个故事大家都很熟悉。我们一般多从认识论的角度来讲，以为庄子是在讲认识的真实性。但如果将其置于《庄子》内七篇的整体脉络之中，不难明白，它其实是要表明，人们局限于现实生活，争论社会上的是非，这些都是虚幻的，没有任何意义，如同人们在梦中一样。

庄子不谴是非的主张告诉我们这样一个道理：道是全，物是偏。道是万物的本源，物是由道衍生出来的，所以世界上唯有道才是全的，其他都是一偏。庄子常以时间来讲述这个道理。"朝菌不知晦朔，蟪蛄不知春秋，此小年也。楚之南有冥灵者，以五百岁为春，五百岁为秋；上古有大椿者，以八千岁为春，八千岁为秋，此大年也。"（《庄子·逍遥游》）"朝菌"就是小蘑菇，小蘑菇不知道一个月的事情。"蟪蛄"就是蝉，蝉不知道一年的事情。"冥灵"是南方的一种神龟，寿命很长，五百岁为春，五百岁为秋。"大椿"是传说中的神树，寿命更长，以八千岁为春，以八千岁为秋。庄子以"朝菌""蟪蛄""冥灵""大椿"为例,就是借助时间来表达道是全,物是偏的道理。

外篇中的《秋水》又增加了一个空间的角度。有一次发大水,水发得很大,站在河的中央,两岸的牛羊都分不大清楚了。河伯也就是河神很高兴,以为自己已经很大了,一副扬扬自得的样子,顺着河水不断往东走,一直走到北海。到了北海才发现,自己和大海相比,无比渺小,根本没法比。北海神名若教育河伯说:"计四海之在天地之间也,不似礨空之在大泽乎?计中国之在海内,不似稊米之在大仓乎?"(《庄子·秋水》)与我相比,好像你很小,我很大。但如果把四海放在天地之间,四海又很小了,犹如一块石头放在大泽之中。中央之国看起来很大,但把它放在海内,又如一粒米放在谷仓一样,不值一提。

无论从时间角度还是从空间角度看,物都是一偏,这是庄子的一个重要发现,有着深刻的哲学道理。比如,狗的嗅觉十分灵敏,据一份材料说,比人要灵敏约200倍。每次我看到人们在外面遛狗,狗在这里嗅一嗅,到那里闻一闻,不得不感叹它们鼻子里的世界是何等丰富。特别是到了发情的时候,狗的尿液可以表达其已经进入了发情期,需要求偶。这个时候,狗的嗅觉更为敏感,更为多情。但话说回来,狗的嗅觉再发达,也会漏掉很多东西,不可能嗅到世界上所有的气味。听力也一样。

人的听力在20赫兹到2万赫兹之间，超过这个范围就听不到了。但20赫兹以下、2万赫兹以上的音频仍然存在。20世纪80年代，索尼公司和飞利浦公司发明了CD唱片，这是一个重大创新。过去很长时间我们都是听黑胶唱片，叫LP。LP是模拟的，CD是数字的。考虑到容量问题，为了能在一张CD中录下贝多芬第九交响曲，需要把录音中20赫兹以下、2万赫兹以上的内容进行压缩。当时人们的想法很简单，反正这些内容人耳无法辨别，将其压缩不会有太大的影响。但这样处理后的CD，音质就是赶不上老的黑胶唱片，无法令人满意。近些年来有一个LP回潮的趋势，很多人放弃了CD，重新听LP，就是这个原因。

由此来看音乐。我国古代是五音节，宫商角徵羽，西方是七音节，比我们丰富。但西方的七个音阶仍然是偏，不是全。近代以来我们的作曲受到西方的影响很大，学到了很多东西，但也丢掉了很多东西。很多年前，我们出了一张名为《阿姐鼓》的唱片，音效很好，得了很多奖。我们听这张唱片，会有一种非常奇怪的感觉，觉得它很好听，跟时下一般的音乐明显不同。作曲家讲，这是因为我们近代的作曲受到了西方的影响，漏掉自己民族的很多东西，他到西藏采风，就是希望将这些漏掉的东西捡回来。虽然《阿姐鼓》捡回来一些东西，有其功劳，但仍然不全。庄子写《齐物论》就是要告诉我们这个道理。"有成与亏，故昭氏之鼓琴也；无成与亏，故昭氏不鼓琴也。"（《庄子·齐物论》）昭氏是古代善于鼓琴的人，好像俞伯牙一样，天下闻名，人们都喜欢听他鼓琴。但昭氏琴鼓得再好，也不是全，而是偏。要追求没有偏的全，只能弃琴而去，倾听天籁之音。

既然道是全，物是偏，那么人也是一物，也是一偏，作为一偏的人要认识道，就要受到很多限制。庄子对人的认识能力抱不信任的态度。用西方哲学的分类，可以将庄子列入不可知论的阵营之中。对这个问题，我们需要多一份小心。我们过去受到的多是可知论的教育，对不可知论了解不多，不明白其理论意义何在。庄子思想的价值在这里就表现出来了。庄子不相信人的认知能力，有很深的哲学内涵，其中很多问题都值得我们深思。比如，庄子强调人的认知能力是有限的。我们往往容易过于看重自己的理性能力，认为人有了理性，就可以认识万物了。庄子的态度完全不同，告诫我们："吾生也有涯，而知也无涯。以有涯随无涯，殆已。"（《庄子·养生主》）人的生命有限，认识能力有限，知识却是无限的，以有限的认知能力去认识无限的世界，是不可能的。可悲的是，人们不了解这个道理，偏偏要去追求那种认知，辨别事物的是非，结果只能给自己带来危险。

这还涉及如何看待语言的问题。人类进步的一个重要标志是有了语言。我们习惯于认为，语言很高妙，有了语言，就可以表达、说明世界上的万事万物了。庄子不同意这种看法。他说："夫言非吹也，言者有言，其所言者特未定也。果有言邪？其未尝有言邪？其以为异于鷇音，亦有辩乎，其无辩乎？"（《庄子·齐物论》）"吹"就是风，比喻流动变化。庄子认为，语言是固定的，不是流动的，事物却不断发展变化。既然如此，固定的语言自然无法表达变动的世界。你以为你有语言，可以言说，异于鷇音。"鷇音"有的说是鸟叫，有的说是小鸟破壳瞬间的声音。庄子告诉我们，人的语言与鷇音没有不同，以此无法清楚表达宇宙万物。"亦有辩乎，其无辩乎？"你好像说了什么，其实和没说没有什么差别。

更有意义的是，庄子还提出了"成心"的问题。"夫随其成心而师之，谁独且无师乎？奚必知代而心自取者有之？愚者与有焉。未成乎心而有是非，是今日适越而昔至也。是以无有为有。无有为有，虽有神禹，且不能知，吾独且奈何哉。"（同上）"成心"有的说是成见之心，有的说是偏见之心，有的说是现成之心。我们不妨宽泛一点，把它理解为既有之心。人认识事物，内心不是一张白纸，上面早就有了东西。没有这些东西，无法完成认识的过程。说人没有成心，就如同名家所说"今日适越而昔至"那样矛盾。既然有成心，这些东西就会对认识事物造成影响甚至干扰，从而不能真正认识事物的是与非。

因为人的认知能力有限，辩论也就没有了实际意义。在庄子那里没有真理越辩越明的说法，在他看来辩论是辩不出真理的。"既使我与若辩矣，若胜我，我不若胜，若果是也？我果非也邪？我胜若，若不吾胜，我果是也？而果非也邪？其或是也，其或非也邪？其俱是也，其俱非也邪？"（同上）我跟你辩，我辩不过你，你就胜了吗？倒过来，你跟我辩，你辩不过我，你就输了吗？不一定。谁胜谁输并没有定数，需要找第三方来评理。但找来的第三方，很可能会偏向你我中的一方。于是还需要找第四个人来评理，但谁也不能保证这个人的立场没有偏向性。所以，辩论并没有办法辩出是非。

庄子对于认知问题的探讨，达到了很高的境界，受其影响，人们对这个问题的认识也有了许多进步。外篇中濠梁之辩的故事，是一个非常精彩的例子：

> 庄子与惠子游于濠梁之上。庄子曰："鯈鱼出游从容，是鱼之乐也。"惠子曰："子非鱼，安知鱼之乐？"庄子曰："子非我，安知我不知鱼之乐？"惠子曰："我非子，固不知子矣；子固非鱼也，子之不知鱼之乐，全矣！"庄子曰："请循其本。子曰'汝安知鱼乐'云者，既已知吾知之而问我。我知之濠上也。"（《庄子·秋水》）

孤独是哲学家的职业病，作为大哲学家的庄子更是如此，可以与之对话的人很少，只有惠施略有资格。濠梁之辩是庄子与惠施对话中最为精彩的一则。濠是濠水，梁是桥，鯈鱼是小白鱼。庄子和惠施在濠水的桥上看见一条条小白鱼游来游去，庄子说，你看这些鱼多么快乐呀！惠施回答说，你不是鱼，你怎么知道鱼的快乐呢？庄子说，你不是我，你怎么知道我不知道鱼的快乐呢？惠施接着说，我不是你，当然我不知道你；你不是鱼，所以你不知道鱼的快乐呀。妙在庄子最后的回答"请循其本"，让我们回到事物的本根上来。你说，"汝安知鱼乐"，你既然这么说了，就已经意味着我知道鱼的快乐了，我就是在濠梁上知道的呀。"濠梁之辩"不出自内篇，但学理价值很高，历来争议不断。一些学者认为，在这则故事中，庄子和惠施都有所是，惠施是逻辑的胜利者，庄子是美学的胜利者。往深处看，这则故事之所以引人关注，是因为它涉及一个重要的哲学问题。人不是死寂之物，一定会将自己的价值和意义赋予外部事物。这种赋予的思维方式不是逻辑，而是直觉。因为人对外物有直觉，所以人对于外部对象有一种感通能力。他人快乐，我也快乐，他人悲哀，我也悲哀。这种感通能力甚至可以扩展到非同类对象之上。庄子见到鱼儿在游，由直觉而感通，感知到了鱼儿的快乐。惠施的智慧有限，只停留在逻辑的范围之内，无法达到这个境界，所以才提出"子非鱼，安知鱼之乐"的疑问。濠梁之辩的故事，虽然出自外篇，很难确定出自庄子之手，但它确实有极高的学术含量，直到今天仍然为人津津乐道，讨论不断。

庄子阐发道是全，物是偏的道理，意在告诉我们不能站在物的角度，以具体之物包括人作为评判是非的标准，而应站在道的高度，俯视世间的万事万物。站在道的高度，世间的事物没有高低贵贱之分，都是平等的，不能也无法区分是非。这就是前面说的"庄子意义的平等"。如果人们明白了这个道理，也就达到了"通"。"其分也，成也；其成也，毁也。凡物无成与毁，复通为一。唯达者知通为一，为是不用，而寓诸庸。"（《庄子·齐物论》）"通"是庄子很重要的说法。有分别才有万物。万物之成看起来是好事，其实是道的毁灭。没有物之成，也就没有道之毁，一切复归为一。这些只有圣人才能做到。圣人能够做到，是因为圣人不受固有意识的影响，不介意事物的分别，不介意事物的是非。从这个角度就可以理解庄子的名言了："天地与我并生，而万物与我为一。"（同上）天地万物与我并生为一，大家各有自己的价值和意义，应该相互尊重，不应区分高低贵贱，更不应以此之是非判断彼之是非。

在对庄子不谴是非的主张有了基本了解之后，如何评价就成了一个躲避不开的话题。喜欢庄子这一思想的人不少，很多庄子研究者甚至还从存在主义角度论证其合理性。在他们看来，人生活在社会之中，社会中固有的是非标准必然对人有所影响。遵守这种标准，计较这种是非，就会压抑人的自性，沦为社会固有标准的奴隶。要生活得真实有价值，就不能计较这些是非。庄子不谴是非的理论意义正在这里。

我的看法有很大不同。在我看来，要对庄子这一思想有准确的判断，首先需要思考这样一个问题：事物是不是绝对没有是非？答案只能是否定的。这里有一个是非范围的限定问题。世界上的具体事物都存在于时间和空间的点上，如果脱离了这个范围，是非没有意义，但在这个范围内，又有确定的是非。不谴是非的问题，就出在这里：庄子不适当地游离了是非的范围。比如穿衣服，有人喜欢黑的，有人喜欢白的，有人喜欢宽松的，有人喜欢紧身的，有人喜欢庄重的，有人喜欢随性的，这里没有绝对的是非，可以随意选择。但如果是上课，男老师穿个三角裤，光个膀子，女老师穿个比基尼，不仅不庄重，有失老师尊严，而且会影响同学的注意力，不利于保障上课的效果，这又有是非。又如踢足球，每队派11个人上场，除了守门员外，10个人在场上争来争去，努力把球往对方门里踢，这就是是。有人偏偏不这样，在那里当躲球帝、散步帝，甚至把球往自己门里踢，闹乌龙，这就是非。从道的高度俯视世界，强调万物平等，是一个很高的境界，但不能以此否认某物内部之是非。换言之，以万物平等为根据无法证明一物内部没有是非。这是庄子不遣是非思想的一大失误。不理清这个关系，划清这个界限，必然导致理论和实践的诸多荒谬。比如，第二次世界大战时日本侵略我们，我们奋起反抗，不畏牺牲，努力杀敌，就是是。有人投靠日本人，投降卖国，甚至杀害自己的同胞，以此为荣，就是非。此时绝对不能以"天地与我共生，万物与我为一"为依据，强调不遣是非。这个道理同样适用于庄子。庄子一方面提倡不遣是非，另一方面又批评人们不明白这个道理，要求人们从道的角度观察问题，达到"通"的境界，这其实也是一种遣是非，即遣俗之非，达道之是。如果说庄子完全不遣是非，那么他根本没有必要下如此气力，写《庄子》内七篇了。

以庄子之智慧，不可能不明白这个道理，否则就太小瞧这位重要哲学家了。庄子之所以这样做，是有其特殊用意的，这个特殊用意就是养生。为此建议大家特别关注《养生主》。《养生主》篇幅不大，只有三节，开篇在讲述认知的有限性之后，即点出了全篇的主题："为善无近名，为恶无近刑，缘督以为经，可以保身，可以全生，可以养亲，可以尽年。"（《庄子·养生主》）在乱世中，做好事不要去追求名，做恶事不要去触犯刑，能打擦边球就行了。督，指人的督脉，可以宽泛地理解为中心点，与前面讲的"道枢"相近。社会再险恶，守住中心点，人也可以保身，可以全生，从而保全自己的自然生命。由此出发，我们对庖丁解牛的故事就会有全新的理解了。"今臣之刀十九年矣，所解数千牛矣，而刀刃若新发于硎。彼节者有间而刀刃者无厚，以无厚入有间，恢恢乎其于游刃必有余地矣。"（同上）以前学习庄子，往往将这则故事的中心思想理解为熟能生巧。其实这是很大的误解。庄子讲这个故事，根本的用意是讲养生。庖丁的刀用了十九年，解牛数千，仍然锋利无比，像新磨出来的一样。人们觉得很新奇，庖丁却道出了个中的道理：再密的骨都有空隙，游刃于空隙之中，刀就不会受伤。庄子用这个故事告诉人们，社会再乱，只要不介入名利之争，都有生存的余地。这个故事紧接着的一段话清楚道出了庄子的用心："文惠君曰：'善哉，吾闻庖丁之言，得养生焉。'"这里讲得再明白不过了，庖丁解牛这则故事根本的用意不是熟能生巧，认识什么事物规律，而是为了阐明养生的道理。

当然，这并不意味着庄子一点不关心政治问题。《庄子》内七篇最后一篇为《应帝王》。在这一篇里，庄子集中谈了他的治国主张。从一定意义上甚至可以说，庄子写前六篇就是为了最后引出《应帝王》。这里的"应"为动词，意指顺应。"帝王"并不指在位的君王，这与后来的含义不同。庄子之时，"帝王"二字尚未连用，"帝"字常与天相连，而天又与道相关，"王"字则意味人与天地相通。综合起来，"应帝王"可理解为，顺应天帝

(道)之王(刘崧《庄子哲学通义》,北京:团结出版社,2016年,第439页)。《应帝王》开篇不久,楚国狂人接舆就对日中始的治国理念提出批评,认为用那种办法治理天下,就像在大海里凿河,使蚊虫负山一样。圣人之治,"正而后行,确乎能其事者而已矣"(《庄子·应帝王》),强调圣人治国最重要的是先正自己而后感化他人,任人各尽所能,不强人所难。第三节又通过无名人,继续阐发这个道理:"汝游心于淡,合气于漠,顺物自然而无容私焉,而天下治矣。"(《庄子·应帝王》)意思是说,游心于恬淡之境,清净无为,顺着事物自然的本性不用私意,天下就可以治理好了。第四节进一步借老子之口,重申了上述思想。阳子居问何为明王之治,老子讲:

> 明王之治:功盖天下而似不自己,化贷万物而民弗恃;有莫举名,使物自喜;立乎不测,而游于无有者也。(《庄子·应帝王》)

在老子看来,明王治理政事,功绩广被天下却像与自己无关,教化施及万物而民众不觉得有所依恃,虽有功德却不能用名称说出来,使万物各得其所,而自己立于不可测的地位,行所无事。这些内容用语不同,意思无异,都在表达治理天下当因任自然,不要强加人为干预的主旨。这与老子的思路完全吻合,如果这些话是出自老子之口，相信不会有人怀疑。前面讲过，我不赞成"儒门内的庄子"这种说法，提出"出儒入老说"，这也是一个重要原因。在治国问题上，庄子与老子思想更为相契，与儒家思想则相距甚远。

但需要强调的是，尽管庄子这些论述与老子同出一路，但二者又有差异。庄子对于如何治理天下，并没有太强的兴趣，他最关注的是如何在乱世中保持自然的状态，寻求生存的智慧。《应帝王》第一节将有虞氏和泰氏做了比较，认为泰氏高于有虞氏，因为泰氏睡时安闲舒缓，醒时逍遥自适，即使别人把他称为马称为牛，也不在乎，只是关注自己的知见信实，德性真切，"未始入于非人"（同上）。这里"非人"二字用得极巧。在庄子看来，人最可贵之处在于自然，如果做不到自然，就离开人的本性，为外物所累，这就是"非人"。在前引楚国狂人接舆对日中始的治国理念提出批评后，接舆紧接着讲道："且鸟高飞以避矰弋之害，鼷鼠深穴乎神丘之下以避熏凿之患，而曾二虫之无知！"鸟儿尚且知道高飞以躲避罗网弓箭，鼷鼠尚且知道深藏于社坛之下以避开烟熏铲掘，难道人还不如这两种动物吗？由此不难看出，庄子虽然也谈天下治理，也谈君王之治，但其思想的重点不在这里，甚至于此表现出极大的不耐烦，他更为关注的是如何在当时凶险的世道下全性保真。

为了加强论说的力度，我们不妨再回到前面所引《人间世》颜阖与蘧伯玉的对话。颜阖出行前向蘧伯玉请教,蘧伯玉告诫他,要特别小心,稍不小心,就会"为崩为蹶""为妖为孽"。随后蘧伯玉又说:"汝不知夫螳螂乎?怒其臂以当车辙,不知其不胜任也,是其才之美者也。戒之,慎之!"螳螂自以为有力量,用手臂挡车,能挡住吗?对这种举动,一定要谨慎再谨慎,小心再小心。蘧伯玉由此得出这样一个结论:"古之至人,先存诸己而后存诸人。所存于己者未定,何暇至于暴人之所行。"(《庄子·人间世》)古代至人的办法是先让自己存活下来,再讲其他。现在连自己的自然生命都保不住,谈什么制止恶人乱世,这是根本做不到的。最好的办法是不计较世间的是非,保全自己的生命。

人们当然可以为庄子辩解说,养生非一人之养生,保身亦非一己之保身,由一人而兼济众人,由一己而兼济天下。但是,且不说隐者只是一个不大的群体,不可能让天下人都按照隐者的方式生活,即使可以做到这一点,庄子全性保真的生活态度也过于消极了。如果说儒家精神是"知其不可而为之",在乱世中坚守道德理想,积极奋斗的话,庄子则完全是"知其不可而不为",在乱世中不谴是非,全性保真,以维护自然生命为最高目的。这或许是因为庄子所处的社会环境更为恶劣,更为凶险,生存更不容易。将庄子置于当时背景之下,我们完全可以给予最大限度的同情理解。但必须明白,庄子强调不谴是非无论如何离不开养生的目的，不然我们无法解释由《人间世》到《养生主》《德充符》《大宗师》一系之发展。凸显这个背景，理清这个关系，是进入《庄子》思想堂奥的不二法门。虽然在这个过程中，庄子围绕认识问题提出了很多非常有价值的思想，这也成了后人研究庄子取之不尽、用之不竭的金矿，但不谴是非只宜限定在如何观照自然生命这个论域之内，绝对不能成为一个普遍的哲学命题。换言之，庄子关于认识问题的诸多命题虽然很有价值，值得讨论，但其真正目的是劝导人们不去计较乱世中的是非，全性保真。近代以来，不少学者在庄子认识论上下了很大工夫，但忽视了庄子所处的特定历史背景以及全性保真的目的，有将其思想过分拔高的倾向，这是需要警惕的。

三　庄子思想核心之二：无待逍遥

庄子思想的另一个核心是无待逍遥，这是由前一个核心不谴是非发展而来的。套用习惯的哲学表述方式可以这样说：不谴是非是手段，无待逍遥是目的。

无待逍遥的思想同样可以追溯到老子的道。"夫道，有情有信，无为无形；可传而不可受，可得而不可见；自本自根，未有天地，自古以固存；神鬼神帝，生天生地。"(《庄子·大宗师》) 道真实而有信验，没有作为没有形迹，可以心传不可以口授，可以心得不可以目见。自为本根，没有天地之前即已存在，鬼神上帝都要受其影响，更是天地的始源之处。与老子相同，庄子论道特别反对道有一个确定的起点。"有始也者，有未始有始也者，有未始有夫未始有始也者。有有也者，有无也者，有未始有无也者，有未始有夫未始有无也者。俄而有无矣，而未知有无之果孰有孰无也。"（《庄子·齐物论》）世界是不是有一个开始呢？如果有一个开始，是不是有没有那个开始的开始呢？如果有没有开始的那个开始，是不是有没有开始的那个开始的开始呢？一个是"有始"，即有开始，一个是"未始"，即没有开始，但没有开始也是开始。郭象于此有一个说法值得关注："无既无矣，则不能生有；有之未生，又不能为生，然则生生者谁哉？块然而自生耳。"（郭庆藩《庄子集释》，北京：中华书局，2012年，第55页）既然是无，当然就不能生有，因为既然什么都没有，当然就不能成为万物的本源，生出万物。那么，生生者到底是谁呢？郭象说是"块然而自生"，也就是万物自己生自己。郭象后面又说："自己而然，则谓之天然；天然耳，非为也，故以天言之。所以明其自然也，岂苍苍之谓哉？"（同上，第56页）此处"自己而然"相当于前面说的"自生"。因为是"自生"，所以又可以称为"天然"。"天然"这一说法特指没有另外一个独立的力量负责创生，事物完全由自己而生，没有一个苍苍之天在那里指手画脚。

庄子关于道的这些论述完全可以按照老子的思路来理解，但需要注意的是，他论道的重点不在探讨宇宙之本源，而在说明人类社会的发展违逆了自然，出现了很多问题。《养生主》第三节讲述的公文轩见右师的故事，明确表达了这个意思。右师只有一只脚，公文轩见到后非常吃惊，不知是天生的，还是人为的，紧接着就是这段名言："泽雉十步一啄，百步一饮，不蕲畜乎樊中。神虽王，不善也。"(《庄子·养生主》)水里的野鸡走十步才能吃到一口食，行百步才能喝到一口水，生活非常困难，但即使如此，它也不祈求被养在笼子里。关在笼子里养虽然神态旺盛，但一点都不自在。庄子通过这个故事告诉人们，人生最重要的是保持自己原本的状态，哪怕只有一只脚，也不能为社会上的条条框框所束缚。否则就像被关进笼子里的野鸡，虽然不愁吃喝，但已经丧失了本性，一点都不自在。

《应帝王》末尾一则极为短小的故事，讲的也是这个道理，更为精彩："倏与忽谋报浑沌之德，曰：'人皆有七窍以视听食息，此独无有，尝试凿之。'日凿一窍，七日而浑沌死。"(《庄子·应帝王》)南方之帝为倏，北方之帝为忽，中央之帝为浑沌。南方之帝和北方之帝到中央之帝处游玩。中央之帝热情好客，好吃好喝好招待。临走的时候，南方之帝和北方之帝商议，我们来此一趟，这么麻烦人家，该怎么答谢呢？想着想着，有了一个主意。每人都有七窍，唯独中央之帝没有。有七窍才能吃喝享受，中央之帝没有，我们应该帮帮他。于是每天凿一窍，今天凿个眼，明天凿个鼻子，后天凿个嘴。七日七窍成，七日混沌死。庄子确实是讲故事的高手，短短两三行，便道出了世间深刻的道理。社会发展原本处于自然状态，但后来出了很多问题。正如混沌一样，原本没有眼耳鼻，活得很好很自在，但自从日凿一窍，有了眼耳鼻之后，混沌并没有得到所谓的幸福，反而受到了影响，最后连性命都丢了。

庄子这一深刻用心，亦可参考外篇、杂篇。外篇和杂篇因为时间要晚，所以一些表述更为直接简明，其中这两句尤其值得关注：一是"得人之得而不自得其得"（《庄子·骈拇》）；二是"丧己于物，失性于俗"（《庄子·缮性》）。在这两篇的作者看来，当时的社会之所以不可取，乱糟糟，就是因为大家都按照社会上既定的礼义标准去做。这些礼义标准看起来很好，其实只是跟着别人走，是一种世俗的做法。盲目跟着别人讲礼讲义，就是把自己丧失于物中，把自己丧失于俗中。这一思想甚至成了外篇、杂篇的主基调。"礼者，世俗之所为也；真者，所以受于天也，自然不可易也。故圣人法天贵真，不拘于俗。"（《庄子·渔父》）该篇作者认为，儒家特别重视的礼根本靠不住，只是"世俗之为"。与之相比，更为重要的是"真",而"真"是受之于天,自然不可易的。圣人最重要的任务是遵从自己的自然本性,不受社会礼乐规范的拘束。这就叫作"法天贵真,不拘于俗"。

如何从这种状况中解脱出来,是庄子最为关心的问题。庄子提出了一个根本性的办法,这就是"吾丧我":

> 南郭子綦隐机而坐,仰天而嘘,答焉似丧其耦。颜成子游立侍乎前,曰:"何居乎?形固可使如槁木,而心固可使如死灰乎?今之隐机者,非昔之隐机者也。"子綦曰:"偃,不亦善乎,而问之也!今者吾丧我,汝知之乎?"(《庄子·齐物论》)

南郭子綦靠着案几而坐,仰天而叹,一副忘我自得的神态。弟子颜成子游对老师讲,老师的境界何其高,身体犹如枯木一般,心灵犹如死灰一般,此时与往日全然不同了。南郭子綦讲,你的这番问话问得好啊。我能够达到这个境界,就因为做到了"吾丧我"。古代文字中,"吾"和"我"都指自己,但具体含义有所差异。"吾"指自己,"我"则指人际关系之中的自己。换言之,"吾"与"我"的不同,在于范围和对象的不同。如果不相对于他人,仅仅指自己,即称"吾";如果把自己放在社会,放在人际关系中,则称"我"。由此出发,可以把"吾丧我"这一说法的主旨概括为一句话:个体要追求真正的自由，必须摆脱社会对自己的束缚。

为了达到"丧我"的目的，庄子开出了自己的药方，其中有三味药。第一味药是弃名利。在社会发展中，名利有巨大的诱惑，人们纷纷趋之若鹜，追求名，追求利。庄子认为，这些追求没有任何好处，只能造成对人性的拘束。为此，他在《逍遥游》中讲了"尧让天下于许由"的故事。尧看到许由很能干，有本事，要把天子之位让给他。没有想到许由完全看不上，说："名者，实之宾也。吾将为宾乎？鹪鹩巢于深林，不过一枝；偃鼠饮河，不过满腹。归休乎君，予无所用天下为！"（《庄子·逍遥游》）"宾"是宾位的意思。我们追求的名，不过是实的宾位而已。我要做的是我自己，为什么要去求那个宾位呢？鹪鹩到树林歇息，不过止于一枝。偃鼠到河里饮水，不过满腹。我这一辈子不过五六十年、七八十年，要那么多东西干什么？你赶快离我远远的，我要天下做什么？厨师不下厨，主祭的人也不能越位代他烹调呀。

第二味药是绝有用。人们无不追求自己的价值，使自己成为有用的人。庄子的想法不同，他认为，有用是非常危险的。"桂可食，故伐之，漆可用，故割之。人皆知有用之用，而莫知无用之用也。"（《庄子·人间世》）桂树可以食用，所以大家去砍它，漆树可以使用，所以大家去割它。人们都知道有用的那个用，却不知道无用的那个用。庄子告诫人们，无用之用才是最可贵的。有一次，庄子到外地去，在路边看到一棵大树，树冠茂密，几千辆的车都可以在它下面庇荫。走近细看原委，才知道树干七扭八歪，既不能做梁又不能做栋；树叶有毒，沾在身上就长疙瘩，吃了就生病。因为无用，没人搭理，所以得享天年。这种情况在现实生活中常有所见。北方开春后不久，香椿树发了芽，人们就把它采下来，作为一种食材，炒鸡蛋，摊薄饼。香椿因为有香气，有用，所以被人采，不能得享天年。还有一种树叫臭椿，外形与香椿树差不多，只是叶子没有香气，所以没人采，可以得享天年。为了说明这个道理，《人间世》还讲过一个支离疏的故事。支离疏是个怪人，形体有残疾，头在肩里边，腿在胳肢窝这个地方，五脏六腑露在外面。正因为有残疾，没有用，派劳役派不到他，抓壮丁抓不到他。每到青黄不接官家施粥的时候，他排在头一个，还得给他。这就叫无用之用。

但人也不能太没用，否则也危险。庄子出游，住在山上友人家里。友人看到庄子来了非常高兴，让下人把雁杀了招待客人。下人回话说，家有两只雁，一只能叫，一只不能叫，杀哪个？主人说，杀那个不会叫的。雁就是鹅，鹅会叫，可以看家。如果不会叫，不能看家，所以被杀了。那么到底应该是有用还是无用呢？弟子询问老师，庄子笑曰："周将处乎材与不材之间。"（《庄子·山木》）意思是说，我庄周既不能太有用，又不能太无用，最好的办法是既有材,又无材,既有用,又无用,在两者之间。

第三味药是外死生。生命是人生最宝贵的东西,人们无不求生怕死。在庄子看来,这其实也是一待,大可不必。老子死了,秦失前去吊丧,号了三声就出来了。弟子不理解,认为既然是朋友,怎么能这样做呢?秦失解释道,原先我以为他是至人,现在才知道他根本配不上。我进去吊丧的时候,看见有老年人哭他,像哭自己的儿子,有年轻人哭他,像哭自己的母亲。人们这样做,一定是出于情感而不得已。但这是违背自然之理的,正是古人批评的"遁天之刑"。"适来,夫子时也;适去,夫子顺也。安时而处顺,哀乐不能入也,古者谓是帝之悬解。"(《庄子·养生主》)该来的时候,夫子应时而生,该走的时候,夫子顺理而死。安心适时顺应变化,哀乐的情绪不能侵扰,这就是古人讲的解除倒悬啊。

庄子外死生的思想在《外篇》中更演化成了"鼓盆而歌"的故事。庄子的妻子死了,惠施前去看望,发现庄子不仅没有悲痛之意,反而在那里鼓盆而歌。庄子对惠施解释说,开始的时候,我何尝不痛苦呢,后来我想明白了,所以才不痛苦的。"察其始,而本无生;非徒无生也,而本无形,非徒无形也,而本无气。杂乎芒芴之间,变而有气,气变而有形,形变而有生。今又变而之死,是相与为春秋冬夏四时行也。"(《庄子·至乐》)人开始的时候并没有生,不仅没有生,连形也没有,不仅没有形,连气也没有。后来慢慢有了气,有了形,有了生,现在又归为了死,这正是与春秋冬夏四时相一致,与天地万物为一体。因为我了解了这个道理,所以才不表现痛苦的样子,鼓盆而歌,正是欢庆人类自然变化的奥妙无穷呀。

庄子这一思想和西方文化有很大差异。西方受基督教的影响,十分重视死亡问题。在基督教系统中,人必然死亡,面对死亡,需要思考人生的意义。所以,死亡是西方文化中一个重要话题。海德格尔写《存在与时间》讲"向死而生",筹划人生,就是基于这个背景。海德格尔后,死亡哲学一度十分兴盛,道理也在这里。但中国人没这个观念,并不这样想问题。不管是道家,还是儒家,都认为死亡是自然的事情,没有必要如此关注。与死亡相比,中国文化更加重视生。如果将西方文化精神概括为"向死而生"的话,中国文化精神则可以说是"向生而生"。面对生命,中国人始终有一种乐观豁达的态度,道家如此,儒家亦然。不少人不明白这个道理,看到西方人写死亡,讲死亡,也跟着大讲"向死而生",反倒失了我们自己的所长,成了21世纪的"东施效颦"。

服这三味药只是问题的一个方面,关键还是要下内功,从思想上解决问题。为此庄子又提出了心斋和坐忘的要求。首先是心斋。一次，孔子教育颜回要心斋。颜回说，我们家穷，好久没饭吃了。孔子说那是食斋，不是心斋。颜回问，那什么是心斋呢？孔子说："若一志，无听以之耳而听之以心，无听之以心而听之以气。听止于耳，心止于符。气也者，虚而待物者也。唯道集虚。虚者，心斋也。"（《庄子·人间世》）专心致志，不要用耳朵听，要用心听，不要用心听，要用气听。耳止于各种声音，心止于各种符号。气就不同了，气是虚，虚可以待物，以虚待物，就可以达到大道了。心斋就是虚。从理论上分析，所谓心斋，就是站在道的高度，把之前以物观物的态度统统扔掉，不再计较是非，不再争名求利。

再就是坐忘。坐忘之事出自《庄子·大宗师》，还是孔子和颜回的故事，但主角变了，不是孔子教育颜回，而是颜回教育孔子。一次颜回跟孔子说，我进步了。孔子问，你进步到哪了？颜回说，我把仁义忘掉了。孔子说好啊，不要骄傲，要再努力，再进步。过了两天，颜回说，我又进步了。孔子问，这次进步到哪了？颜回说，我把礼乐也忘掉了。孔子说好啊，不要骄傲，要再努力，再进步。过了一段时间，颜回又说，我又进步了。孔子问，这次进步到哪里了？颜回说，我坐忘了。"仲尼蹴然曰：何谓坐忘？颜回曰：堕肢体，黜聪明，离形去知，同于大通，此谓坐忘。"孔子不明白，赶紧问什么叫"坐忘"。颜回告诉孔子，把自己的肢体去掉，把自己的聪明去掉,把自己的形体去掉,把自己的智巧去掉,同于大通,这就叫坐忘。仲尼听后感叹说:"同则无好也,化则无常也。而果其贤乎!丘也请从而后也。"(《庄子·大宗师》)和万物一体就没有偏私了,参与万物变化就没有偏执了。颜回你真是贤呀,让我孔丘跟随你,做你的学生吧。在这个故事中,庄子通过讽刺的方式,讲明了坐忘的道理。同心斋一样,坐忘也是把之前以物观物的思想方式去掉,习惯于以道观物。如果能够做到这一步,就不会再为世间的是非而纠结苦恼了。

外服弃名利、绝有用、外死生三味药,内练心斋、坐忘两门功,就可以不计较世间之是非,达到无待逍遥的目的了。为了表达这一主张,庄子刻画了一个理想的形象,这就是展翅高飞的鲲鹏:

> 北冥有鱼,其名为鲲。鲲之大,不知其几千里也。化而为鸟,其名为鹏。鹏之背,不知其几千里也。怒而飞,其翼若垂天之云。(《庄子·逍遥游》)

北冥有条鱼,名字叫鲲,不知有几千里大。忽而变成了鸟,名字叫鹏。鹏翅膀张开来,不知有几千里之大。发怒而飞,翅膀像云彩一般,将整个天际都遮挡住了。与此不同,麻雀"适莽苍者,三餐而反,腹犹果然;适百里者,宿舂粮;适千里者,三月聚粮",一副无大追求、自满自得的样子。对于庄子写这个故事的用意，历来有不同的诠释。有人认为这是赞赏鲲鹏，贬低麻雀，这叫"扬大抑小"。有人则认为这是主张鲲鹏有鲲鹏的自由，麻雀有麻雀的自由，这叫"大小都扬"。还有人认为这是批评鲲鹏不自由，麻雀也不自由，这叫"大小都抑"。如果将这则故事置于《庄子》内七篇整体结构之中，结合其"天地与我并生，万物与我为一"的思想主脉分析，第二种理解即"大小都扬"似乎更为合理。因为庄子写《齐物论》的基本精神，就是提出"因是"之说，充分尊重各个具体物的价值和意义。但如果结合下文，我们又不能不看到，第一种理解即"扬大抑小"可能更有道理。因为庄子将鲲鹏和麻雀对着讲，明显有用鲲鹏的形象教育人们的意图，告诉人们要像鲲鹏那样展翅高飞，不要像麻雀那样，只能在树杈上蹦来蹦去，境界很低。要生活得有意义，必须学习鲲鹏，不受社会条条框框的拘束。

在讲述鲲鹏展翅的故事后，庄子直接将视野转向人间，描绘了社会生活的四种不同境界。首先是功名境界。"知效一官，行比一乡，德合一君，而征一国者，其自视也亦若此矣。"（同上）一个人，有本事，有能耐，可以把一个小的地方管理好，得到君王的欢心，人家都夸奖他是好官，好领导，都感谢他。这叫功名境界。在庄子看来，这个境界很低，"其自视也亦若此矣"，跟上面讲的那些麻雀差不多。麻雀自己感觉好得不得了，但在鲲鹏眼中根本不值一提。功名境界其实就是世俗境界。

其次是超凡境界。"宋荣子犹然笑之。且举世而誉之而不加劝,举世而非之而不加沮,定乎内外之分,辩乎荣辱之境,斯已矣。"(同上)宋荣子即宋钘,主张寡欲、禁兵,是当时的名人。宋荣子的境界高了不少,整个社会都夸奖他,他也不飘飘然,整个社会都批评他,他也不表现出不高兴的样子。最重要的是把内外分清楚,哪个是自己要的,哪个不是自己要的,这就足够了。这叫超凡境界。

再就是御风境界。"夫列子御风而行,泠然善也,旬有五日而后反。彼于致福者,未数数然也。此虽免乎行,犹有所待者也。"(同上)列子是传说中的人物,可以御风而行,半个月才回来。列子根本不关心上面说的那些俗事,"未数数然也",没有汲汲而求。这叫御风境界。列子的境界已经很高了,但庄子说还不行,因为列子仍然有待,待风,没有风,列子也无法前行。

最后是无待境界。"若夫乘天地之正,而御六气之辩,以游无穷者,彼且恶乎待哉!故曰:至人无己,神人无功,圣人无名。"(同上)人生最高的境界当是乘天地之正,御六气之辩,游于无穷者。如果做到了这些,"恶乎待哉",没有了任何的待,即做到了无待。此段最后三句话,"至人无己,神人无功,圣人无名",对上述思想做了精辟概括。至人没有自己,神人不讲功利,圣人不计名誉。至人、神人、圣人是人生最高层面的代表，分别为"无己""无功""无名"，这三个"无"，统而言之，就是无待。庄子讲"鲲鹏展翅"的故事，根本目的就是要表达这种无待的境界。

庄子无待逍遥的思想为我们打开了一个独特的窗口，能够站在道的高度观察世界，从而对世界有了一个全新的认识。虽然透过这个新的窗口只是改变观察问题的角度，不能从根本上改变世界，但可以巧妙地化解矛盾，成为心理调节的一剂良药。冯友兰的评论很精当，常为人们引用。他说："在历史中的任何时代，总有不得志的人，在一个人的一生之中，总要遇到些不如意的事，这些都是问题。庄周哲学并不能使不得志的人成为得志，也不能使不如意的事成为如意。它不能解决问题，但它能使人有一种精神境界。对于有这种精神境界的人，这些问题就不成问题了，它不能解决问题，但能取消问题，人生之中总有些问题是不可能解决而只能取消的。这种精神境界，用庄周的话说，可以概括为十六个字：游于逍遥；论以齐物。超乎象外；得其环中。"（冯友兰《中国哲学史新编》上卷，北京：人民出版社，2003年，第436页）

我自己也常常从庄子思想中受益。改革开放后，1977年恢复高考，很多知青有了机会重新进入大学，这批人中后来不少都做出了成绩。我把这种情况称为

"七七、七八现象"。我自己也属于这拨人,但情况又有不同。1978年部队院校也恢复了招生。我是空军政治学院恢复招生后的第一批学员。不过,那时的学习属于短训性质,没有文凭,毕业后只能一边工作,一边从26个英文字母学起,准备跨过本科,直接参加研究生考试。经过较长时间的准备,终于在1986年成功进入复旦大学读硕士,后又直升博士。1992年博士毕业后按理是可以留在复旦大学的,但部队不放,没办法,只好回原单位。因为专业不对口,施展不开,有一段时间比较郁闷。我有个习惯,遇到不开心的事就去散步。那天我去的是共青森林公园。因为之前接连下雨,路边枯死的树木上长了不少蘑菇,有的竟有茶杯口般大小,随风摇曳,娇艳欲滴,吹弹可破,可爱得不得了。但等我转了一大圈,快到中午再次看到它们的时候,发现它们禁不住太阳照射,已经枯萎了。这种场景对我有很大触动。蘑菇远比人的生命短得多,"不知晦朔",但它同样有自己的精彩。只要不放弃,野百合也有春天。再说了,老子早就讲过"祸兮福之所倚,福兮祸之所伏"。一件事是好是坏,谁也说不清,谁能保证一件看似不好的事其实是一件好事呢?就算它确实不是好事,谁又能保证它在将来不能变为好事呢?再退一步,就算它变不成好事,一坏坏到底了,老天爷又不是咱家二叔,为什么自己就不能遇到点不顺心的事?"天刑之,安可解"(《庄子·德充符》),

庄子如此说，或许也包含这个意思吧。站得高了，角度换了，事情就想开了，心情也就好多了。历史上读书人失意的时候喜欢读《庄子》，中国人生活态度豁达，不爱钻牛角尖，这是一个重要原因。

但是，对于无待逍遥这一思想的内在缺陷，必须有所警觉。这也是我与时下庄子研究的一个不同。时下庄子研究对于无待逍遥的思想从正面肯定的较多，从反面批评的较少。我不否认无待逍遥有正面的价值，但更重视这一思想的内在矛盾。这里的关键是如何看待道德规范和人性的关系。应当看到，庄子并不完全否认待。《庄子·人间世》借孔子之口讲了世间两个足以为戒的大法，一个是命，一个是义。"子之爱亲，命也，不可解于心；臣之事君，义也，无适而非君也，无所逃于天地之间。是之谓大戒。"（《庄子·人间世》）子女爱父母，这是天性，无法解释。臣子事奉君主，亦是不得不然，无论哪个国家都是如此，免不了。但这些明显不是庄子思想的重点。破除道德规范的束缚，追求无待逍遥的理想，才是庄子最关心的。

庄子无待逍遥的主张涉及两个彼此紧密相关的问题。首先，道德规范是不是完全不符合人性？孔子仁的学说，孟子的性善论，很好地解决了这个问题。根据前面的解读，人之所以要成德成善，是因为内心有道德的根据，这个道德的根据是建立在"生长倾向"基础之上的，社会的道德规范总的来看即由此而来。从这个意义上说，道德即源于自然，道德即是自然。虽然不排除这些规范后来也会出问题，走向异化，出现违背自然的情况，但绝对不能得出道德完全不合乎人性的结论。庄子过分突出了道德规范对人性的压抑，没有强调道德规范有自然的基础，论述并不全面。

其次，如何合理地突破旧有的规范？道德规范在一定情况下也会走向反面，出现问题。但是，如何突破既有的规范，是一个非常复杂的问题，不是随便讲一句无待逍遥就可以万事大吉的。无待逍遥这一命题由无待和逍遥两个要素组成。如上所说，逍遥可以在最广泛的意义上理解为自由，当然是"庄子意义的自由"。无待则是不需要依靠任何的条件。二者合起来，我们有理由将无待逍遥理解为不需要任何条件的自由。如果这种理解没有原则性错误的话，庄子这个命题的内在瑕疵就看得比较清楚了。人的生活离不开特定的社会背景，这就决定了人只能生活在有待之中，只能在有待中追求无待，在不自由中追求自由，绝对的无待，绝对的自由只是一个不切实际的幻想。如果处理不好这个关系，一味讲无待逍遥，一定会引出不好的社会效果。庄子无待逍遥思想隐含着很深的内在矛盾。

随着近代以来西方存在主义的加入，这种情况变得更为严峻。尼采有一段话不长，但非常有代表性："无论我到哪儿,我的狗总跟着我到处走,它的名字叫'我'。"(《尼采遗稿选》,上海:上海译文出版社,2011年,第68页)尼采这样讲旨在揭露和批评社会对个人的压抑。以此为基础,尼采大批奴隶道德,强调人要活得有意义,必须突破这些束缚,回归主人道德,努力做一个超人。海德格尔、萨特更是鼓励人们不应满足于"共在"的状态,而应勇于破除"常人"的藩篱,大胆选择,成为自己希望成为的那种人。受此影响,重估一切价值,冲破一切网罗,追求个性自由,回归真实的我,成了时下最吸引人的说法。当今之世,如果要选一个最时髦的口号,那一定是"回归真我"。其他一些说法,如"做回自己""为自己而活""活给自己看""放飞自我""追求本真的存在",都是这一时髦说法的衍生品。

于是,庄子成了存在主义在中国的天然盟友。老一代学者早已注意到了庄子与存有主义的内在关联,将庄子与存在主义联系在一起,双向比较,几乎成了庄子研究的固定模式(刘笑敢《庄子哲学及其演变》,北京:中国社会科学出版社,1987年,第318页)。20世纪八九十年代,大学校园有一个奇特的景象,不管是本科生还是研究生,枕边一般都放着两本书:一本是关于尼采的,另一本就是《庄子》。庄子影响之巨,由此可知一二。这种情况在今天不仅没有减弱,反而有加强的趋势。我做过调查,大学生中最喜欢的中国哲学家,庄子一直排在前列,甚至超过孔子,更不要说孟子和荀子了。一个存在主义,一个庄子,在这两种思潮的夹击下,出现了一些非常极端的现象。有一首歌叫《异类》,非常鲜明地表达了这种倾向,这样唱道:

> 这放纵的感觉,
> 超越一切,不再胆怯,
> 不需要你们的理解。
> ……
> 我不在意流言蜚语,
> 也不屑人们的非议,
> 规则全都被我废弃。

每个人都去破除规则,都不需要别人理解,其结果必然导致社会秩序的失效。道德生活中出现的问题必须解决,但绝不能认为任何规则都可以不要,都可以破除;即使有些必须破除,也不是人人可以随意做的。现在不是这样,人人都不满意"共在",不满意"常人",要求活出"真我",争取成为"超人"。但"超人"不是人人轻易做得了的,"共在""常人"也并非如人们想象的那么不堪。当前社会中出现的诸多问题,往往不是因为没有去做"超人",没有去追求"本真的存在",而是连最基本的"常人"都没有做好。在立志做"超人",立志追求"本真的存在"

之前，首先要把"常人"做好。做好"常人"是做人的基本功。"常人"做不好，就去做"超人"，就去追求"本真的存在"社会一定会出严重的问题。当今社会以怪诞为前卫，以猥琐为崇高，以屎尿为创新，以性欲为时尚，光怪陆离、俗不可耐，存在主义难辞其咎。

正是出于对这种社会现象的警觉和担忧，尽管我也研读《庄子》，赞赏他的文章漂亮，堪称一绝，承认他极端聪明，极富幽默感，但并不喜欢这位才华横溢的哲学家，一直不取他的立场，近年来更是不畏争议，提出了"拒萨（特）庄（子）"的说法，以此作为自己的历史使命。基于这种理解，我对其思想的讲述与时下庄子研究多有不同，甚至愿意提醒年轻人读《庄子》，尤其是时下一些介绍《庄子》的通俗作品，要多一份小心。这些作者中有的哲学训练严重不足。按照他们的解读，你不需要得到人们的认可，那只是"共在"；你不必渴望取得事业的成功，那是他人对你的强制；你不应追求人格的优秀，那是社会强加给你的束缚。百无一用的"散人"才是你最好的选择。于是，庄子成了通向"佛性人生"的踏板，"佛性人生"成了庄子的彼岸。过去有句老话叫"少不读《水浒》，老不读《三国》"。年轻时读《水浒》容易生好斗之心，年老时读《三国》容易变得过于世故。我想把这句话改一改，叫作"少不读《庄子》，老不读《三国》"。年轻时不容易读懂《庄子》，被其不谴是非、无待逍遥的说辞迷惑，陷溺于消极的人生态度之中。庄子的视角确实可以在一段时间为心灵营造一个栖息之地，在旅途坎坷、身心困顿时，歇上一歇。但歇得太久，心也会老的，神也会厌的。待歇上一阵儿之后还是应该打起精神，手掌明灯，勇往直前，追求积极有为的道德人生，那才是正途，那才是希望。历史上除道教将庄子作为尊奉的对象外，很少有人将其视为至者，道理也在这里。我的这个看法可能不为一些庄子研究者认可，招致非议，但我不怕冒这个风险，愿意把它亮出来，与大家共同讨论。

第七章　荀子对孔子礼的思想的发展

荀子，名况，字卿。生卒年尚无定论，观点很多，大多采纳公元前313年到公元前230年之说。不管取哪种说法，学者普遍认为，荀子是长寿之人。50岁之前主要生活在赵国，即今天河北邯郸一带。赵国在古代属于三晋之一，而三晋是法家的大本营，这对其思想当有重要影响。后游学于稷下学宫，"三为祭酒""最为老师"（《史记·孟子荀卿列传》）。"祭酒"大致相当于今天的教务长。荀子"三为祭酒"，可见在当时地位很高。《荀子》共32篇，除少数篇章有争议外，绝大部分比较可靠。

读《荀子》和读《孟子》的感受不同，《孟子》是好读不好懂，《荀子》是既好读又好懂。《孟子》有一部分是自己写的，但大部分和《论语》一样，还保持对话体的形式。字数不多，不认识的字查一查，大致的道理就可以明白了，但要真正把握背后隐含的哲学道理，并不容易，甚至可以说是千难万难，极见个人功力。这叫好读不好懂。《荀子》不大一样。荀子的书是自己写的，内在的逻辑关系比较紧密，思想也比较清楚。一个词怎样界定，这个词可能引出什么后果，都有清楚的交代。这叫好读又好懂。当然这只是相对而言，如果没有一定的基础，准确把握《荀子》也不是一件容易的事，争议之点颇多。《庄子》又有不同，是既不好读，又不好懂。这在讲庄子时已经讲过了，不再重复。

荀子的弟子对其师非常尊敬，甚至有言："观其善行，孔子弗过，世不详察……呜呼！贤哉！宜为帝王。"（《荀子·尧问》）在他们眼中，荀子的善行适宜做帝王，孔子恐怕亦有所不及。但荀子的地位在历史上有两个非常吊诡的地方。首先，先秦时期地位很高，汉代传经的地位，甚至超过孟子。但宋代之后，由于孟子有一个升格运动，由子入了经，地位越来越高，而荀子的地位则越来越低，以至于宋明儒家很少有喜欢荀子的，认为荀子的书如同糙米饭，没有嚼头，没有香味。其次，荀子是先秦三大儒之一，史称孔、孟、荀。但先秦最重要的法家代表人物韩非和李斯，都出自荀子之门。儒家的老师却带出了法家的学生，其间的道理不可不察。

一　性恶论的内在理路及其理论贡献

荀子最有代表性的思想莫于性恶论。如同要了解孟子不能不知道性善论一样，要了解荀子同样不能不知道性恶论。理论发展常有这种情景：一个人提出一种理论，后人觉得不好，便提出了一套与其不同的说法。孟子和荀子的关系就是这样。孟子提出了性善论，荀子不大满意，于是就提出了一套完全相反的观点，这就是性恶论。从理论发展脉络上看，性恶论是作为性善论的对立面出现的。

《性恶》是《荀子》中的重要一篇，其中有这样的说法："孟子曰：'人之学者，其性善。'"但今天的《孟子》文本中没有这句话。类似的情况还不止这一处。于是学者猜测，荀子未必看过《孟子》结集后的文本，只是在稷下学宫听过孟子的一些言论。荀子接着反驳说："是不然。是不及知人之性，而不察乎人之性伪之分者也。"意思是说，孟子这样讲是不对的，他不了解人的性，不明白性和伪的不同。由此可知，荀子不同意孟子的性善论，关键是认为，孟子没有将性和伪区分开来。因此，我们要了解性恶论，首先要区分性和伪，此外再加一个恶，于是性、恶、伪就成了理解荀子思想必须首先清楚把握的三个基本概念。

概念之一：性。荀子对性有清楚的界定："生之所以然者谓之性。性之和所生，精合感应，不事而自然谓之性。"（《荀子·正名》）生下来就有的那个资质，以及那个资质与物相接的结果，就叫作"性"。汉代董仲舒讲的"生之自然之资谓之性"（《春秋繁露·深察名号》，《春秋繁露义证》卷十，北京：中华书局，1992年，第291页），可以视为这一界定的具体说明。因为性是生而具有的，所以不需要学习。"不可学，不可事，而在人者，谓之性。"（《荀子·性恶》）从这两段材料可以看出，荀子对于性的界定相当明晰，没有含混不清之处，充分体现其思想的特点。

这个"生之所以然"并非泛泛而说，特指身体的物质欲望。身体有各种器官，这些器官都有各自的欲望。"若夫目好色，耳好声，口好味，心好利，骨体肤理好愉佚，是皆生于人之情性者也。"（《荀子·性恶》）人生下来，眼睛喜欢漂亮的事物，这叫"目好色"。耳朵喜欢美妙的音乐，这叫"耳好声"。舌头喜欢美好的味道，这叫"口好味"。头脑喜欢盈利赚钱，这叫"心好利"。身体喜欢安逸舒适，这叫"骨体肤理好愉佚"。这些都是生下来就有的，所以是"生之所以然"，是"不可学，不可事，而在人者"。

概念之二：恶。与性相比，恶的概念要稍微复杂一些，需要转个弯。"今人之性，生而有好利焉，顺是，故争夺生而辞让亡焉……生而有耳目之欲，有好声色焉，顺是，故淫乱生而礼义文理亡焉。"（同上）人生下来有各种物质欲望，这些欲望没有止境，社会的物质财富又十分有限，顺着这些欲望发展，一定会产生争夺。在大沙漠中只有半杯水，我得到我活，你得到你活，结果必然是谁力量大，谁的拳头硬，谁能够生存，最后只能是争夺不止，天下不宁。

要准确理解恶的概念，需要注意两个问题。首先，荀子不以物质欲望本身为恶。荀子清楚看到人天生就有物质欲望，但从未说这种欲望本身不好，要不得。先秦儒家，不管孔子、孟子还是荀子，对物质欲望均持肯定态度，都不是禁欲主义者。儒学发展到后来，渐渐滋生了"去欲主义"（即使如此，也只是"去欲"，而非"禁欲"）的倾向，但那是宋明以后的事，不能代表先秦。这与基督教将物欲视为罪，佛教将物欲视为苦的立场，完全不同。其次，荀子只以物质欲望无限度发展的结果为恶。任由物质欲望发展，必然争夺不止，天下大乱。强调任由物质欲望发展的结果不好，这是荀子建构性恶论的初衷。近年来，有学者提出，荀子真正主张的不是性恶论，而是性朴论，找出了不少证据。对这些学者的做法，我持保留态度，因为这样做没有太强的实质意义。长期以来，在荀子研究中，人们普遍认识到荀子讲性恶意在指明物质欲望发展会导致不好的结果，从而以这个不好的结果为恶，很少有人主张荀子提出性恶论是强调人天生就有一个恶性。与其将荀子重新界定为性朴论，不如老老实实承认其性恶的说法，只是特别强调，这个恶特指任由物质欲望发展的不好结果，而不是说人天生有物质欲望，这些物质欲望本身就是恶的。在我看来，这样理解荀子，可能更为可靠。

概念之三：伪。伪的概念在性恶论系统中占据核心地位。"心虑而能为之动谓之伪。虑积焉、能习焉而后成谓之伪。"（《荀子·正名》）伪是"心虑"的结果，换言之，人有思虑的能力，这一能力积习下来的那个东西就是伪。荀子突出伪的重要，意在说明人的善是后来养成的，并非源于天生。"今人无师法，则偏险而不正，无礼义则悖乱而不治。古者圣王以人之性恶，以为偏险而不正，悖乱而不治，是以为之起礼义，制法度，以矫饰人之情性而正之。"（同上）如果大家听任自己物质欲望的要求，没有礼法加以限制，其结果一定是乱哄哄的。圣人不忍心看到这种局面，制定礼义和法度，以矫饰人的情性使其归于正。这种由不正到正的结果，在荀子即称为"伪"。简言之，伪是受到圣人制定的礼仪法度矫饰后的人性，由不正而归为正的结果。荀子有一句名言，将这层意思表达得十分清楚："人之性恶，其善者伪也。"（同上）近些年来新出土的材料中发现了一个新字，上面一个为，下面一个心。一些学者认为，荀子讲的伪，原本应该是这个字，代表心的活动，是心努力的结果。可能是后来抄书不注意，把这个字抄错了，改成了现在单人旁的伪。虽然这个材料现在还是一个孤证，需要新的证明，但有助于理解荀子"其善者伪"的真正含义。

我经历的一件事告诉我，在社会层面，对于荀子的伪字需要多加小心。有一次,我和一个上初中的女孩子聊天,聊着聊着发现她的思想比较灰暗。比如她说,凡是和她竞争的人都没有好下场。我很难想象这句话出自一个初中生之口,便试着开导她,跟她说,我是当老师的,知道有的学生再努力,都超不过班里第一名,就算当了班里第一名,也当不了年级第一名,遇到这种情况,你怎么办呢?没想到这个小姑娘做了一个用刀捅人的动作,意思是杀了他。这让我十分吃惊,心想是什么原因让她有这种想法呢?聊着聊着,我找到了原因,并得出了两个结论。第一,小孩子不要多看历史宫廷剧。儿童教育最主要的是培养爱心,多看质量好的动画片,不能毫无节制地看历史宫廷剧。历史宫廷剧,特别是后宫戏,讲的都是生杀掠夺与勾心斗角。小孩子看了这些后,无形中会认为社会就是这个样子,做人就是要狠,否则就会受欺负。朱熹讲过:"读书须是以经为本,而后读史。"(《朱子语类》卷一二二,北京:中华书局,1994年,2590页)经是教育人们成德成善的,史则是残酷无情的。小孩子在不知事理的时候,看太多历史宫廷剧,很容易出问题。第二,老师必须尽心尽责,否则误人子弟,后患无穷。我问小姑娘,她为什么有这样的想法。她说,她的老师讲过,人性都是恶的,完全靠不住,善都是装出来骗人的,还说先秦大思想家荀子就是这样讲的,原话是"人之性恶,其善者伪也"。听她这样一说,我实在无语。荀子的确有"人之性恶，其善者伪也"的说法，但这个伪绝不是虚伪的意思，而是指人为，意即通过人为努力，可以达成善。老师一句不经意的话，对学生的心灵造成了难以挽回的伤害。

由此可知，伪与性直接相对，特指经过后天努力而成就的道德品性。这个思想用荀子的原话表达即为："虑积焉，能习焉，而后成谓之伪。"(《荀子·正名》)思虑不断地积累，能力不断地操练，最后得到的结果，就叫作"伪"。荀子讲伪，特别强调伪和性的不同。"今人饥，见长者而不敢先食者，将有所让也；劳而不敢求息者，将有所代也……故顺情性则不辞让矣。辞让则悖于情性矣。"(《荀子·性恶》)我饿着肚子走了两天，只剩下半个馒头，珍贵得不得了，我想吃，老父亲老母亲也想吃，这时我就不敢先吃，而让他们先吃。我也很劳累，老父亲老母亲也很劳累，这时我就不敢先歇，而要为他们分担一部分负担。如果仅就情性而言，谈不上什么辞让。但现实生活中确实有辞让，这种辞让是与原有的情性相反的。这里的情性，即是性，这里的辞让，即是伪。

荀子做出性伪之分，主要是为了反驳孟子。在他看来，孟子性善论的一大失误，是没有把性和伪分开。荀子不反对人有善的部分，但认为这种善不是天生的，是后天教化出来的。"可以为尧禹，可以为桀跖……在势注错习俗之所积耳。"(《荀子·荣辱》)人生下来没有什么善性，后来有人成了尧禹那样的圣人，有的成了桀跖那样的恶人，完全在于社会生活影响和教育的不同，即"在势注错习俗之所积耳"。"势"字有不同的解释，有的说只代表音节，没有实际意义，有的说是后来衍生出来的。"注错习俗"的解释比较统一，用今天的话说，就是社会环境。好的社会环境不断积累，人就可以成为好人，否则就会沦为桀跖那样的恶人。荀子将这个道理进一步概括为"无性则伪之无所加，无伪则性不能自美"（《荀子·礼论》）。如果没有天生的情性，伪就没有一个附着的基础；如果没有伪，光靠天生的情性，自己不可能成为善。这句话虽然短小，但精确地表达了性和伪的关系。

总之，荀子性恶论的起点是性，性自然发展必然导致天下大乱，这个结果不好，故为恶，但通过人为的努力，可以成就伪，达成善。这便是性恶论的内在理路。通过这种努力，荀子性恶论的大厦就基本建构起来了。

在儒学发展史上，荀子性恶论有两个重要的理论贡献。首先，对孔子礼的思想有进一步的推进。前面讲过，礼是孔子思想的重要组成部分，但在孔子那里，礼只是周公制定的治理国家的大根大法，并没有从理论上深入分析礼的起源。荀子在这方面有重要的发展：

> 礼起于何也？曰：人生而有欲，欲而不得，则不能无求。求而无度量分界，则不能不争；争则乱，乱

则穷。先王恶其乱也，故制礼义以分之，以养人之欲，给人之求……是礼之所起也。（同上）

人生下来就有物质欲望，就要追求物质欲望。追求没有规则，就会产生争夺。争夺下来，天下大乱，穷困不堪。先王不愿意看到这种乱象，于是制定礼义，"养人之欲，给人之求"，保障人们物质欲望的满足。这样就产生了礼。荀子又说："规矩者，方圆之至；礼者，人道之极也。然而不法礼，不足礼，谓之无方之民；法礼，足礼，谓之有方之士。"（同上）没有规，就没有圆，没有矩，就没有方。人也一样，没有礼，即为无方之民。有了礼，才为有方之士。

在这个过程中，荀子提出了一个价值度很高的概念，这就是"群"。"人不能兼官，离群不相待则穷，群而无分则争，穷者患也，争者祸也，救患除祸，则莫若明分使群矣。"（《荀子·富国》）一个人的能力有限，不可能什么都会。比如，学习是学生的所长，但不能同时又当官，又会经商。这叫"不能兼官"。因为不能什么都会，要生存必须依靠周围的人，这叫"离群不相待则穷"。人与周围的人共同生活，就组成了群，组成了今天所说的社会。既然是群，就要处理好内部的关系，这种处理群内部关系的工作，就叫"分"。缺少这一步工作，群一定乱套，争夺不止，这叫"群无分则争"。因此，治理国家，救患除祸,最重要的是"明分使群",让社会中的每一个人各归其位:君王做好君王的事,臣子做好臣子的事,百姓做好百姓的事。

类似的论述在《荀子》中比比皆是。"力不若牛,走不若马,而牛马为用,何也?曰:人能群,彼不能群也。人何以能群?曰:分。"(《荀子·王制》)人的力量赶不上牛,走路赶不上马,但牛马还是为人所用。道理就在于人能群,牛马不能群。当然,从日常观点看,牛马也是群居的,也有群。但它们的群与人之群有很大的不同。人之群在于人有理性,动物之群在于动物之本能。有了理性,人就可以做到"分"。荀子进而指出:"故人生不能无群,群而无分则争,争则乱,乱则离,离则弱,弱则不能胜物。"(同上)这就把意思表达得更加清楚了:人不能没有群,没有群,乱哄哄的跟禽兽差不多,怎么能够让牛马为用呢?

为了保证礼的落实,荀子特别重视律法的作用。"听政之大分,以善至者待之以礼,以不善至者待之以刑。两者分别,则贤不肖不杂,是非不乱。"(同上)操持政治最重要的是两条:一是"善至者待之以礼",二是"不善至者待之以刑"。如果听话,用礼来管;如果不听话,用刑来管。做到了这两条,好人与坏人,是与非的界限就清楚了,不会生出混乱。"礼者,贵贱有等;长幼有差,贫富轻重皆有称者也……由士以上则必以礼乐节之,众庶百姓则必以法数制之。"(《荀子·富国》)无论贵贱长幼,都必须依靠礼来管理。有了礼,社会各个层级就可以各安其位了。但对不同阶层的管理方法应有差异。士以上的人,治理方式是礼乐;庶民百姓,治理的方式是刑法。与此相关,过去有个说法叫"刑不上大夫"。人们对此常有误解,批评这是对大夫网开一面。这句话不是这个意思。在过去,大夫以上的人有羞耻之心,一旦犯了错自己会治理自己,情况严重的甚至要自杀。如果用刑来治理,是对他们的不尊重。所以士以上的人不需要动用刑法,这和我们现在对于犯罪官员"开绿灯",是两码事。

学界常将荀子政治思想的特征概括为"隆礼重法"。"礼义生而制法度。"(《荀子·性恶》)"礼者,法之大分,类之纲纪也。"(《荀子·劝学》)这是强调,礼是治理国家的大根大法,大纲大纪。荀子明言:"人君者,隆礼尊贤而王,重法爱民而霸,好利多诈而危,权谋倾覆幽险而亡。"(《荀子·强国》)治理国家有四个层次:重视礼,尊敬贤,可以为王;重视法,爱护民,可以为霸;喜好利,多欺诈,十分危险;经常讲权谋,一定灭亡。需要注意的是隆礼尊贤而王和重法爱民而霸这两个层次。在荀子那里,王和霸都是好的。荀子虽然把隆礼尊贤放在前头,但不排斥霸道,而要做到这一点,最重要的就是重法。荀子这一思想与孟子完全不同。孟子的政治思想是行王道黜霸道，走的是由仁心到仁政的路线。在孟子看来，每个人都有仁心，君王也是如此，既然君王也有仁心，看到牛被杀都于心不忍，将这点仁心推广于老百姓，也就可以施行仁政了。孟子的政治思想表面看很复杂，其实就是将心比心，就是推恩。荀子不认可这个办法。在他看来，如果人的性是善的，将治理国家的希望寄托于推恩，那么礼义法度就完全没有必要了。"性善则去圣王，息礼义；性恶则与圣王，贵礼义矣。"（《荀子·性恶》）这段话不长，但集中表达了荀子对孟子的不满。由此可知，荀子不承认人性为善，对人性持不信任的态度，表面看是对人性有不同的理解，其背后真正的用心是对于政治操作层面的考量，是对于法的关注。

荀子将治国的基础置于法上，与西方政治思想有一定接近度。西方政治思想很大程度上源于原罪说。按照原罪说，人生而有欲利之心，这个欲利之心就是人的原罪。因为人有原罪，在道德上就离不开戒律，在政治上就离不开律法。正如耶稣对他的追随者说的："莫想我来要废掉律法和先知，我来不是要废掉，乃是要成全。我实在告诉你们，就是到天地都废去了，律法的一点一划也不能废去，都要成全。"（《圣经·马太福音》第五章）马基雅维利是西方近代重要的政治学家，其《君主论》影响非常大。马基雅维利写这本书，目的是要告诉当时的领导人，国家要治理好，光靠道德不行，最根本的是要把制度建构好。马基雅维利的这一主张，完全可以在基督教系统中找到思想渊源。如果将荀子与西方政治思想做一个比较，不难发现，二者确实有类似之处，因为二者都不相信人性，都强调必须依靠律法和制度来校正人们的性情，达到社会的平治。

由此说来，在道德之外有更大的制度方面的考量，是荀子思想的重要出发点和价值所在，这在当前有着重要的现实意义。一个国家要治理好，光靠道德是不行的，还必须依靠律法，把制度建构完善。西方近代政治制度经过数百年的发展，有了很大的进步，走的就是这条道路。在西方政治思想中有一个分粥的例子，很能说明问题。要把有限的粥分均等，必须设计出合理的方案。方案之一是一个人来分，但分的人难免给自己多一点，无法保证公正。方案之二是轮流分，今天我分，明天你分，后天他分，但这仍然无法避免轮到分的那个人给自己多一点的问题。方案之三是选品德高的人来分，因为品德高，不会偏向自己。这种做法还是有缺陷，因为虽然不会给自己多一点，但难免有溜须拍马的人，从而得到好处。方案之四是设立分粥委员会，由委员会来决定是否平均。但这个办法仍然不行，因为这还涉及谁来监督的问题，还需要设立一个监督委员会。果真如此的话，又会带来机构过多、效率过低的问题。最后还有一个方案，这就是仍由一个人来分，但分的人必须最后拿。这样就可以用最简单的办法保证分粥的公平性了。这个例子充分说明,治理国家除了在道德方面有所考虑外,必须在制度方面多想办法。荀子不相信性善论,其政治理论在制度建设方面考虑得比较多,比较细,做出了积极的努力,这是必须予以充分肯定的。

当然,荀子政治思想与西方政治思想又不完全相同。在西方政治思想中,既然人性为恶,拥有权力的人亦不能例外,那么他就有滥用权力的可能,所以必须对权力加以制衡。"要防止滥用权力,就必须以权力约束权力"(孟德斯鸠《论法的精神》,北京:商务印书馆,1961年,第154页)的三权分立思想,就是由此而生的。在西方民主制度中,"总统是靠不住的"是一个基本观念。因为总统不可靠,所以对于权力必须进行有效的监督。这个问题,荀子并非完全没有考虑,但他的努力远远不及西方。这是因为,荀子的立场说到底还是儒家的。儒家有一个根本传统,这就是相信圣人。荀子也是一样,在他看来,"有治人无治法""法者,治之端也;君子者,法之原也"(《荀子·君道》)。这里强调最多的是圣人,其次才是法。荀子政治思想虽然与西方较为接近,但对君王的监督问题考虑得不够精细,未能提出有效的办法,即源于此。

其次,重新凸显了认知的重要。性恶论有两极,一极是人生而有的物质欲望,任由这种物质欲望发展,必然天下大乱，故为恶；另一极是圣人制定的礼义法度，通过礼义法度，人可以把原本不好的性变成伪，成就善，达到化性起伪的目的。如果仅有这两极，性恶论的体系仍旧不完整。荀子在这两极中间又预设了一个条件，这就是人有认知的能力。这个预设非常必要，因为如果人没有认知能力，无法认知礼义法度，再好的礼义法度也没有用。荀子思想缜密的特点在这里再次表现了出来，他一定要预设这个条件，以保证自己理论系统的完整。

在荀子思想中，与此相关的内容，叫作"心有征知"（《荀子·正名》）。这方面的内容可以分疏为四个环节。环节之一：人心有辨。荀子指出："人之所以为人者，非特以二足而无毛也，以其有辨也。"（《荀子·非相》）人和其他动物之所以不同，不是说人是两条腿，身上没有毛，其他动物是四条腿，身上有毛，而是因为人有辨。用今天的术语讲，就是人有理性，其他动物没有。人禽之辨是儒家一等一的大问题，但各派具体说法不同。孟子认为，人和禽兽的差别只有一点点，即所谓"人之所以异于禽兽者几希"（《孟子·离娄下》）。如果人不行善，不成德，就与禽兽无异了。荀子不同，在他看来，人与禽兽之所以不同，是因为动物没有理性，没有认知的能力，而人有。因此，学界普遍认为，荀子思想有明显的智识主义特征。

环节之二：知礼知义。荀子之知的对象是礼法。"故学也者，礼法也。"(《荀子·修身》)礼法是圣人制定的，保留在典籍中，不学习就不了解，就不知道。因此，荀子强调的知，并非自然之知，不以自然为对象。对于宇宙万物的本源和规律这些问题，荀子没有一点兴趣，甚至有"唯圣人为不求知天"(《荀子·天论》)的说法。他说："不为而成，不求而得，夫是之谓天职。如是者，虽深，其人不加虑焉；虽大，不加能焉；虽精，不加察焉；夫是之谓不与天争职。"(同上)天有天的职分，尽管它很高深，但人只要管好人间的事情就可以了，不要去管天的事。做好了这种区分，就叫"不与天争职"。荀子这一思想明显与西方哲学不同。亚里士多德《形而上学》开篇就讲"求知是人类的本性"(亚里士多德《形而上学》，吴寿彭译，北京：商务印书馆，1959年，第1页)。这个认知当然也包括道德，但主要还是指认识和了解自然万物。

环节之三：虚一而静。先秦儒家中，荀子讲认识讲得最好，提出了很多有价值的思想，虚一而静是其中最精彩的一块，治荀学者没有不加以注意的。这个提法出自《解蔽》篇：

> 人何以知道？曰：心。心何以知？曰：虚一而静。心未尝不臧也，然而有所谓虚；心未尝不两也，然而有所谓一；心未尝不动也，然而有所谓静……

虚一而静，谓之大清明。

荀子首先问，人靠什么认知大道呢？靠心。荀子再问，心怎么能够认识大道呢？靠虚一而静。虚一而静除一个"而"是虚字外，有三个实字。首先讲虚。每个人内心都有东西，不可能完全虚空，但做好了工作，可以做到虚。比如前面反复讲过，你们过去所学到的关于中国文化、中国哲学的内容，绝大部分是错的。要学好中国哲学，学好先秦诸子，头一项工作，就是打扫卫生，把脑子里的这些东西统统打扫干净。这叫"心未尝不臧也，然而有所谓虚"。很多人的心总是想三想四、想七想八的。比如，现在一面听课，一面想着国家足球队那场比赛踢得怎么样了，我的女朋友昨天吵架后现在还生不生气了，股票是涨了还是跌了，等等。但做好了工作，可以做到专心致志。这叫"心未尝不两也，然而有所谓一"。心总是动的，会受到外力的干扰，但做好了工作，可以做到心静如水，专一不变。这叫"心未常不动也，然而有所谓静"。这三步都做好了即为"大清明"，这是认识的最高境界。

环节之四：知道守道。心可以知"道"，在荀子的思想体系中占有重要的位置。在荀子看来，如果人们通过心知道了"道"，了解了礼法，就可以群，可以伪，从而达成善了。"故人不可以不知道，心不知道，则不可道而可非道……心知道，然后可道，可道，然后能守道以禁非道。"（同上）人不能够不认识礼义法度之道，否则就会认可歪门邪道。认识了礼义法度之道，就会认可礼义法度之道，按照礼义法度去做，远离和禁止歪门邪道。这段话的意思非常清楚，而其前提是要通过认知能力了解礼义法度之道。荀子进而提出了"学不可以已"的口号。"君子曰：学不可以已。青，取之于蓝，而青于蓝；冰，水为之，而寒于水……君子博学而日参省乎己，则知明而行无过矣。"（《荀子·劝学》）学不可以停止，要不断坚持，不断进步。青取于蓝而胜于蓝，冰来于水而寒于水。君子之所以能够超过常人，就在于博学明知。做到了博学明知，一切按照礼义法度而行，就不会有大的过错了。

荀子重视认知的思想，对后代有重要影响。此前讲过，孔子非常重视学习在成就道德过程中的作用。虽然六艺之学中的一些内容与成德关系不紧密，论述比较宽泛，但学习是成就道德必不可少的功课，这一点是不可动摇的。儒学发展到孟子，暗中有一个可以称之为"内化"的转向。为解决仁来自何处的问题，孟子创立了性善论。性善论的基础是良心，良心我固有之，要成德成善，必须反求诸己，将其发明出来。一旦发明了良心，按照它的要求去做，就可以成圣成贤了。在性善论的进路中，学习对于成就道德没有实质意义。换言之，孟子没有看到，也不承认学习对于成就道德的作用（这是一个重大理论问题，第五章"孟子对孔子仁的思想的继承"受篇幅和教学对象的限制，未能涉及。有兴趣的同学可以参见我的《孟子性善论研究》[再修订版]第十二章"孔孟心性之学的分歧及孟荀朱王之争"，上海：上海人民出版社，2016年，第205—231页）。荀子思路不同。在性恶论的脉络中，学习认知占有重要位置。荀子为此有很多精彩论述，不仅强调了学的对象是礼法，而且对认知的各个环节，由人心有辨、知礼知义、虚一而静、知道守道一路讲下来，都有清楚的说明，大大发展了孔子认知的思想。

孟子和荀子分别代表了两种不同的路线。孟子代表的是内求的路线，荀子代表的是外学的路线。这两个路线到宋代，分别影响了两个不同的派别。由孟子一路发展出以象山、阳明为首的心学。虽然小程、朱子都不看好也不喜欢荀子，但他们代表的理学与荀子思想有密切的内在关联，则是无法否认的。从这个视角出发，我们可以对两千年儒学发展的脉络有一个全新的把握。过去常把儒学简称为孔孟之道，似乎孟子是孔子的好学生，全面继承和发展了老师的思想，孔孟二人即可代表整个儒学。但问题绝非如此简单。我的儒学研究的一个重要贡献，就是发现了孔孟心性之学事实上存在着重大分歧。孟子并没有全面继承孔子的思想，而是丢掉了孔子关于学习在成德过程中具有重要作用的内容。正是这个缺失,带来了荀子的强劲反弹,大讲认知之重要,以弥补孟子思想的这个重大不足。这个问题两千多年来,从未有人正式看到并提出来,有着巨大的发展潜质,亟待深入研究。

二 性善性恶孰是孰非的千古之谜

我们前面先是梳理了性恶论的内在理路,后又指明了性恶论的两个理论贡献,接下来需要考虑这样一个问题:孟子讲性善,荀子讲性恶,谁讲得更好?性善论和性恶论哪一个正确呢?这个问题已经争论了两千多年,可以说是名副其实的千古之谜了。为了帮助大家思考,我们先来看一份材料,这是1993年8月29日下午在新加坡举行的复旦大学和台湾大学的一场精彩辩论,辩题就是人性本善还是人性本恶。

> 主席:观众朋友,欢迎光临1993年国际大专辩论会大决赛。这个国际大专辩论会是由新加坡广播电视局和中国中央电视台联合举办的。过去的一个星期,辩论会的八支队伍经过四场初赛,二场半决赛之后,其中的六支队伍淘汰了。今天进入大决赛的两支队伍可说是辩论经验丰富的精英,他们肯定会在今天的比赛中大展辩才,给大家带来场"劲"

的（比赛），让大家大饱耳福。今天我们非常荣幸地邀请到新加坡副总理李显龙准将出席我们的大决赛（掌声）。国际大专辩论会的冠军队将获得一万元的现金奖，亚军队可获得五千元。另外，我们也将在过去几场和今天的辩论群英会中选出一位最佳辩论员，他可以获得两千元的现金奖励。现在向您介绍参加今天大决赛的两支队伍，台湾大学和复旦大学。在我右手边的是正方台湾大学的代表，第一位是吴淑燕，政治系二年级；第二位是蔡仲达，会计系二年级；第三位是许金龙，政治系二年级；第四位是王信国，哲学系二年级（掌声）。在我左手边的是反方复旦大学的代表：第一位是姜丰，中文系中国语言文学研究生二年级；第二位是季翔，法律系二年级；第三位是严嘉，法律系四年级；第四位是蒋昌建，国际政治系硕士班三年级（掌声）。

今天我们的评判团阵容也特别强大。五人评判团是由本地和海外专业人士组成的。他们是：郭振羽教授，他是南洋理工大学传播学院院长（掌声）；第二位是吴德耀教授，他是前东亚哲学研究所所长（掌声）；第三位是查良镛先生，他是香港《明报》创办人，也是著名武侠小说家，笔名金庸（掌声）；第四位是杜维明教授，他是美国哈佛大学东方语言及文明学系教授（掌声）；第五位是许廷芳律师，他是新加坡广播局董事（掌声）。今晚的辩题是人性本善，反方的立场是人性本恶。双方的立场是由抽签决定的。现在我宣布：1993年国际大专辩论会大决赛正式开始。首先将由正方一辩吴淑燕同学表明立场和发言，时间为三分钟（掌声）。

吴淑燕：大家好！哲学家康德主张，人不分聪明才智、贫富美丑都具有理性。孟子认为人性本善，所以进一步又加了一句，每个人都有恻隐之心。而佛家说，一心迷是众生，一心觉则是佛。正因为人性本善，所以人随时随地都可以放下屠刀，立地成佛。我方主张人性本善，就是主张人性的根源点是善的，有善端才会有善行。我方不否认在人类社会中当然会有恶行，但是恶行的产生都是由外在环境所造成，所以恶是结果而不是原因。如果硬要说恶是因不是果，也就是说人性本恶，那么人世间根本不能产生真正的道德。虽然英国哲学家霍布斯极力主张在人性本恶的前提下人类可以形成道德。但是想想看，如果人性本恶，人类一切外在道德规范都是作为人类最大的利己手段。当道德成为手段时，道德还是道德吗？也就是说，人一旦违反道德而不会受到处罚，人就不会遵守道德的约束了。深夜两点我走在道路上看到红灯，如果人性本恶我就一定会闯过去，因为不过是为了个人方便。但事实上并不是如此,仍然有许多人遵守交通规则。而根据人性本恶的前提假设,霍布斯认为必须有一个绝对的、无所不在的权威监督每个人履行道德规约。如果人性本恶,没有一个人会心甘情愿地遵守道德规约,但是事实证明:人还是有善行,人还是有道德,还是有利他的行为。如果人性本恶,(时间警示)那么我们只有两种选择:第一个是活在一个"老大哥"无时无刻不监督我们的世界当中;第二个是我们人类社会将是彼此不再相信。如果这样的话,我就会看到一个老太太跌倒了有人把她扶起来,人们则说他居心不良;而我们在辩论会中建立起来的友谊都是虚假的装腔作势。但是我们会发现,在人类历史社会当中,没有一个绝对权威的君主曾经产生过,但是舍己为人的事情在不断地发生。而在生活当中,为善不为人知的生徒小民更是比比皆是。泰丽莎修女的善行,大乘佛教中所说的"众生永远不得度,则己终身不作佛"的慈悲宏愿,难道不正是人性本善的最佳引证吗?(时间到)谢谢!(掌声)

主席:谢谢吴淑燕同学,接下来请反方第一位代表姜丰同学表明立场和发言,时间也是三分钟。(掌声)

姜丰:谢谢主席,大家好!我先要指出一点的是,康德并不是一个性善论者。康德也说过这样一句话:"恶折磨我们的人,时而是因为人的本性,时而是因为人的残忍的自私性。"对方不要断章取义。另外对方所讲到的种种善行,那完全是后天的,又怎么能够说明我们命题当中的"本"呢?神话归神话,现实归现实。对方同学请你们摘下玫瑰色的眼镜看看这个现实的世界,就在你陈辞的这三分钟当中,这个世界又发生了多少战争、暴力、抢劫、强奸。如果人性真是善的话,那么这些罪恶行为到底从何而来呢?对方为什么在他们的陈辞当中,自始至终对这个问题避而不答呢?我方立场是:人性本恶。

第一,人性是由社会属性和自然属性组成的,自然属性指的就是无节制的本能和欲望,这是人的天性,是与生俱来的;而社会属性则是通过社会生活、社会教化所获得的,它是后天属性。我们说人性本恶当然指的是人性本来的、先天的就是恶的。

第二,提到善恶,正如一千个观众会有一千个哈姆雷特,一千个人心目当中也许会有一千个善恶标准。但是,归根到底,恶指的就是本能和欲望的无节制地扩张,而善则是对本能的合理节制。我们说人性本恶正是基于人的自然倾向的无限扩张的趋势。那个曹操不是说过"宁可我负天下人,不可天下人负我"吗?那个路易十五不是也说过"在我死后哪怕洪水滔天"。还有一个英国男孩,他为了得到一辆自行车竟然卖掉自己三岁的妹妹。这些对方还能说人性本善吗?

第三,虽然人性本恶,但是我们这个世界并没有在人欲横流中毁灭掉,这是因为人有理性(时间警示)。人性可以通过后天教化加以改造。当人的自然倾向无限向外扩张的时候,如果社会属性按照同一方面推波助澜,那么人性就会更加堕落;相反,如果我们整个社会倡导扬善避恶,那么人性就有可能向善的方向发展,这一点也不正说明了儒家思想所倡导的修齐、治平、内圣、外王是何等重要吗!对方辩友,如果真的是人性本善的话,那么孔老夫子何必还诲人不倦呢?

今天,对方辩友所犯的错误就在于以理想代替现实,以价值评判代替了事实评判。从感情上讲,我们同所有善良的人一样也是希望人性是善的。但是历史、现实和理性都告诉我们,人性是恶的!这是一个事实,我们只有正视这个事实,才有可能扬善避恶。(时间到)。谢谢各位!(掌声)

主席:谢谢姜丰同学,接下来我们听听正方第二位代表蔡仲达同学的发言,时间三分钟。(掌声)

蔡仲达:大家好!刚才对方同学谈得很多,我们就一一来检视到底善是本还是恶是本?到底善是表象还是恶是表象?我们先举一个例子来说吧。如果我们今天要吃西瓜,是不是先要种西瓜种子呢?如果我们种红豆、绿豆,长得出西瓜吗!所以人世间为什么这么多善行呢,当然是在人的本性中就有着善的种子嘛。那人世中为什么有恶的表象呢?很简单嘛,我们都知道我们种西瓜只要丢西瓜种子就好了吗?我们还要施肥,还要浇水啊,而且一不小心,万一再下了十几天的大雨,那么西瓜不仅长不好,而且还会烂掉。所以同样的嘛,我们在充满污染的环境中,我们承认有些人虽然有善根,但是他长不出善果。他是长得不好,但是这并不是说他的人性中没有善的种子啊!所以我们发现很多犯罪人到最后都良心发现。我们说他是良心未泯,那么想想看,如果人的良心自始就不存在于人的本性中的话,那么我们怎样去解释人有后悔的行为呢?大家不都曾经后悔过吗?

好的,对方同学又指出了另外一点,说人的恶是因为人有欲望,人有这样的本质,那我就不懂了,为什么欲望一定带来恶呢?我今天喜欢一个女生,这个女生也喜欢我,我们都想跟对方结婚,我们组成美好家庭,这是恶吗?(笑声、掌声)再说吧,人有本能,人肚子饿了就想吃饭,那人跟狮子不就是一样了吗?对方同学您如何解释呢?另外我们再想一想吧,对方同学说人的本性可以教育,所以恶的本性可以教育成善,我们就来想一想,为什么人的本性可以被教育成善呢?我们说小鸟会飞,它只要学了飞就可以飞,为什么我们人怎么教,我们都不会自己飞呢?因为我们本性中没有飞的本性嘛(时间警示),那么人为什么被教成行善呢?就是因为我们相信人的本性中有善性嘛。如果说人的本性是恶的而能够教成善的,那我们就觉得很奇怪了。如果人的本性没有善性为什么我们一学就知道什么是善,一教就知道怎么行善,而再怎么教你都不会飞呢?就算如果本性是恶,那到底谁来教我们,是本恶的人来教我们本恶的人吗?他们为什么要教我们呢?他们到底有什么动机,我们能够信任他吗?他们教育我们行善,孔夫子要教育我们行善,他们背后是不是有一个更大的恶的动机呢?(笑声、掌声)我们觉得很奇怪,对不对?比如说吧,一个老人跌倒了,我们把他扶起来;我们来新加坡,交这么多朋友,以辩会友,我们情意真挚;我们看到非洲饥民,人人心中都有不忍、哀悯之情,如果说扶老人就是沽名钓誉;交朋友这是虚伪矫情……(时间到)谢谢!(掌声)

主席:谢谢蔡仲达同学。接下来我们听听反方第二位代表季翔同学怎么反驳,时间三分钟(掌声)。

季翔:谢谢主席,各位好!对方辩友我倒真想请问你这样一个问题,既然社会是由人构成的,对方却认为社会环境中的恶和人之恶没有关系,那请问:外界环境中的恶是从哪里来的呢?你的善又是怎样导出恶的呢?我方从来不认为本能和欲望就是恶,本能和欲望的无节制地扩展才是恶(掌声)。对方辩友,孔子早就告诉过我们:"道听途说,德之弃也。"我方认为,人性本恶主要基于如下理由。

第一,人性本恶是古往今来人类理性认识的结晶。早在两千年前,所谓人类文明的轴心时代,荀子的性恶论与犹太教的原罪说便遥相呼应。而到近代,从马基雅维利到弗洛伊德,无一不主张人性本恶,这难道仅是历史的巧合吗?不!伟大的哲学家黑格尔一语道破天机:"人们以为当他们说人性本善时是说出了一种伟大的思想,但他们忘记了,当他们说人性本恶时,他们是说出了一种伟大得多的思想。"(掌声)令人遗憾的是,对方辩友面对这样的真知灼见,至今未能幡然醒悟,这不由得使我想起乔西·比林斯的那句话:"真理尽管稀少,却总是供过于求。"(掌声)

第二,人性本恶是日常生活一再向我们显示的道理。从李尔王的不孝女儿们到《联合早报》上拳击妻子脸部的丈夫们,从倒卖血浆的联合国维和部队到杀人不眨眼的拉美毒枭,恶人恶事真可谓横跨古今，不胜枚举。对方辩友，难道还要对着《天龙八部》中恶贯满盈、无恶不作、凶神恶煞、穷凶极恶这四大恶人谈什么人性本善吗？（掌声、笑声）

第三，尽管我们承认人性本恶，（时间警示）但并不意味着人类前途一片黑暗，人之所以成为宇宙之精华、万物之灵长，并不因为他白璧无瑕，完美无缺，而在于能有认识自己的勇气，承认人性本恶；人有判断是非的理性，能够扬善弃恶。为了矫治本恶的人性，人们不仅制定法律以平息暴力、规范道德以减少争斗、设立政府以处罚叛逆，而且倡导坚贞以反对意乱行迷、编写童话去诅咒忘恩负义（掌声）。真可谓苦心孤诣、殚精竭虑。而对方辩友却坚持人性本善，言下之意人类所有的道德教化都是多此一举了！心痛之余我不禁请问对方辩友，如果人性本善，那么我们要道德法律、交通规则干什么呢？如果人性本善的话，个人修养、社会教化还有存在的必要吗？（时间到）谢谢！（长时间掌声）

主席：谢谢季翔同学，接下来我们请正方第三位代表许金龙同学发言，时间三分钟。（掌声）

许金龙：孔老夫子孜孜不倦，因为他是个勤于灌溉善根的人。对方辩友，大家好！我想请问对方辩友，今天提出了这么多，如果说人性真的是本恶的，我们来请问下面几个问题：如果说呀，驯兽师可以改变狮子的本性的话，那么我们想想看，我们可以教狮子敬礼，也可以教狮子行善吗？如果盲人的本性是看不见东西，你怎么教他看见视频颜色呢？我再想请问对方辩友，如果说今天是人性本恶的话，对方辩友说的种种教育，那可能实行吗？谁会信任谁，由性善的人来教，还是性恶的人来教呢？如果说性恶的人来教的话，那谁会服谁呢？他教的凭什么就是善的呢？今天对方辩友最根本的关键的矛盾错误就在于说，他相信人性本恶，但本恶的人会摒弃恶的价值吗？本恶的人会喜欢恶吧，他讨厌的是什么呢？讨厌的是某一个人加在他身上的恶行。所以说，本恶的人应当是非常快乐地去行恶才对，他最讨厌、难过的是别人的恶加在他身上才对。所以说，今天对方辩友在这样的错误矛盾之下，怎么能告诉我们说，人性本恶的，但人又会摒弃恶的价值呢？既然人性本恶，人就会欢欢喜喜地接受恶的价值。

接下来我们再来看对方辩友今天说的什么。对方辩友说人性有两层，一种是自然属性，是天性，再一种是社会属性，是后天的。自然属性就是说人的天性就跟动物一样，有欲望的本能。对了，对方辩友说得好，自然属性，人就只有自然属性，本能的欲望而已吗？那人跟动物有什么差别呢？跟狮子老虎又有什么差别呢？对方辩友，请您待会儿要解释给大家听。（笑声）那么再说到人的社会属性，我就不懂了，人的社会属性，为什么就是后天的，不是本性？人的社会属性就是说人可以被教，人有善根，人有善端，那这不就是人的本性了？对方辩友，如果说今天本性可以移来移去，从恶换到善，从善换到恶，那我想请问，本来的性到底是什么？（鼓掌）如果对方辩友说今天坚信，历史演进过程当中都是往恶的方向移动的话，我方今天没有话说。今天就在于说，整个历史过程都是往善的去移动，所以我们相信，对方辩友也相信，该往善的方向去移动。可是谁会相信社会该往善的方向去移动呢？是那些本恶的人吗？如果说对方辩友真的坚信本恶的话，那我就要称赞对方辩友一句：你是泯灭天性，没有天良的人了！（笑声、掌声）因为那就是您顺性而为，顺乎自然，应乎天理，顺乎人心嘛。

所以，我们再来想想看，如果说我们建立起来一个本恶的世界的话，我们的社会会是怎么样？相信我，我们在这里谈，不是谈输赢，是谈真理。如果说人性本恶，我们彼此无法信任。你坐在那里，我坐在这里，我们彼此有什么样的语言可以进行沟通。因为你会怀疑我，我会猜忌你。如果没有本，如果没有善良的端倪,没有善良种子,我们怎么在这里进行流畅的沟通呢?在这里,我方要一再地强调的是说,今天对方辩友,如果今天(时间到)相信人性本恶的话,就不会有我们这群和善的人群了。(掌声)

主席:接下来我们听听反方第三位代表严嘉同学怎么反驳,时间三分钟。(掌声)

严嘉:谢谢主席,各位好!对方一辩说,有的人是"放下屠刀,立地成佛"的,这不错,但我请问,如果人都是本善的话,谁会拿起屠刀呢?(掌声)第二,对方二辩说,人一教一学就能够善,那我们看到好多人他们做恶事的时候,是不要教,不要学,就会去做的。(笑声、掌声)我们再看到,对方辩友认为恶都是外因,但我请问,如果鸡蛋没有缝的话,苍蝇会去叮它吗?所以,还是它有内因在起作用的。至于说到,善端是从哪儿来的?我告诉对方辩友,如果人人皆自私的话,那么人人都不能自私。因此制约、权衡产生节制,这就是最早的善源。至于后天的教化,它自然而然形成了。对方辩友不要对历史事实视而不见。好,下面我从现实和历史的层面进一步阐述我方观点。

第一,人类在诞生之初,就已经把本恶的人性充分地显示出来。人类学研究表明,周口店猿人就已经懂得用火来把同类的头骨烤着吃,这种生猛烧烤,是何等凶残啊!而《人类的起源》一书中告诉我们,当一个土人的小孩不小心,把一筐海胆掉进海里的时候,土人竟把他活活地摔死在石崖上。面对着原始人这种凶残的天性,对方辩友,难道还告诉我们,人性本善吗?

第二,正是由于人性本恶的存在,所以,在人类社会沧海桑田的演进过程之中,教化才显得尤其重要,而且也相当艰巨。"十年树木,百年树人",我方从来不否认,通过后天的教化和修养,人是可以对他的人性加以改变,甚至形成伟大的人格的。但是,正因为有本恶的人性存在,所以,我们要知道,学好三年,学坏三天,(时间警示)"病来如山倒,病去如抽丝"呀。请大家想一想,看暴力片、色情片,是从来没有什么公开的倡导和鼓励的,但为什么总有那么多人要趋之若鹜呢?(笑声、掌声)

第三,认识到人性本恶,其实并不是人类的羞耻。真正应该反省的,是面对着真理,却不敢去正视它。其实,人类社会演进的过程,从某种意义上也就是人的尊严这种虚假的虚荣被不断剥去的过程。我们看到在神学灵光笼罩之下,人类曾经是相当的夜郎自大。但是,哥白尼的日心说,抹去了人在宇宙中的中心地位;达尔文的进化论揭示人与动物之间必然的内在联系；而弗洛伊德则披露了在理性的冰山尖之下，人的巨大的本能的冲动与欲望。今天，我们也只有真正地认识到人性本恶这一基础，（时间到）才能做到抑恶扬善。谢谢！（掌声）

主席：谢谢严嘉同学，听过双方代表对善恶的陈词。现在是他们大展辩才的时候。在自由辩论开始之前先提醒双方代表，你们每队各有四分钟发言时间，正方同学必须先发言。好，现在自由辩论开始！（掌声）

王信国：我想首先请问对方辩友，既然人性本恶，世界上为什么会有善行的发生？

蒋昌建：我方一辩已经解释了。我倒想请问对方辩友，在评选模范丈夫时，你能告诉我，这个模范丈夫本性是好的，就是经不起美色的诱惑吧？（笑声、掌声）

许金龙：对方辩友他要有人勤加于灌溉，我想请问对方辩友，请您正面回答我，您喜不喜欢杀人放火？（笑声）

季翔：我当然不喜欢，因为我受过了教化。但我并不以我的人性本恶为耻辱。我想请问对方，你们的善花是如何结出恶果的？（掌声）

吴淑燕：我想先请问对方同学，您的教育能够使你一辈子不流露本性吗？如果您不小心流露本性，那我们大家可要遭殃了。

严嘉：所以我要不断地注意修身自己呀！曾子为什么说"吾日三省吾身"呢？所以，我再次想请问对方辩友，你们说内因没有的话，那恶花为什么会从善果里产生呢？

王信国：我来告诉大家为什么会有，这是因为教育跟环境的影响嘛！我倒请对方辩友直接回答我们问题嘛，到底人世间为什么会有善行的发生，请你告诉大家。

姜丰：我方明明回答过了，为什么对方辩友就是对此听而不闻呢？到底是没听见，还是没听懂啊？（笑声、掌声）

许金龙：你有本事再说一遍，为什么我们听了，从来没有听懂过呢？我想请问对方辩友，您说荀子说性恶，但是所有的学者都知道荀子是无善无恶说。

蒋昌建：我第三次请问对方辩友，善花如何开出恶果呢？第一个所谓恶的老师从哪来呢？

吴淑燕：我倒想请问对方同学了，如果人性本恶，是谁第一个教导人性要本善的？这第一个到底为什么会自我觉醒？

季翔：我方三辩早就解释过了，我想第四次请问对方辩友，善花是如何结出恶果的？

王信国：我再说一次，善花为什么结出恶果，有善端，但是因为后天的环境跟教育的影响，使他做出恶行。对方辩友应该听清楚了吧？我再想请问对方辩友，今天泰丽莎修女的行为，世界上盛行好的行为，为什么她会做出善行呢？

季翔：如果恶都是由外部环境造成的，那外部环境中的恶又是从何而来的呢？

蔡仲达：对方辩友，请你们不要回避问题，台湾的证严法师救济安徽的大水，按你们的推论不就是泯灭人性吗？

严嘉：但是对方要注意到，8月28号《联合早报》也告诉我们这两天新加坡游客要当心，因为台湾出现了千面迷魂这种大盗。（笑声、掌声）

许金龙：我们就很担心人性本恶如果成立的话，那不过是顺性而为，有什么需要惩罚的呢？

蒋昌建：对方终于模糊了，我倒想请问，你们开来开去善花如何开出恶果，第五次了啊！（笑声、掌声）

吴淑燕：我方已经说过了，会有恶果是因为外在环境的限制，我倒想请问对方同学了，对方同学告诉我们，人有欲望就是本恶，那么对方同学想不想赢这场比赛呢？如果想的话，您可真是恶啊！（笑声、掌声）

姜丰：对方辩友口口声声说，因为没有善端就没有善。我们要问的是,都是善的话,那第一个恶人从哪里来?又哪里有你们所说的那种环境呢?

许金龙:环境天险,天险狡恶。对方辩友,您没有听说过吗?环境会让人去行恶的。

严嘉:对方似乎认为有了外部恶的环境,人就会变恶。请问在南极,在一种非常艰难的沙漠之中,人就会变坏了吗?

王信国:我方没有这样说,对方又在第二次栽赃,我是要告诉大家,是说人有善端,你在哪个环境,好的环境会变好,坏的环境会变坏。

季翔:如果都如对方所说的那样,人性本善,都是阳光普照,雨水充足,那还要培育它干什么呢?让它自生自灭好了。(笑声、掌声)

许金龙:照对方辩友那样说的话,人性本恶,我们要教育干什么?因为"师傅领进门,修行在个人",这句话早就不成立,应该是"师傅领进门,教鞭跟你一辈子"。(笑声、掌声)

严嘉:按照对方辩友的这种逻辑,那么教化应该是非常容易的,每个人都是"心有灵犀不点通"了?(笑声、掌声)

王信国:我倒想请问对方辩友,在人性本恶之下,我们为什么要法律,为什么要惩治的制度呢?

姜丰:对呀,这不正好论证了我方观点嘛!(笑

声、掌声)如果人性都是善的还要法律和规范干什么?(掌声)

蔡仲达:犯错、犯罪都是人性本恶,就符合您本恶的立场了吗?那么犯罪干吗要处罚他呢?

蒋昌建:我还没听清楚,你们论述人性是本善的,是在进化论原始社会的本,还是人一生下来的本,请回答!

许金龙:我方早就说过的嘛!孟子说良心啊,你有没有恻隐之心,你有没有不安不忍之心,这就是良心嘛!你怎么不听清楚了呢?(笑声、掌声)

蒋昌建:如果人生来就是善的话,那我想那个"宝贝"纸尿布怎么那么畅销啊?(笑声、掌声)

吴淑燕:我想请问对方同学,再次请问你,如果人性本恶的话,到底是谁第一个去教导人要行善的呢?

季翔:我方已经不想再次回答同样一个问题了!我倒想请问孟子不也说过"形色,天性也"吗?请问什么叫天性呀?

许金龙:您讲得吞吞吐吐,我实在听不懂。对方辩友,请您回答我们荀子说的是性恶说,还是性无善无恶。

严嘉:这点都搞不清楚,还来辩论性善性恶?(笑声、掌声)我想请问,孔子说:"七十而从心所欲,

不逾矩。"像这样的圣人都要修炼到古稀之年,何况我们凡夫俗子呢?(掌声)

王信国:对方辩友,所有的问题都不告诉我们答案。我倒想请问对方辩友的是,康德的主张到底是有没有道德?

姜丰:不是我们不告诉对方,是我们一再一再地告诉,你们都不懂。(笑声、掌声)

许金龙:对方辩友这句话回答的什么,我们实在没有听出来。不过我想告诉对方辩友解决一下性恶的问题吧!荀子说:"无伪则性不能自美。"说性像泥巴一样,它塑成砖就塑成砖,塑成房子就塑成房子,这是无恶无善说啊!对方辩友。

蒋昌建:荀子也说:后天的所谓善是在"注错习俗之所积耳",什么叫"注错习俗之所积耳"呀?请回答。

许金龙:荀子说错了!荀子说他看到什么是恶的,还是说没有看到善,你就说是恶的。没有看到善是不善,不是恶,对方辩友。

蒋昌建:你说荀子说错了就说错了吗?那要那么多儒学家干什么?(笑声、掌声)

许金龙:儒学就是来研究荀子到底是说了性恶还是性善嘛!

季翔:荀子明明白白地告诉我们:"人性恶,其

善者伪也。"（掌声）

蔡仲达：对方同学，如果说，荀子说恶就是恶的话，那我们今天还要辩什么呢？

严嘉：对方辩友不要一再地引语录了，我们看看事实吧！历史上那么多林林总总的真龙天子们，他们有几个不是后宫嫔妃三千，但为什么自己消费不了，却还要囤积居奇，到最后暴殄天物呢？（笑声、掌声）

王信国：那也想请对方辩友看看历史上展示的仁人志士的善行，对方辩友如何来解释呢？

姜丰：没有规矩不成方圆，到底何为善？何为恶？

吴淑燕：要谈现实，就来谈现实吧！如果人性本恶，我和对方同学订立契约，对方可千万不能相信，因为我可能会占你便宜呀！（笑声）

蒋昌建：对方说，有人的话那就是人性善的，拳击场上没有恻隐之心，没有慈让之心，那些观众、那些拳击者就不是人了？请回答。

许金龙：拳击场上是比竞技，有竞赛规则，又不是拿刀子来互相砍杀，对方辩友。（笑声）我们看看埃塞俄比亚的难民，谁不会掉泪，谁不会动心忍性呢？

季翔：那当然会动心忍性了，因为人都受过教化了嘛。

许金龙：对方辩友，如果人都受过教化的话，但本在哪里呢？本为什么移来移去，可以从善变到恶，从恶变到善，本在哪里？

严嘉：佛祖释迦牟尼可算是至德至善之人了吧，但他在释迦族做王子的时候，不也曾六根不清净过吗？

王信国：所以他最后变好了，为什么？因为他的本心，他的根源是善的。（掌声）

姜丰：如果我们光说本的话，我们只要说人性恶就行了，你们论证本了吗？

许金龙：我们当然论证本了，良心就是本哪！对方辩友，您才没有论证本呢！您说的那是跟动物一样啊！（掌声）

蒋昌建：那我就不知道了，哪个人过马路的时候，是捧着这个良心过去的吗？我倒听说过孤胆英雄，却没有听说过"孤心英雄"啊！（笑声、掌声）

许金龙：人过马路当然是捧着良心过去的。而且，看到老弱病残的时候，我们还要扶他一下。对方辩友，人是带着良心过去的。

严嘉：为什么我们要进行交通法则教育呢？这不是后天让他向善吗？

王信国：因为有人要变坏，所以要纠正他，纠正他是因为他会变好。

季翔：对方始终没有告诉我们，既然人性都是本善的，怎么会有人变坏呢？

吴淑燕：请对方同学正面回答如何利用教育来把人性恶改过去？

姜丰：我方早已回答，倒是请对方正面回答，按照种瓜得瓜的逻辑……（时间到）

主席：对不起……

许金龙：对方辩友从来没有回答过问题，就说回答过。我们来看看对方辩友，对方辩友一辩说人是理性的动物，那么如果说这个社会上人有一个智障的，那人就不理性了。（掌声）

主席：经过了精彩激烈的自由辩论之后，我们的节目到这里暂时告一个段落，广告过后我们再见。

……

主席：欢迎各位回到辩论会现场，现在我们请反方第四位代表蒋昌建同学总结陈词，时间四分钟。（掌声）

蒋昌建：谢谢各位，一个严肃的辩论场需要一个严肃的概念。对方多次问我们人性怎么样？人性怎么样？始终没有问我们人性本怎么样？我想请问对方，人性是什么和人性本是什么是同样的一个概念吗？你们如果连这个概念都没有根本建立基础的话，那你们的立论从何而来呢？我们多次问对方的善花里面如何结出恶果，对方说要浇水，要施肥呀。那我就不懂了，大家都承蒙这个阳光雨露的话，为何有那么多罪行横遍的世界呢？难道这个水，那个肥还情有独钟吗？为何要跟恶的人做一个潇洒的"吻别"呢？（笑声、掌声）

今天我们本着对真理的追求来同对方一起探讨这个千年探讨不完的话题。无论是性善论的孟子也好还是性恶论的荀子也好，又有哪一家哪一派不要我们抑恶扬善呢？抑恶扬善是我方今天确立立场的一个根本出发点。下面我再一次总结我方的观点。

第一，只有认识人性本恶，才能正视历史和现实。回顾历史的时候，我的内心总感到痛苦而颤抖。从希波战争到十字军东征，从希特勒的奥斯维辛集中营到日寇在华北的细菌试验场，真可谓是"色情与贪婪齐飞，野心共暴力一色"。以往的人类历史，可以说是交织着满足人类无限贪欲而展开的狼烟与铁血啊！可见，本恶的人性如果不加以控制的话，将会给这个世界带来什么呢？

第二，只有认识人性本恶，才能重视道德、法律教化的作用，才能重视人类文明引导的结果，培养健全而又向上的人格。在历史的坎坷当中，人类并没有自取灭亡。尤其是在面对彬彬有礼、亲切友善的新加坡朋友面前，我们更有理由相信，人类明天会更好，这其中我们要感谢新加坡孜孜不倦地建立起他们优良的社会教化系统。人类文明是在人类智慧之光照耀下不断茁壮成长的。饮水思源，借此我们要感谢那些在人类教化路途中洒尽他们含辛茹苦汗水的这些中西先哲们。正因为从他们的理论智慧当中，从他们的身体力行当中，人们才有可能从外在的强制走上理性的自约，自约人的本性的恶，从而培养一个健全而又向善的人格。可见，人性本恶，并不意味着人终身成为恶，只要通过社会的教化系统就可以弃恶扬善，化性起伪啊！

第三，只有认识人性本恶，才能调动一切社会教化的手段来扬善避恶。光阴荏苒，逝者如斯，在物质和科学技术突飞猛进的同时，而人类的精神家园可谓是花果飘零。在这个时候，我们要警惕，人性本恶这个基本的命题。可喜的是，在东方的大地上，我们说传统文化的发扬光大，已经从一阳来复开始走向了新的春天。我们也相信，通过传统文化的精华，必将使人类从无节制的欲望中合理地遏制并加以引导，从他律走向自律，从执法走向立法。人类才可能挽狂澜于既倒，扶大厦于将倾。"黑夜给了我黑色的眼睛，而我注定要用它来寻找光明！"谢谢各位！（掌声）

主席：谢谢蒋昌建同学，最后我们请正方第四位

代表王信国同学总结陈词,时间也是四分钟。(掌声)

王信国:大家好!让我们先回到对方所建构的一个恶的世界来看看这个世界里边到底发生了什么事情。对方辩友告诉我们人性本恶,首先就犯了三大错误。

第一大错误就是从经验事实的法则里面归纳出来的错误。对方辩友举出了人世间很多的恶事,告诉我们因此人性本恶,这是错的!为什么呢?对方辩友的立论告诉我们欲望,人是有欲望而来的。但是我们想,我方已经论证过了,欲望是有好有坏,今天我喜欢你,我想要跟你结婚,这是一个不好的欲望吗?所以最终我们知道了,今天对方辩友是看到人世间的恶行,某些恶行,然后告诉我们说人性本恶。那为什么对方辩友忽略了经验事实上面呈现的善行呢?人世间的很多善行,你一定听过了,有人跌在地上你把他扶起来,你在汽车上让座给老人,或者是,你一定也听说过无名氏的捐款。这些难道不是人世间的善行吗?这是对方辩友犯的第一大错误。

第二大错误,对方辩友犯的是倒果为因的错误。对方辩友借用一种经验事实的法则告诉我们说,我们有恶的果,所以导出来恶就是因。如果真的这样说的话,我们发现是什么呢?每一个人都是恶,尤其对方辩友口口声声告诉我们要教育,要道德教育,你如何去教育呢？每一个人都是恶，由此来定出真正的法律，而定出的法律就是善法吗？恶人定出来的是恶法。如果你定出了法律，如何去遵循，每一个人都恶，我为什么要信任你，好像大家在这个地方，我为什么要相信你呢？你可能在骗我，于是我们这里所有的人都戴上面具。大家互相欺骗，互相蒙蔽，这样的世界是对方辩友所建构出来的。他告诉我们由于有欲望就建构出来个恶的世界。

对方辩友犯的第三个错误是什么呢？他告诉我们人性的性就是欲望，我们根本就晓得说，我方一开始就论证了，人性就是人的心。孟子告诉我们："人有四端之心。"这是一个善的种子，我们从来没有否认过说，人世间没有恶行。你有善苗，不见得你就不会有恶行。为什么呢？我们发现了，因为外在环境，因为资源缺乏，所以我们人在无形之中会做出一些恶的行为来伤害别人，这是不得已的。所以，教育跟法律就在于纠正人的行为。如果按照对方辩友告诉我们是恶行的话，你为什么去纠正它？人性本恶，人纠正的结果还是回到本。我们的人是性本善，因为我们知道每一个人都有一颗向善的心，于是你透过道德，透过教育，透过法律，他有可能会转变为好。教育跟法律的功能就是要辅导，辅导他走上善途，于是乎，教育就在这个地方茁壮了。对方辩友举了个例子告诉我们说，原始人如何地烧杀虏掠，原始人如何地生灵涂炭。我们告诉大家的是，原始人民，他一开始那个求生的欲望，这跟本性是要区分的。因为当你如果说有五个人同时是饥饿的状态下，有一块面包在那边，一个人跑过去吃，这个时候绝对不会有人用道德来非难他。因为这个时候生存是立于道德之上的。你没有个人的生命，你没有生存的欲望，你如何来谈道德呢？所以原始人那个状况是一种动物性的本能。（掌声）所以，开始对方辩友犯的错误就是告诉我们说，人性是欲望，如果真的是欲望的话，人跟动物怎么分呢？人之异于禽兽者几希，几希就是一个本心的问题。所以我们说过人有善苗。今天对方辩友告诉我们说都是阳光雨露，没有错！但是有风吹雨打，因为你的风吹雨打，你的外在环境影响，你当然会做出恶的行为。所以，我们要纠正他，让他走向善的世界大同。

所以，我们来看看世界上所有善行的发生吧！从历史上，从目前经验事实上面，我们发现的，古往今来，志士仁人杀身成仁，等等之类。还有目前，泰丽莎修女等等之类，甚至说，安徽发生水荒，证严法师的慈济行为，对方辩友如何来解释呢？孟子就告诉我们了："见孺子掉落于井"，在这么一刹那之间你都会救他，你不可能把他推下去。为什么？人的本性是善的，你不要告诉我说，原来你救那个小孩子是为了虚名。原来你过马路遵守交通规则你是不得已的，你是虚假的。原来，泰丽莎修女救了你，那是一个骗人的行为。到最后，你会发现，只有浅水湾的鲨鱼才是一个大善人。（时间到）这是一个什么样的世界，这是一个恐怖的世界，这个世界之所以能够存在，就是因为我们有善根。谢谢！（掌声）

主席：谢谢王信国同学。在这一片善恶声中，人性到底是什么呢？还是让评判专家们去伤脑筋吧！接下来我们请评判团退席！我们稍后见。（休息、评判团评决）

主席：各位来宾，观众朋友，欢迎大家回到辩论会现场。在宣布成绩之前，先让我邀请评判团代表杜维明教授给我们分析今晚的赛情。杜教授请！

杜维明：主席，评判同人，台大和复旦的辩论员，各位来宾，作为一个海外华人，并且是关切文化中国发展前景的学术工作者，我谨代表评判团向举办1993年国际华语大专辩论赛的新加坡广播局和中国中央电视台表示恭贺和感激。他们从世界各地，亚洲、澳大利亚、西欧和北美的著名大学邀请到八队三十多位口若悬河的青年才俊，在一周之间，针锋相对，辩论了大众传播、现代化、环保、经济、道德，乃至生老病死，种种既有宏观的全球视野，又有切身的现实意义的课题，充分体现了华语国际化的精神。

台湾大学成功地建构了"现代化不等于西方化"和"安乐死应该合法化"两个命题；复旦大学也说服了评判员，"温饱不是谈道德的必要条件"，"艾滋病是社会问题"。今天呢，从正反两方来辩论人性本善，究竟鹿死谁手哇？今天下午正反两队似乎都直接或间接地采取了在古文章法里的起承转合这种策略。正方一辩站在高屋建瓴的方式引述康德、孟子和佛教，建立了性善为本，恶行为果的基本理论，脱俗不凡，条理简洁。我好像已经被说服了。但是，这个交通规则的比喻不甚恰当。反方一辩呢，有这个排山倒海之势，坚持"人性本恶，其善者伪也"的观点，分辨自然属性和社会属性，简洁明了，很有震撼力。而且，用词精练，有条不紊。我好像又被她说服了。（笑声）正方二辩呢，承接了一辩论述，又以西瓜种子为例，很贴切。认为欲望本身不是恶，也有理趣，使观点作了进一步的深入展开，还作了一些实证的补充。反方二辩呢，妙语如珠，既承接了一辩的观点加以发挥又猛攻正方二辩的经验基础，并且旁征博引，荀子，犹太教，黑格尔，甚至《天龙八部》(笑声),使正方好像陷入了防御的态势。那么,正方三辩作了一个转折,很有新意,但是没有充分地发挥。反方三辩大有异军突起之势,从新的思维角度展示了一些观点,比如说"放下屠刀",屠刀何来呀,也很恰当地引用了达尔文、弗洛伊德各方面的观点。在资料运用方面,大家都能引经据典,而且也可以说妙语如珠吧。那么,似乎反方的知识结构比较谨严,也比较全面。在语气方面,正方是严厉质问,恳切坦诚,有的时候情绪比较激动。(笑声)那么反方呢,有点排山倒海,义正词严,有时候嘛,轻松活泼,而且引逗幽默。但是,用词显得有点华丽,也许可以向平实方面再努力。自由辩论期间,双方短兵相接,此起彼落,好像双方都从金庸先生武侠小说中学到了出奇制胜的高招。(笑声)我们觉得双方似乎是势均力敌,用了先发制人,连续发问,分而治之,乃至巧设陷阱,声东击西等各种策略。那么,反方四辩文字流畅,好像行云流水。在结论这方面可以说是缝隙不留,圆而不滑。正方四辩呢?很有理据,特别是举出原始人的凶残是为了求生欲望,也很有说服力。但是,我提到了情绪有点激动。

那么,一般说来,反方颇能显示一种流动的整体意识,整个队伍运用一种整体配合的作战方略,加强了一种整体的攻击力，保证了对重点攻击目标的一种优势，也增强了整个辩论队伍的气势，显得中心课题比较明确，活而不乱，而且呢，错落有致。

最后呢，让我发表一点感想，中国传统文化的儒释道都强调体会、体验、体味这种体之于身、身体力行的具体真知。在这个思想导引之下呢，目明耳聪，也就是明察秋毫的视德和从善如流的听德，才是雄辩的基础。能说善道固然很好，巧言令色就背离了仁厚的核心价值了。因此，这次华语的辩论，虽然常有排山倒海，甚至咄咄逼人的气势，但却一再地体现出同情、坦诚的美德，树立了非常良好的风气，值得我们效仿。谢谢大家！（掌声）（王沪宁、俞吾金主编《狮城舌战——首届国际大专辩论会纪实与评析》，上海：复旦大学出版社，1993年，第327—351页。根据视频材料，文字略有改动——引者注）

通过这场经典的辩论，大家对性善和性恶有什么新的理解？首先，我们应当看到性恶论是可以成立的。性恶论的起点是人生而有的物质欲望，终点是圣人制定的礼义法度，同时人又有认知能力，可以认识这些礼义法度，从而达到化性起伪的目的。在性恶论系统中，由性的概念，经过认识这个中间环节，到达伪的目的，一路都很清楚。其次，我们也必须承认性善论也是可以成立的。性善论的根基是生而具有的那个"才"，是四端之心。台大的三辩和四辩反复强调种子的意义，是很有道理的。种子就相当于孟子所说的"才"。吃西瓜要种西瓜，种西瓜就要有西瓜子。西瓜子是种子，四端之心也是种子。台大同学牢牢抓住这一点不放，在学理上占有优势，只是复旦同学口才太好了，所以才在辩论中落了下风。这也说明，这种辩论只是一种语言的技巧，胜利方不代表真理，失利方不代表谬误。真理越辩越明的说法只在一定意义上有效，很多时候真理不是辩出来的。

既然性恶论、性善论都有道理，那么历史上为什么围绕性善性恶孰是孰非争了两千多年，以至于这个问题成了千古之谜呢？一个重要原因，是因为人们不明白孟子和荀子讲的性含义并不相同。性恶论和性善论虽然都标以"性"之名，但各有其所指。性恶之性是指物质欲望无限度发展的不好结果。人生而有物质欲望，物质欲望没有止境，顺其发展必然产生争夺，引生社会混乱。这个结果不好，故为恶。荀子从来没有讲过人天生就有一个恶性。性善之性是指生而具有的那个"才"，那个四端之心。人天生具有"才"，具有四端之心，顺着它的方向发展，不去破坏，就可以达成完整的善性。由此不难看出，性恶与性善所指非一，是针锋不值的两种理论，不是截然对立的关系。先秦时期，人们不重视逻辑，概念较为含混，有时两人争来争去，脸红脖子粗，表面看煞是热闹，静下来慢慢体味，才知道争的根本不是同一个问题。荀子性恶论与孟子性善论之争，就属于这种情景。

荀子性恶论和孟子性善论都可以成立，但作用不同。性恶论是在底下托着，以礼法作为保障，在律法的基线上达到平治，迫使人不成为一个恶人。如果有人乱来，有严厉的律法来管。有了这个基线，社会就得到了治理。性善论刚好倒过来，是在上面拎着。人原本就有善端，顺着善端的方向走，就可以完善自己，从而诱导人成为好人。性恶论负责托底，迫使自己不做恶事；性善论负责提升，尊重自己的善端，自觉成德成善。一下一上，一反一正，共同构成人性理论的完整系统，缺一不可。

在哲学思维中，人们常常犯非此即彼的错误，一定要在对立双方找出所谓正确的一方，排斥错误的一方。小孩子看电影，总爱追着大人问，那是好人还是坏人？大人一般不会这样问，因为社会中的人，既有缺点，又有优点，很难以绝对的好坏做出分别。这就好像马一样。马有不同的颜色，有黑的，有白的。我们往往容易形成一种印象，马要么是黑的，要么是白的。但世界上有一种马，既不黑又不白，既不白也不黑，而是一道黑一道白，一道白一道黑，这就是斑马。人性也是这样，既有性善的部分，又有性恶的部分。世界上很多看似彼此对立的双方，实际上是可以共融的，关键是能不能找到那个共融的点。

虽说性善和性恶都有道理,可以彼此共融,但理解性善和理解性恶的难度不同。前面说过,荀子的书好读好懂,孟子的书好读不好懂。要理解性恶论,并不特别困难,只要有一定的理论基础,很容易把握其内在的理路。性善论就不一样了。孟子的书字面没有太困难的地方,但要真正理解它的内涵,却并不容易,十分考验人的悟性。宋代陆九渊对自己有一个评价,说是"窃不自揆,区区之学,自谓孟子之后,至是而始一明也"(陆九渊《陆象山全集》卷十《与路彦彬》,北京:中国书店,1992年,第85页)。意思是说,孟子之后一千五百年,只是他真正读懂了孟子。这话表面看有点夸张,其实不然。这只要看看汉人的注疏,唐人的理解,就不难明白了。希望大家能够明白这个道理,顺便检讨一下自己的哲学悟性如何。如果你很快就能把握性善论的真谛,体悟到自己的良心,说明你的悟性不错,如果你读《孟子》老是在文字上动脑筋,挑形式逻辑上的毛病,感受不到内在道德根据的力量,那就说明你的理解还差得很远。

三 性恶论的内在困难

虽然我们充分肯定了性恶论的合理性,认可了它的理论意义,但问题并不能到此为止,还要考虑这样一个问题：性恶论有没有内在的困难？这是一个相当棘手的问题。

学界对此一般持肯定态度，认为性恶论确实有内在的困难，但绝大多数人把这个困难归为礼义法度的来源问题。按照荀子的说法，人有物质欲望，物质欲望无限度发展的结果不好，圣人不忍这种局面，制礼义作法度，以矫饰人的情性。这里隐含着一个问题：圣人的性也是恶的，以这种恶性怎么能制定出好的礼义法度呢？尽管这个看法在学界非常普遍，但我并不认为这是一个太大的问题。在荀子学理系统中这个问题不难解决，其间的关键就在于圣人有认知能力。圣人有认知能力，而且这种能力特别强，大大超过百姓。圣人通过这种能力可以明白，如果大家都顺着自己的物质欲望发展，谁也无法保证能够最终得利，最好的办法是大家都退一步，制定出一个好的措施来。这个好的措施，在中国文化系统中，就是礼法制度。透过西方文化传统，这个看法也可以得到验证。西方文化主张原罪说，人人都有原罪，但这并不妨碍可以制定出比较合理的契约制度。因为在契约关系上，你不能完全为恶，我也不能完全为恶，为了保证这种公平性，大家各让一步，从而保持较为合理的契约关系。西方文化重视契约，与其原罪说有着不可分割的关联。

性恶论最大的问题不在这里，它隐藏得比较深，需要认真研究才可以发现。这个问题可以这样表述：人有认知的能力，可以知晓甚至制定礼义法度，但知晓礼义明白法度之后，为什么要自愿按礼义法度去做？这个表述中特别重要的是"自愿"这个说法，这是整个问题的关键。为此，我们可以想象这样一个场景：在一个皓月当空的深夜，我们独自走在马路上。路上的行人很少，车辆也很少，我们踽踽而行，来到路口刚好遇到红灯。周围没有警察，家人朋友都不在旁边，就你一个人。就一般常识而言，我们知道这时要等一等，绿灯亮了再说。但在不同的理论系统中，其结果可能完全不同。

先看孔子和孟子。前面讲过，孔子的理想是复周礼。他看到礼崩乐坏，不行于世，提出了复周礼的政治主张。经历了很多挫折后，孔子明白了，社会之所以动荡，主要是人们内心没有行礼的基础。为此他用了极大气力，创立了仁的学说，以仁作为行礼的内在根据。孟子的思想与孔子略有不同。孟子不再讲复周礼，而是讲行仁政，而行仁政的基础，在于每个人都有善性。人之所以有善性，是因为有良心，良心有强大的动能，见到好的自己有力量去行，见到不好的自己有力量去止。由此说来，无论是孔子还是孟子，因为每个人都有仁，都有良心，仁和良心就是自己的道德根据。道德根据遇事当下呈现，提供动能，所以见到善可以自愿去做，见到恶可以自愿去止。

荀子就不同了，因为他不承认人天生即有善性，所以无法解决这个问题。"涂之人可以为禹"(《荀子·性恶》),这是荀子非常有名的话。意思是说,大路上见到的任何一个人都可以成为大禹式的圣贤人物。这和孟子讲的"人皆可以为尧舜"(《孟子·告子下》)是相同的意思。但他在分析这句话的时候,理论环节有欠完善。"今使涂之人者,以其可以知之质,可以能之具……然则其可以为禹,明矣。"(《荀子·性恶》)在荀子看来,任何人都有认知的能力,有知之质,能之具。有了这种能力,就可以认识好的礼义法度。认识了好的礼义法度,就可以按其规定去做,从而成圣成贤。但荀子没有注意到,人有知之质,能之具,有认知的能力,这是事实,没有谁能够否认。但问题是,认知能力可以认识礼义法度,但为什么要将它作为人的自愿行动呢?仍以上面的例子来说,我有知之质,能之具,可以认识交通法规,但我为什么要将这种事情作为自己的自愿行动呢?

荀子作为一个睿智的思想家,对很多理论环节想得十分仔细,但在这个问题上却有重大的疏忽,没有意识到这个问题的重要性。为此,再来分析荀子的另一段话。

> 曰:"圣可积而致,然而皆不可积,何也?"曰:"可以而不可使也。……小人君子者,未尝不可以相为也,然而不相为者,可以而不可使也。"(同上)

有人问，不断积习，不断教育，就可以成为圣人了，但现实却有人偏偏不去积习，不去教化，不能成为圣人，道理何在？荀子将这种情况叫作"可以而不可使"。小人和君子可以相互转化，小人可以变为君子，君子可以变为小人，但在现实中小人不自愿变为君子的情况却屡见不鲜。按理说，小人通过学习，完全可以上升为君子，但有人偏偏不这样做。正如上面的例子，小人也有认识能力，可以了解交通法规，知道遇到红灯需要等一等，但在现实生活中，不这样做的却大有人在。荀子并不是完全没有看到这个问题，但他想的办法过于简单，这个办法就是重罚。面对礼义法度，人们必须执行，执行者有赏，不执行者罚。虽然这样做可以迫使人不得不行，但荀子无论如何解决不了面对礼义法度人们自愿而行的问题。从理论上分析，由性恶论过渡到隆礼重法，引出法家有强烈的理论必然性。作为先秦三大儒之一的荀子何以带出了法家的学生，荀子后来的地位何以越来越低，这些问题由此也就不难理解了。

这一问题在西方哲学中同样存在。西方伦理学注意到，在建构了各种道德规范之后，人们能否自愿遵守这些道德规范，是一个很麻烦的问题。一种道德学说，一般来说都要制定自己的规范，但如何让人们自愿遵守这些规范，并不是简单讲几句话就可以解决的。西方伦理学长期分为两派，一是义务论，二是功利论。义务论以康德为代表。康德通过严密的分析建构了道德的法则，但他公开承认，他并不了解人为什么对道德法则感兴趣，将其归为理性的极限。功利论以边沁和穆勒为代表。这个学派的根本观点是行动必须符合最大多数人的最大利益。这个观点表面看很有力量，但在现实社会中，很多问题无法解决。比如，遵守交通法规，明显是符合最大多数人的最大利益的，但如果有人是性恶论的信奉者，你无法有效劝说他将此变成自己的自愿行动。正因为如此，近些年来，西方伦理学以麦金太尔、赫斯特豪斯为代表的一批哲学家，兴起了德性伦理学的风潮，希望回到亚里士多德的传统，以人有美德或德性来解决这个问题。按照我的理解，这里包含着一个重要的道德动力的问题。任何道德学说都必须解决这个问题，没有例外，这就是我上面反复提到的"道德动力学"。这个动力，在孔子靠仁来保障，在孟子靠良心来保障。荀子未能看到这个问题的复杂性和严重性，学理有欠完整，只能通过重刑重罚的办法加以解决，最后走上隆礼重法的道路。

要解决荀子性恶论留下的问题，一个有效的途径是必须承认人性当中原本就有一个性善的部分，承认有善的端倪。由此我们就可以进一步明白孔子和孟子思想的内在价值了。孔子创造仁的学说，表明人有内在的道德根据，尽管他没有解决仁的来源问题。孟子进一步创立性善论，认为人天生即有四端之心，就有"才"。从诠释的角度看，这里蕴含着很深的道理。在前面所引的大学生辩论中，台湾大学的同学反复以小鸟为例，告诉我们，小鸟一教就可以飞，人再怎么教也不会飞，因为小鸟有会飞的天性，人没有。道德问题也是一样，只有确定了人有善的种子，顺着这个种子发展，达成善性，才可能自愿遵守道德的法则，舍此别无他法。

更为重要的是，在儒家学理系统中，性善和信仰紧密相关。孔子讲过"获罪于天，无所祷也"（《论语·八佾》），对于天保持着敬畏之感。孟子又进了一步，强调良心是"天之所与我者"（《孟子·告子上》），将良心上升到天的高度。孔子和孟子这种做法意味着儒家讲的道德并非仅仅是具体条目，有着很强的崇高性和形上性。正是这种崇高性和形上性，保证了儒家道德学说不需要走宗教的道路，同样可以有巨大的力量。西方有一个说法叫"人在做，上帝在看"。西方意义的上帝在中国文化系统中并不存在，但儒家学理也包含着这样的意思，只不过说法有所不同，叫"人在做，天在看"。这里的"天在看"，说穿了，其实是"心在看"。意思是说，无论你做什么，你的良心都知道，而良心是上通于天的。

荀子不认可孟子的思路，对天的看法和孟子不同。荀子也讲天，但他讲的天完全是自然意义的。"列星随旋，日月递炤，四时代御，阴阳大化，风雨博施……夫是之谓神。"（《荀子·天论》）下雨刮风，日夜更替，阴阳变化，这是天。这种意义的天没有任何形上性。"星坠木鸣，国人皆恐。曰：是何也？曰：无何也，是天地之变，阴阳之化，物之罕至者也。怪之可也，而畏之非也。"（同上）星坠木鸣，是稀奇古怪的事，人们看了都很害怕。荀子解释说，这没有什么，只不过是比较稀罕罢了，感到稀罕是可以的，感到害怕就没有必要了。荀子完全切断了道德与天的关联，其道德学说缺乏形上的敬畏感，有的只是对于律法的畏惧。

很长一段时间以来，我们相信唯物主义，反对唯心主义，将荀子尊为先秦最重要的唯物主义思想家，以此反对性善论，批评孟子。因为我们秉持唯物主义立场，所以崇尚大无畏的精神，"彻底的唯物主义者是无所畏惧的"这一说法极有市场。天是自然之天，地是自然之地，人没有前生，没有来世，死了都去一个地方，没有什么可怕的。因为没有什么可怕的，所以只要能赚钱，什么都可以干，只要能发家，什么都敢做。我们不能光说别人，而应手摸胸膛想一想，自己的内心有没有敬畏之感？是不是胆子太大了？这是我们现在社会最大的问题。儒家思想告诉我们，人不能够什么都不怕，总要怕点什么，要有敬畏之心。一个什么都不怕的人是最可怕的，一个大多数人什么都不怕的国家是无法赢得他国尊敬的。我们的文化传统源远流长，虽然也有问题，但总的看是比较健康有效的。近代以来，传统文化受到了前所未有的严重冲击，失去了传统的中国人也失去了信仰，能够拥有的只是一个虚无，正所谓"白茫茫大地一片真干净"。如何在人性当中为善性安排一个位置，保持人们的信仰，是我们研究荀子必须认真思索的大问题。

总之，我们必须双线作战，既要保持性善的传统，又要重视性恶的作用。重视性善，由此可以加强道德修养，坚持以德治国；重视性恶，由此可以强化律法，坚持以法治国。如何将孟子与荀子，性善论与性恶论融合成一个完整的系统，是两千多年来未能很好完成的重大课题。可以说，自我从事儒学研究之始，就在为此而努力。庆幸的是，经过几十年的努力，我找到了一个完美的方案，可以合理而有效地解决这个问题。有兴趣的朋友可以关注我的《儒家生生伦理学引论》（北京：商务印书馆，2020年），那本书的第十二章"孟子与荀子、心学与理学的终极会通"对这个问题有详细的表述。

第八章　韩非及其法家

《汉书·艺文志》说："法家者流，盖出于理官。"按照这个说法，法家这个学派来自于理官。理官就是治理监狱的官。国家要治理好，不可缺少刑法，周代礼乐制度中负责这个部分的就是理官。开始的时候，法家的任务比较简单，就是"信赏必罚，以辅礼制"（《汉书·艺文志》）。法家以重赏罚为根本特点，而这样做的目的即是辅助礼制。后来，情况发生了变化。"及刻者为之，则无教化，去仁爱，专任刑法而欲以致治，至于残害至亲，伤恩薄厚。"（《汉书·艺文志》）后来法家越来越刻薄，不讲教化，不讲仁爱，只讲刑法，走向了极端，乃至到了残害至亲，伤恩薄厚的程度。从《汉书·艺文志》可知，法家最早没有什么不好，只是辅助礼制的一个环节，到后来越来越极端，才出现了各种各样的问题。

法家代表人物很多，比如李悝、商鞅、吴起，其中最重要的当然还是韩非。韩非生卒年约为公元前281年到公元前233年。司马迁作《史记》对韩非的生平有这样的描述:"喜刑名法术之学,而其归本于黄老。非为人口吃,不能道说,而善著书。与李斯俱事荀卿。斯自以为不如非。"(《史记·老庄申韩列传》)韩非小的时候喜欢法术之学,以黄老作为自己学说的渊源。当然,现在学者普遍认为,黄老与法家没有直接关联,韩非这样做,源于他对老子思想的误用。韩非口吃,讲话不行,但善于写书,和李斯同时学于荀门,李斯自认为韩非的能力要高于自己。"非见韩之削弱,数以书谏韩王,韩王不能用。于是韩非疾治国不务修明其法制,执势以御其臣下,富国强兵而以求人任贤……故作《孤愤》《五蠹》……十余万言……人或传其书至秦。秦王见《孤愤》《五蠹》之书,曰:'嗟乎!寡人得见此人与之游,死不恨矣。'"韩非是韩国公子,用今天的话讲,是典型的"官二代"。但韩非与今天的一些"官二代"不同,很有抱负,不是酒囊饭袋。他看到自己的国家越来越弱,非常着急,多次上书父王,父王不用,于是将自己的政治主张写了下来,著成《孤愤》《五蠹》等篇,凡十余万言。书写成后,在社会上产生了很大影响。秦王见后非常喜欢,感叹如能与韩非相游,死不足憾。于是,找个由头出兵讨伐韩国,韩国弱小,没有办法,派韩非到秦国做人质。韩非到秦国后,力劝秦王不要攻打韩国。李斯抓住这个机会到秦王那里打小报告,说韩非毕竟是韩国人,终是向韩而不向秦。秦王觉得有道理,把韩非打入大牢，李斯趁机害死了韩非。韩非死于同门李斯之手，足证法家从来不讲情感。"残害至亲，伤恩薄厚"，即指此而言。

一　法、术、势简介

以韩非为代表的法家思想，一般分为法、术、势三个方面。

韩非论法。法的思想渊源很早，商鞅在这方面做了很多努力，韩非重法即是对商鞅相关思想的继承。韩非之所以重法，因为他不相信圣贤政治。先秦各家学派，均离不开周代礼乐制度这一特殊背景。周代礼乐制度本质上说是一种圣贤政治，将治理国家的希望寄托在周文王、周武王、周公这样的圣贤身上。经过几百年的发展，这套观念出了问题，乃至礼崩乐坏。法家明确看到了这个问题的严重性，总结经验，提出了"上法而不上贤"（《韩非子·忠孝》）的主张。我们知道，自相矛盾的故事出自韩非，表面看这则故事是讽刺说大话的商人，其实真正用意是不相信圣贤政治。韩非说，从前有个地方出了乱子，尧派舜去，舜很快把问题解决了，于是老百姓既夸尧贤德，关心百姓，又夸舜能干，善于解决问题。韩非却在这里找出了毛病。他说，要么贤尧，尧把天下治理好了，不会有什么地方出乱子，舜就没有必要了；要么贤舜，舜很快把问题解决了，那就说明尧已经失职，没有把天下治理好。既贤尧又贤舜，这本身就是一件矛盾的事情，就像市场上又夸矛又夸盾的那个家伙一样。

韩非不相信圣贤政治，主要出于这样一些考虑。第一，圣贤不可求。在韩非看来，圣贤可遇不可求，历史上出现圣贤的概率微乎其微，遇到了算运气好，遇不到也没有办法。现实生活中大部分君王都是中人，不是圣贤。比较可行的办法是把制度定好，君主"抱法处势"（《韩非子·难势》）。第二，臣下不可信。按照圣贤政治的理想，君是圣君，臣是贤臣，贤臣辅佐圣君。韩非不这样看，认为任何人都靠不住，臣下更是虎狼之辈，如果臣下有真本事，早就找机会篡夺你的权力了，不会真心辅佐你。"人主之患在于信人。信人，则制于人。"（《韩非子·备内》）君主最大的隐患，就在于过度相信臣下。你如果过度相信臣下，就一定会被臣下所制，臣下是绝对靠不住的。第三，百姓需治理。在这个问题上法家与儒家有原则区别。虽然在儒家系统中政治主体仍然是君，但因为有长久的民本传统，所以非常重视民心的力量，强调对民一定要好，力求做到"保民而王"。法家不一样。法家对百姓没有任何信任感，认为百姓大多是恶民、刁民，只是治理的对象。治理百姓最好的办法就是把法律制定好，让他们害怕，不敢造次。

韩非认为法是治国唯一有效的措施，与法无关的内容都必须禁止。商鞅曾讲过："法已定矣，而好用六虱者亡。"(《商君书·靳令》)意思是说，最重要的是把法定好，一旦法定好了，其他东西都必须废弃。否则，儒家讲一套，墨家讲一套，老百姓不知听谁的。这些不同主张，就像人身上的虱子。虱子多了，身体一定不会健康；学说多了，国家一定治理不好。韩非继承了商鞅这一主张，进一步强调："令者言最贵者也，法者事最适者也。言无二贵，法不两适。故言行而不轨于法令者必禁。"(《韩非子·问辩》)言论中最贵重、最有效的是令；治国最重要、最合理的是法。治理国家除了把律法制定好之外，其他的东西一概不能讲，一概要禁，不能有一点含糊，不能搞多头政治。了解了"法不两适"的思想，我们就可以明白秦代统一后为什么要焚书坑儒了。坑儒没有新鲜之处，历朝历代统治者都要打压对立面，消灭政治上的敌人。问题是为什么要焚书？焚书其实是前面讲的"法不两适"的具体应用。建立一个政权后，必须将意识形态统一起来。秦统一后，以焚书这种极端的方式将意识形态统一到法家身上，把儒家、墨家、道家等排除在外。

法家重法，对于破除周代政治形式有进步性和合理性。前面讲了，周代礼乐之制，本质上是一种圣贤政治。这种政治形式有其好处，但问题也很多，需要有新的政治形式来替代。韩非不相信圣贤政治，希望进行改革，法家思想的进步性，主要表现在这里。因为是改革是进步，所以法家在实际运作过程中，遇到了很大的阻力。韩非清楚意识到了这个问题的严重性。"楚不用吴起而削乱，秦行商君法而富强，二子之言也已当矣，然而枝（肢）解吴起而车裂商君者何也？大臣苦法而细民恶治也。"(《韩非子·和氏》)楚国用吴起，秦国用商鞅，两国很快得以大治，说明吴起和商鞅的变法是有道理的，可以把国家治理好。但吴起被肢解，商鞅被车裂，原因无非有二。一是"大臣苦法"。变法必然得罪既得利益者，你动了他们的奶酪，他们但凡有机会一定要反身报复。吴起变法得到楚悼王的支持，成效大显，但也得罪了不少人，后来楚悼王死了，大臣就说吴起谋反。商鞅也一样，变法得到了秦孝公的支持，秦孝公死后，失去了支持，别人就告他谋反。商鞅没办法只能逃跑，但因为他在变法时搞了什伍编户制，谁也不敢收留他，最后被抓住，惨遭车裂。成语"作法自毙"，讲的就是这件事。二是"细民恶治"。法家不相信百姓，认为百姓习惯于散漫的生活方式，不希望严苛管理，眼光短浅，如果变法触动了其利益，他们同样不干，起而反对。"大臣苦法""细民恶治"这两条加起来，说明变法困难之巨。历朝历代的变法者，结局大多不好，反复验证了这个道理。

韩非论术。术的思想源于申不害。术和法不同。法既用于臣,又用于民。术则只用于臣,不用于民。韩非主张,"明主治吏不治民"(《韩非子·外储说右下》)。意思是说,好的君王把手下的大臣管好,不直接管理百姓,百姓由手下的官员去管。"术者,因任而授官,循名而责实,操杀生之柄,课群臣之能者也。"(《韩非子·定法》)管理臣下是一件复杂的事情,需要考察其工作效率,好的给赏,授官封爵,不好的给罚,甚至夺其性命。这些都属于术的范围。

术和法的另一个不同是"法莫如显,而术不欲见"(《韩非子·难三》)。法是明显的,刻在刑典上,每个人都知道。术则不同,只在君王心里,不让臣下知道。君王动动脑子,臣下就被管得服服帖帖了。因此,君主要保持自己的权力,对于臣下除了课考监察以外,更需要讲诡计、耍手腕,这就叫术。值得注意的是,韩非将这一思想归根于老子。《韩非子》书中有《解老》《喻老》篇,以老子作为自己的理论根据。这其实是对老子思想的误用。老子是守雌哲学,的确讲阴柔,但并没有法家要阴谋的意思。因为《老子》文字太简略了,韩非将其作了法家式的解读,成了耍阴谋、弄权术的思想渊源,这不能不说是老子的悲哀。

法家讲术,无所不用其极。这方面的内容较多,构成韩非思想的重要内容。下面是一些较有代表性的例子:

深藏不露。"上明见,人备之。其不明见,人惑之。其知见,人饰之;不知见,人匿之。其无欲见,人司之。其有欲见,人饵之。"(《韩非子·外储说右上》)君主应该深深隐藏起来,不要暴露在外。这样下面的人就会疑惑,时刻提防着你,否则就可能被人家引诱利用。韩非甚至要求,君王一定要独寝,因为睡觉会讲梦话,梦话往往是真话。让人听到你的梦话,就做不到深藏不露了。

静退为宝。静退为宝与深藏不露有相似之处,但又不完全相同。深藏不露是说自己要隐藏得深,不为下人所知。静退为宝,则是说君子处于静处,静观臣下的所作所为。"人主之道,静退以为宝。不自操事,而知拙与巧,不自计虑,而知福与咎。"(《韩非子·主道》)君王不亲自出马,让臣下冲在前面。这样就可以看透臣下的真实想法,分辨其好坏福咎了。

深一警众。《商君书·赏刑》记载了这样一件事。晋文公一次约好了与百官大臣一起打猎。到了约定的时候,百官大臣都到了,唯独颠颉迟到。晋文公于是下令腰斩颠颉。百官私下纷纷议论,颠颉是晋文公最宠爱的大臣,因为迟到而被腰斩,我们的地位远远赶不上颠颉,以后还是老实一点吧。商鞅高度评价这件事,盛赞"一假道重轻于颠颉之脊,而晋国治"。韩非继承了这一思想,并有进一步的发挥。"卫嗣公使人为客过关市,关市苛难之。因事关市，以金与关吏，乃舍之。嗣公为关吏曰：'某时有客过而所，与汝金，而汝因遣之。'关市乃大恐，而以嗣公为明察。"（《韩非子·内储说上》）卫嗣公听说关市有人受贿，不给好处办不了事，就派手下的人去了解。手下的人回来禀报，确有此事。于是，卫嗣公对那个关吏说，哪年哪月哪日，有人到你那里，你不让他过，他给你好处，你才放他走的，有没有这么一回事？关吏一听，这点小事君主都知道，"以昭侯为明察，皆悚惧其所而不敢为非"。卫嗣公这样做，就是放个套让你钻，告知你君王不好骗。这两件事性质不同，但都属于深一警众的性质。

倒言反事。倒言反事就是故意说反话，对手下人加以考验。子之在燕国当相国的时候，有一次为了检验手下的人是否真有忠心，就跟手下人讲，刚才门口外面是不是有匹马，到哪里去啦？手下的人都说，没有见到呀，哪里有马啦。唯独一个人跑到门外面看了看说，真有一匹马往东面跑了。"子之以此知左右之不诚信"（同上）本来没有马，子之故意这样说。别人都说没有，偏偏有人说有，以讨子之的喜欢，这种人当然就不能重用了。

用人也鬼。这是法家用人的基本原则。"故明主之行制也天，其用人也鬼。天则不非，鬼则不困。"（《韩非子·八经》）君主操持行政，管理臣下，一定要弄阴谋，耍手腕，在不知不觉之间将臣下管得服服帖帖。历史上这种事情太多了。赵匡胤杯酒释兵权是典型的例子。赵匡胤打下天下后，老是担心跟他一起起事的那些人手中有很大的兵权，万一有点不好的想法，他的位置就非常危险了。公开削除这些人的兵权，人家又说他不仗义。一次和石守信喝酒，喝到一半，趁着酒劲跟石守信说，我要是你，就不当这个禁军的首领，到老家种地去，又有吃的，又有穿的，不操这个心，多好啊。石守信一听就慌了，赶紧辩白，他对于皇上绝无二心。赵匡胤说，我知道你没有二心，但你手下那么多人，今天撺掇你一句，明天撺掇你一句，你不一定能把持得住呀。回去后石守信马上写辞职报告，禁军首领不干了。赵匡胤轻易之间就解除了石守信的兵权。为了把这事摆平，赵匡胤又假惺惺地把自己的女儿嫁给了石守信的儿子，结成亲家。这其实都是手腕，都是用人也鬼。

暗探暗杀。检查手下是否真有忠心，不能只看表面，更要暗里考察，这叫"阴使时循以省衰（衷）"（同上）。"衰"字当为衷，又通忠。意思是说，暗地里考察臣下是否有忠心。一个人如果没有忠心，让他活着，不方便自己办事，碍手碍脚，处死他，别人又会说君王不仁不义。在这种情况下，就应该"行饮食"（同上）。也就是以君主的名义给臣下送点好吃好喝的，里头放点东西，臣下一吃一喝，命就没了。这些事情看起来非常残酷，但在历史上时时刻刻都在发生。

韩非论势。势的思想渊源于慎到。《慎子·威德》讲:"腾蛇游雾,飞龙乘云。云罢雾霁,与蚯蚓同,则失其所乘也。"慎到清楚地看到势的作用。龙在天上飞,我们觉得神秘高超得不得了,但到了地上跟蚯蚓没有什么区别。道理就是它有所乘,这个乘就是势。韩非接续了这一思想,特别强调势对于君王的重要。"凡明主之治国也,任其势。"(《韩非子·难三》)势可以简单理解为一种动能、一种威严、一种气场。《孙子兵法》讲,把一块大石头从千仞之山上滚下来,那种动能,那种力量,就叫作"势"。

从事政治的,都懂得这个道理。我小的时候去参观故宫,先要经过很长的石道,上很多的台阶,然后才能上到太和殿。到了殿里,还有一个高高的台阶,上面才是皇上坐的龙椅。当时我很不理解,觉得不利于办公,说话声音小了可能都听不见。后来才明白这其实就是一种势。皇上为了保持自己的尊严,必须维持这种势。毛泽东很懂这个道理。我们20世纪70年代和美国建交,当时美国总统是尼克松。尼克松后来因为"水门事件"下台了。毛泽东或许是为了表达某种态度,特意邀请了尼克松的女儿女婿来北京,并亲自接见。这在当时是一件很大的事情。接见完毕后,记者采访尼克松的女儿女婿,问他们见到毛泽东有什么感觉?他的女婿讲了一句话,我到现在都记得非常清楚:"十里之外,都可以嗅到伟人的气息。"这就是势的力量。

要造势,首先必须集大权于一身。"君臣之间,犹权衡也。权左轻则右重,右重则左轻。"(《慎子·佚文》)权就是秤砣,老式的秤,一边是秤砣,一边是秤盘。政治权力与此相似:君的权力大了,臣的权力就小;臣的权力大了,君的权力就小。君王把持政治,必须将权力集中于个人之手,不要旁落于臣下。韩非将这种做法叫作"数披其木,毋使木枝扶疏"(《韩非子·扬权》)。臣下权力刚刚长出个小芽来,有发展之势,君王就要把砍一砍,掰一掰,千万不要让它过于茂盛,否则君王的权力就要旁落了。为了保证权力集中于君王之手,韩非提出了一系列的要求。比如,臣不得专兵权。兵权是国家权力中最重要的部分,只能由君王掌握,不能由臣下掌握。"出军命将太重,边地任守太尊,专制擅命,径为而无所请者,可亡也。"(《韩非子·亡征》)如果派出去的封疆大吏权力太重,是非常危险的,君主要特别加以小心。又如,臣不得专人权。"明主之所导制其臣者,二柄而已矣。二柄者,刑、德也。"(《韩非子·二柄》)君主之所以能够控制臣下,主要靠两条,一是德,二是刑。抓住了这两条,就能管住臣下。干得好,加你俸禄,干得不好,刑法伺候。再如,臣不得专财权。国家财政大权一定要君主掌握,否则哪个地方有了灾,得到中央救济，人家感谢的就不是君王，而是主管财政的大臣。这叫作"臣制财利则主失德"（《韩非子·主道》）。

要造势，还必须警惕臣下有篡权之机。这方面韩非有细致的考虑，提出了多项具体要求。其一，警惕阿谀奉承之人。"凡奸臣皆欲顺人主之心以取信幸之势者也。"（《韩非子·奸劫弑臣》）拍马、奉承的人都有自己的用心。俗语讲，拍马是为了骑马。臣下拍马奉承你，把你伺候好了，他自己的事也就好办了，你也就很难不听他的话了。更有一些人，给你拍马，奉承你，包含着险恶的用心，其实是要置你于死地。这些都不得不防。

其二，不能过于亲信臣下。"爱臣太亲，必危其身；人臣太贵，必易主位。"（《韩非子·爱臣》）如果过于相信臣下了，君位就难保了。像诸葛亮那样忠心帮助刘备，辅佐阿斗的，历史上极其少见。如果书呆子气太重，太相信自己的臣下，你的君位恐怕就不长久了。

其三，防止臣下威望过高。"行惠取众谓之得民"，"得民者，君上孤也"。（《韩非子·八说》）作为君主，臣下如果深得民心，口碑特别好，你要特别小心，否则你很可能会被孤立。反之，臣下要时刻谨慎，不能抢了君王的风头。

其四，臣不得结交私党。君主操持政治，一定要防止出现"腓大于股"（《韩非子·扬权》）的现象。股是大腿，腓是小腿。正常情况是大腿带动小腿。如果臣下权势过重，小腿不听大腿指令，这个国家也就完了。一旦有了"胈大于股"的苗头，君主一定下狠心，"散其党，收其余，闭其门，夺其辅"（《韩非子·主道》），将臣下的私党统统打散，收其余部，闭其门户，不能手软，一点客气都不能讲。

其五，防止臣下越权。臣下不得越权，是法家的一个重要原则。"功当其事，事当其言，则赏，功不当其事，事不当其言，则诛。"（同上）臣下必须将自己的本职工作做好，做好了给赏，做不好给罚。《韩非子·二柄》讲了这样一个故事。韩昭侯有一次喝多了，在卧榻上休息。酒醒后发现身上盖了一件衣服，就问谁盖的。手下人禀报：典冠。典冠就是负责戴帽子的官员。韩昭侯于是下令杀典冠，治典衣之罪。典衣的职责是负责给君王穿衣服，但他没有做，这是失职。典冠的职责是负责给君王戴帽子，但他却给君王盖了衣服，这是越权。"其罪典衣，以为失事也。其罪典冠，以为越其职也。非不恶寒也，以为侵官之害甚于寒也。"（《韩非子·二柄》）韩昭侯之所以杀典冠，不是不怕着凉，而是怕臣下越权。我们都知道荆轲刺秦王的故事，但有个细节往往不大注意。图穷匕首见，荆轲拿着匕首刺秦王，因为匕首短，够不着，追着秦王在大殿里跑。这时只有侍医出手帮忙，才脱离了险境。宫殿里文武百官很多，但没有一个伸手帮忙的。这当然有事发紧急，反应不及的因素，但更重要恐怕还是在法家的管制下，人们不可越权，否则"侵官之害甚于寒"，你后面的日子也就难过了。

二　法家思想的价值与局限

　　法、术、势多表现为政治操作的手段，我们学习先秦诸子更应当关注韩非法家思想的理论基础。前面讲过，韩非是荀子的学生，荀子提出了性恶论，但在韩非书中并没有关于性恶的明确说法。因此，学界一般不把韩非的人性论称为性恶论。尽管如此，荀子思想对韩非的影响仍然有迹象可寻。荀子性恶论的基点是承认生而有物质欲望，任凭这些欲望发展，必然导致纷争不已。顺着这个路子，韩非也特别重视利欲问题。在他看来，如果物质丰盈，人们对于利欲的要求不会有问题。但现实社会物质匮乏是常态，在这种情况下，趋利避害就成了人的行动的主要动力。"人无毛羽，不衣则不犯寒。上不属天，而下不着地，以肠胃为根本，不食则不能活。是以不免于欲利之心。"（《韩非子·解老》）人身上没有毛，必须穿衣，否则就要冻死。上不着天，下不着地，必须吃饭，否则就要饿死。所以人天生就要追求物欲，趋利而避害。欲利之心是韩非观察社会的一个重要角度，也是他思想的出发点。我将这种人性理论称为"欲利论"。韩非在这方面的论述很多，非常尖刻。

比如商客关系。韩非说:"非舆人仁而匠人贼也,人不贵则舆不售,人不死则棺不卖。情非憎人也,利在人之死也。"(《韩非子·备内》)做车的人喜欢年成好,年成好人们才有钱,才能买他的车。做棺材的人喜欢年成不好,年成不好死的人多,才能买他的棺材。这不是因为做车人心眼儿好,做棺材的人心眼儿不好,完全是由利害关系决定的。

比如夫妻关系。夫妻是家庭关系中重要的一环,也是最容易理想化的一种关系。人们总是希望能够找到理想的另一半,组成美满幸福的家庭,相互帮助,相互关爱。韩非完全不这样看。他讲过这样一个故事:"卫人有夫妻祷者,而祝曰:'使我无故,得百束布。'其夫曰:'何少也?'对曰:'益是,子将以买妾。'"(《韩非子·内储说下》)卫国夫妻二人在祈祷,妻子说,如果无灾无难,请上天赐予一百束布。丈夫说,既然是祈祷,为什么只求这么一点点,不多求一点呢?妻子回答说,如果求多了,你就会用求来的东西买妾,我的地位就危险了。在法家眼中,夫妻之间没有情感好讲,同样是利益关系。

比如君臣关系。在韩非看来,因为人人都有欲利之心,所以君王才能够有其赏罚。韩非清楚看到了这个问题的重要,指出:"凡治天下,必因人情。人情者,有好恶,故赏罚可用。"(《韩非子·八经》)治理天下,最重要的是基于人情。而这里讲的人情，就是人人都有的那个欲利之心。因为每个人都有欲利之心，希望赏，害怕罚，所以君王才能以重赏收买人，以重罚恐吓人。如果人人都禁欲寡欲，没有欲利之心，君王无法赏，无法罚，国家也就没有办法治理了。按照周代的礼乐制度，君在上，臣在下，君对臣以慈，臣对君以恭。但在法家心目中，全然不是这个样子。"君以计畜臣，臣以计事君，君臣之交，计也……君臣也者，以计合者也。"(《韩非子·饰邪》) 君玩弄权谋畜养臣，臣玩弄心眼提防君，君臣之间完全是算计关系，都在那里耍手腕、斗心眼儿，计算个人得失，根本没有信任可言，更谈不上君对臣以慈，臣对君以恭。

韩非通过这些论述力图说明这样一个道理：人都是趋利避害的，面对现实，无不选择于自己有利的，远离于自己有害的，君王应该牢牢抓住这个特点，来加强自己的统治。因为人们趋利，所以可以用赏的办法；因为人们避害，所以可以用罚的办法。二者相比，人们更加害怕处罚，所以韩非特别强调重罚，而较少推崇重赏。韩非看到了欲利之心在国家治理方面的重要作用，有其深刻的一面。韩非从欲利之心出发，说明治理国家的道理，有其深刻的一面，与西方的马基雅维利有一定的接近度。马基雅维利是在西方历史上第一个系统提出人性恶这一理论的思想家。16世纪的意大利分为大小不等的国家,各个国家都有自己的势力范围,互不服气,战争不断。马基雅维利写作《君主论》,就是告诉当权者,要把国家治理好,唯一有效的办法就是加强你的权力,千万不能把希望寄托在神上,寄托在道德上。韩非重视人的欲利之心,通过加强法度的办法治理国家,走的其实也是这条路线,而其具体实践者秦国能够一统天下,证明了法家思想有其可取之处。

韩非强调不能将治国的希望寄托在圣人身上,也有其内在价值。如果有圣人,那当然好,但圣人可遇不可求。如果把希望都寄托在这里,一旦圣人求不到,国家就没办法了。因此,治国最为重要的是把制度建构完善,君王抱法而处势。此前讲过,西方近代政治的一个重要进步,是道德与政治的分离,不再相信圣贤。小布什竞选团队有意将其塑造成一个脑子不大够用的形象,这对于我们来说很难理解,但在美国社会中人们早就习惯了。两千年前韩非不相信儒家的圣贤政治,虽然与西方近代政治出发点不同,但也有异曲同工、暗中相合之处。这是值得认真思考的。

韩非为了落实法治重视刑无等级,这更为后人所肯定。"所谓壹刑者,刑无等级。自卿相将军以至大夫庶人有不从王令,犯国禁,乱上制者,罪死不赦。"(《商君书·赏刑》)在法家理论中,不管什么人,在法律面前都一样,没有王公庶民之分。《韩非子·外说储右上》讲的一个故事，很能表达这一思想。荆庄王定有茅门之法，规定前来宫殿，必须早早下马。如果马踏到了霤，也就是房檐下面的水沟，必须治罪，斩其辀戮其御。一次庄王的儿子上殿，不小心马踏到了霤，法官要治太子的罪，太子到庄王那里告状，要求诛之。庄王对太子讲："法者所以敬宗庙，尊社稷。故能立法从令，尊敬社稷者，社稷之臣也。焉可诛也。"(《韩非子·外说储右上》)法是敬宗庙，尊社稷的。法官这样做，对社稷有好处，怎么能够治人家的罪呢？这则故事在一定程度上体现了法律的平等性。

将政治环境的险恶直白地告诉读者，这也应该算是韩非的一个"贡献"。韩非有些话过于极端，很吓人，但并非完全没有道理。对于希望从事政治的人来说，对此要有所准备。不少同学从小就有政治抱负，希望长大后从政。如果是这样的话，给大家提个醒，政治远不像我们想象的那么单纯、那么和善，不是人人都适合的。

韩非思想的最大的局限，是没有充分看到并肯定人性中有善的一面，对人性没有任何信任感。人有物质欲望这是事实，没有谁可以否认，但根据孔子和孟子的教导，人还有仁和良心，还有善的一面。很难说韩非完全没有谈到善的问题，但他的论述只是片言只语，远不成系统，更谈不上深刻。这是韩非最大的缺陷，也是其思想的致命伤。另外，韩非也没有能够解决如何限制君王权力的问题。他不是没有考虑这方面的问题，只是没有找到合宜的办法。以韩非为代表的法家，只能够走向法治，不可能走向法制，即不可能建构完整的以法律为基础的政治制度。一些人现在比较喜欢法家，喜欢韩非的思想。我对此并不乐观。按照韩非的路子，不可能建立现代的政治制度。这是我们研究法家思想必须时刻警惕的。

读韩非的著作，感觉与儒家、道家、墨家完全不同。读《论语》，我们可以知道，孔子是一个谆谆长者，为了复周礼，一生拼命努力，"知其不可而为之"；读《墨子》，我们可以知道，墨子是个苦行僧，为了兼爱非攻，裂裳裹足，疾疾而行；读《老子》，我们可以知道，老子是鹤发童颜、双耳垂肩的智者，智慧高超，把整个天下看得透透的；读《孟子》，我们可以知道，孟子是一个很好的宣传家，为了推广仁的思想，施行王道，时时宣扬，处处鼓动；读《庄子》，我们可以知道，庄子是一个高明的隐者，"知其不可而不为"，不谴是非，无待逍遥，为人们展现了一个完全不同的世界；读《荀子》，我们可以知道，荀子是一个睿智的思想家，为了"贵礼义"，建构性恶论，不遗余力。唯独读《韩非子》感觉不同，有一股浓烈的阴霾之气，很多地方甚至感到瘆得慌。很难说他讲的完全没有道理，但思想明显过于消沉。韩非思想有这种特点，我猜测，可能与其生理缺陷有一定关系。前面讲过，韩非口吃，不善论说，对韩非性格乃至思想的形成恐怕有一定影响。虽然我们很难找到具体证据，但这个看法并非完全没有道理。

第九章　幸福人生的中国样式

时间过得很快，今天是"先秦诸子"这门课的最后一讲了，我把这一讲的题目定为"幸福人生的中国样式"。不少同学看到这个题目都笑了，因为很少有老师讲"先秦诸子"是这样收尾的。我这样安排，有我自己的考虑。第一章"中国文化的特质"讲过，历史上关于哲学有不同的定义，一般将其界定为关于世界观和方法论的学问。我完全不接受这种讲法。在我看来，哲学是人类对形上问题追问的反思。这里有两层意思：首先，哲学的重心不在形下层面，是对形上问题的追问；其次，哲学又不是这种追问之本身，而是对这种追问的进一步反思。以这种理解为基础，我一直坚持认为，哲学必须在形上层面关注人类社会的问题，从根柢处为人们提供一种有意义的生活方式，而这种生活方式应该是幸福的。不能为人们提供这种生活方式的哲学，哪怕再高超再玄妙，也不值得尊重。

另外，这个题目的重点在"中国样式"。在这门课中我特别重视中国文化的特殊性，强调这种特殊性由先秦诸子奠基，表现在政治、道德、哲学等方方面面，既然如此，其幸福的样式自然也应有自己的品格。如何将这种品格彰显出来，是一项不可忽视的工作。对于今天的年轻人来说，这个问题有着更强的现实性。你们这一代人有很多优点，聪明、独立、有个性，但恕我直言，很多人找不到人生的方向，不知道人生的意义是什么，不明白人为什么要活以及应该怎样生活，说是迷途的羔羊并不过分。学习先秦诸子，我们了解了中国文化的特殊性，而这些特殊性在个人生活方面的表现，也就成了不得不认真思考的问题。在课程临近结束的时候，我把自己对这个问题的思考整理出来，与大家一同分享。

一　物欲幸福

既然标题中提到了"幸福"，那么首先就需要说明什么是幸福。前几年有一门哈佛网络公开课非常红火，题目就叫"幸福"。老师口才出众，课堂效果很好，但看了之后，我有一个很大的遗憾：这门课并没有告诉我们究竟什么是幸福。这不能怪那位授课的老师，因为关于幸福的定义古往今来无法计数，很难形成一个统一的看法。但我并不认为说清这个问题有太大的难度。我一直坚持主张，幸福需要从欲望说起。人有欲望，欲望需要得到满足。满足了自己的欲望，内心会有一种感觉，这种感觉就是幸福。简言之，幸福就是欲望满足后内心的感觉。这就是我对幸福的定义。比如，我好几天没吃饭了，饿得半死。突然有个好心人给了我两个包子，热乎乎的，我在吃包子的过程中，会有一种特别的满足感，这种感觉就是幸福。到了上大学这个年龄段，按照正常情况，每个人都希望找到自己的女朋友或者男朋友。如果有幸找到了，两人一块去听课，一块去吃饭，一块去自习，一块逛商店，相互帮助，相互促进，内心会有满足的感觉。这种感觉就是幸福。

人要幸福地生活，首先要满足物质方面的需要。满足了这方面的需要，人就有一种满足的感觉，就可以享受到幸福。我把这种幸福界定为"物欲幸福"。仍用前面举过的例子，吃了包子之所以内心有一种满足感、幸福感，是因为你饿了，有吃东西的要求。这是"食"。为什么到了相应的年龄，找到了自己心爱的人，内心会有一种满足感、幸福感？是因为你的性成熟了，有这方面的要求。这是"色"。物欲幸福就是这两个，一个"食"，一个"色"，其他都是从这里引申出来的。所以我们又可以把物欲幸福叫作"食色幸福"。

在日常生活中，每时每刻都可以体会到物欲幸福。现在网上购物非常方便，完全打破了以往购物的方式。如果我们在网络上千挑万选，找到了一家店，选中了自己喜爱的物品，比如说女孩子找到了漂亮的花裙子，男孩子找到了心仪的跑鞋，经过讨价还价，拍下来了，钱也付了，这个时候你最关心的一定是店家什么时候发货。知道店家已经发货了，又要查快递查物流，看货物到了哪一站。知道货物到了学校，赶快跑去取，收到后，手边没有剪刀，心急火燎，连撕带拽，忙着开箱验货。一旦货物和自己想象相合，你内心是不是有一种满足感呢？这种满足感，就是幸福。

物欲幸福有一个付出和所得的正比关系。意思是说，付出越大，得到的满足感越强；付出越小，得到的满足感越弱。拿吃饭来说，我们下课后到食堂去，是吃饭。一个美食家，经过千辛万苦的准备，把天南地北的好食材集中起来，用哪个地方的油，哪个地方的面，都极为讲究，弄出一道名菜，也是吃饭。后者的满足感一定高于前者。一个男孩子追一个女孩子，或一个女孩子追一个男孩子，随随便便就追到了，与费尽周折、不怕挫折才达到目的相比，二者的满足感是不同的。

"幸福人生的中国样式"的特点在这里就表现出来了。此前我讲过，以儒学为代表的中国文化，对于物欲的态度非常平实，不持否定态度，并不是禁欲主义者。我们总是说中国人热爱生活，这里所说的"热爱"首先就表现在这里。与佛教文化、基督教文化相比，儒家的这种态度十分独特。佛教是苦的文化，基督教是罪的文化，儒家文化则是乐的文化。宋代之后，儒家在这个问题上出了偏差，提出了"存天理灭人欲"的说法。这个说法，不管提出者有多好的用心，本身都是错的，背离了先秦儒家的真精神，对社会的发展产生了不好的影响。

　　这种影响，后来加上西方某些学派的介入，表现更为极端。20世纪50、60年代，我们对于物欲同样持否定态度。我是1969年当兵的，所在部队是空降兵15军44师，驻地在湖北省。当时正是"文化大革命"期间，我们那个团临时负责守卫武汉长江大桥。长江大桥连接汉阳和武昌，汉阳有座龟山，武昌有座蛇山，树木茂密，风景优美，我们连就在蛇山脚下。夏天，吃了晚饭后，老班长经常带我们到山上去做一件轰轰烈烈的"大事业"：把在山上谈朋友的青年抓来，理由是他们"耍流氓"。我入伍时年纪很小，不满16岁，什么也不懂，用今天的话说就是"情窦未开"，老班长让干什么就干什么。现在想起来，觉得很对不起那些孩子，他们并没有做太过分的事。但我们那时就认为他们是在"耍流氓"。最讽刺的是，把他们抓来，让他们蹲在连队值班室的墙角，没有一个人为自己申辩的，像是做了天大的错事似的。我之所以讲这件事，是想提醒大家，我们亲身经历的那段荒唐年月离现在并不久远，但很多人已将它忘到九霄云外去了。现在好了，我们不再否定物欲，对物欲持肯定态度了。这只要看一看在演唱会上，那些"流量小生"出场时，女孩子，甚至是成年女性的大呼小叫，就可以明白了。

虽然对于物欲持肯定态度，但必须明白，物欲不是人生的全部，人生的意义不能止步于物欲。这是因为，第一，物欲不是最高的价值所在。人追求物欲和动物并没有本质的区别。一个人浑身名牌，这是你的物欲，没有问题。但是你的这种做法与动物进入发情期，把自己的羽毛梳理干净，整理整齐，没有原则性的不同。如果把自己的人生目标定在这里，那你和动物并没有区别。第二，追求物欲没有止境。物欲有一个特性：好了还想好，多了还想多，永远没有头。一个小孩子没有零花钱，看到橱柜里的棒棒糖买不起，与一个亿万富翁手头暂时拮据不能收购一幅名画，二者的感觉是一样的。更加麻烦的是，物欲有边际效应。我饿了，吃第一个包子觉得很好，第二个包子就差多了，第三个包子已索然无味。这就是边际效应。有个电影明星，长得特别漂亮，叫奥黛丽·赫本。因为漂亮，很多男士都愿意讨其喜欢。一次，有人送给她一个五克拉的钻石戒指。一开始她还挺高兴，左看看，右看看，过不了几天，就放到抽屉里不理了，没吸引力了。

二 事功幸福

人除了有物欲需要外，还有事功欲望。人生的意义不能止步于物欲，更要追求自己的事功。人有事功的欲望，有事功的需要，是因为人有理性，有认知的能力。人和动物最大的区别之一是人的理性很强，远远超过其他动物（我不认为其他动物没有理性，没有认知能力，只是这种能力没有像人一样，可以达到自我认知的程度而已，这与时下一般看法不同）。既然人有很强的理性，自然就要动用这种能力做点什么。这个做的那点"什么"，就是每个人的事功，用传统的话说，就是要立功，要立言。事功欲望得到满足，成就了功业，同样可以获得满足感。我将这种满足感称为"事功幸福"。在日常生活中体会事功幸福并不困难。比如，对于刚进入复旦大学的新生来说，我们回想一下，高考后通过网络查到自己分数的时候，刚刚接到学校录取通知的时候，内心一定有一种满足的感觉，溢于言表。入校后，清晨或傍晚，能够昂首挺胸在美丽的复旦校园漫步，这本身就是一种满足，一种幸福。

　　事功幸福有一个量的问题，必须积累一定的量，才能获得幸福感。但这个量并没有绝对的值，不是说一定达到哪个绝对值，才能够获得事功幸福。只要认真努力了，都可以在自己的事功方面有所成就，同时享受到事功方面的幸福。心理学家做过调查，证明世界上有四种人是最幸福的：一是光着屁股，无忧无虑，在沙滩上垒城堡的小孩子；二是刚刚当了妈妈，给自己孩子洗澡的年轻母亲；三是做完一台大手术，把病人从死亡边缘抢救回来的医生；四是经过辛勤努力，写完一部作品，哼着小曲，整理手稿的作家。大家注意，这四种情况并没有绝对的量，只要你努力了，就可以得到这种幸福。

事功幸福同样有付出与所得的正比关系。付出越大，牺牲越大，能够获得的事功幸福的值就越高。比如，数学系的同学，为完成作业，解了几道高数题，内心也会有满足感。但这种满足感无论如何不能与一个数学家经过千辛万苦的努力，证明了费马大定理，证明了哥达巴赫猜想所得到的满足感相比。由此说来，要获得更大的事功幸福，必须付出更大的努力。不管是不是意识到了，也不管是不是愿意承认，每个人都是一颗会思想的螺丝钉，区别只在于个头大一点还是小一点，是在自行车上运转，还是在宇宙飞船中翱翔。

往深处说，追求事功幸福的意义，在于充分发挥自己的潜力。这里的关键词是"潜力"。人的潜力是非常大的，大到什么程度，连自己都不知道。如何把自己的潜力充分发挥出来，提升自己的价值，是我们要不断思考的重要话题。我们想象一下，20世纪60年代末70年代初，全国各地有那么多知青，和农民一块干活，一块生活，他们中可曾有人想到，自己身上有成为某个学科顶尖人物的潜力？前面讲过，我是1969年入伍的，没有上山下乡。当时在履历表文化程度一栏填的是初中，其实我真正在学校学习，听老师上课，只有六年不到的时间，初中的门一天都没有进过。在连队当战士扛枪站岗，何曾想到若干年之后，自己可以到复旦大学当老师，当教授？潜力就在我们自己身上，关键是能不能发现它，尊重它，把它完全发挥出来。大家都很聪明，潜力大得无法预估，一定要好好珍惜，不要辜负了自己的一生。只有做不平凡的人，才能做不平凡的事；要做不平凡的事，必先做不平凡的人。

我很喜欢这样一个说法：人人都有自己的价值，你现在值多少？我们应该有这样的气魄，坚信地球不会因为我才转动，但一定会因为我而不同。地球有自身的运行路线，不会因为我而改变，但因为我来到这个社会上，因为我做出的巨大努力，这个世界的意义就与之前大为不同了。

将潜力充分发挥出来，对于职业工作者来说，意味着向人类极限发出挑战。与一般人不同，职业工作者的任务是挑战整个人类在这个方面的极限。比如，乒乓球男子单打世界冠军的技巧代表男性在这个领域的极限。你打过了他，你就挑战了人类的这个极限。职业工作者与一般人的差距也在这里。过去我所在单位乒乓球队有个人打得很好，他的老乡是国家队的队员，有一次来看他，我们就鼓动着他俩打一打。他的老乡死活不干，最后被我们缠得没办法，就说也别打了，我发10个球，你只要能接住一个,就算你赢。结果他发了10个球,我们单位那位高手硬是一个也没接住。业余爱好者任何时候都不要与职业人员去比,二者完全不在一个世界当中。反过来说,职业工作者也要尊重自己工作的性质,不要把自己委身于业余爱好者之间,满足于在社会上当什么网红,做什么大咖。

选择什么作为自己的职业,是一件非常困难的事。世界上没有谁能够保证一个人一定可以在某个方面成功,否则他不是在胡说,就是个骗子。西方有一个著名钢琴教育家,钢琴教得很好,很多爸爸妈妈都把自己的孩子送到他那去。每次开班的头一堂课,他都对着那些孩子和他们的家长讲,你们选择了天底下最蠢的职业,除非你是这个行业中的顶尖天才,否则你不可能成功。这位老师这样讲,不是故意吓唬谁,确实有道理。

选择职业,根据我的经验,应该注意这样几个问题。第一,选择自己打心眼儿喜欢,不是别人强迫你喜欢的。如果你觉得喜欢打扫马路,那你去做好了。这里不存在行业歧视问题。第二,选择自己擅长的。别人做这一行,你也做这一行,你不用费太大的力气,就能显出来,超过别人,那就说明这行你比较擅长,你就选择它。第三,一旦确定了自己的选择之后,坚持再坚持,不留半点余地。观察社会,我们不难发现,任何一个行当事实上都是由顶尖的几个天才把持着。哲学、科学、艺术、体育都一样。你在选择这个行当的时候，别人都会说风凉话：唉呀，那么多人，哪能轮得上你出头呀。这个时候你只要告诉这些人六个字就够了：我喜欢，我擅长。同时心里一定要叮嘱自己，补上一句，我一定要坚持到底，绝不半途而废。我常说，你有姚明的身高，你就去打篮球；你有聂卫平的智商，你就去下围棋；你有任正非的才华，你就去办公司。如果这些你都没有，只有一个稍微清醒一点的脑子，你就来哲学系，争取当一个哲学家。虽然这话有开玩笑的成分，但也应该明白，哲学也是需要天才的。那么多人从事哲学工作，能够有自己东西留下来的，寥若晨星。成功在于坚持，巨大的成功在于看似不必要的坚持。认准了一个方向，路不两歧，心无旁骛，坚持到底，很可能多少年之后，你就成了那个行当中几个顶尖的天才中的一个。

在事功方面，人们容易犯的第一个错误，是不知道事功的需要高于物欲的需要，为区区之利毁掉自己的事功。前些年武汉某些高校的在校生，为了几千块的好处费，替人高考，结果东窗事发，被开除学籍。这是典型的为了蝇头小利而毁掉学业的事件。其中还有农村出来的孩子，真的不容易。他们能考上大学，老话说，那是祖坟烧了高香，街坊邻居要敲锣打鼓欢送的。被大学开除了，事业从哪里谈起？生活有困难，完全可以通过正常渠道解决。现在这方面的机制已经比较健全了，绝不应该走那条道路，毁了自己，也毁了全家。现在的大学校园里，男生最容易犯的错误，是迷恋网游，课也不上，挂科很多。爸爸妈妈送你到大学来，是让你好好学习，日后成才，为社会多做贡献，不是让你来打游戏的。当然，这些学生也知道沉迷于此不对，但就是管不住自己，剁不了这个手。我一直怀疑网络游戏对人类文明的进步究竟有多大的作用，但现在很多企业都把它作为盈利增长点，拼命抢这块蛋糕。这里的社会责任问题，亟待研究和讨论。与男生不同，女生是逛网店购物，同样沉迷于此，剁不了这个手。可惜就是钱太少，但性质没有不同。

选择事功，有时需要在物欲方面做出一些牺牲。此前我讲过，我之前在部队工作，在那里发展得很好。按照正常路线走，操作得当的话，临退休之前，是可能到少将的。但我后来还是毅然决然离开部队，告别了长达33年的军旅生涯。部队培养了我，教育了我，我对部队充满感情，非常留恋（这种情感只有当过兵的人才懂，对外人不足道）。只是因为我的专业方向不适合部队的环境了，才主动提出离开的。从部队下来，我也可以有不同的选择，如到政府机关，等等，但我心甘情愿到大学当一名普通的教书匠。从功利的角度看，这样做吃亏吃大了。我在地方的工资待遇，和部队差了好大一截。我现在住的房子，和仍留在部队的战友，更是没得比。但我从来没有后悔过。为了成就自己事功，这种选择是必不可少的。甘蔗没有两头甜，占到一头算不错了，很多人连一头都占不上呢。事功和物欲有时很难兼得，必须放弃一头，关键看你怎样选择。

受功利主义风潮的影响，人们很容易把物欲幸福看得过重，以至于大学的一位老师在上课时公开对同学讲，你到40岁的时候，银行账户里还存不上四千万的话，你的人生就是失败的。我不知道这位老师是何方神圣，但猜想他一定不是从事哲学，特别是儒学研究工作的。人生的价值怎么能够以干巴巴的数字做衡量呢？大山里的老师一辈子辛辛苦苦、勤勤勉勉工作，把山里的孩子一个接一个、一批接一批地送出去，他（她）的一生不要说四千万，恐怕连十万也达不到，你能说他（她）的人生不成功吗？我放着将军不当，跑到复旦当一名普遍的教书匠，根本没有想过银行账号会有这个数，你能说我不成功吗？"七七、七八"现象中的人，是时代的幸运儿，社会无情地淘汰了他们同辈中的绝大多数人，他们留下来已是凤毛麟角，而在这些人中又有一些可以称为凤毛麟角中的凤毛麟角。这些人做出的选择，走过的道路，是不能单纯以物欲的标准来衡量的。

在事功方面，人们常常犯的另一个错误，是盲目相信爱情至上，将自己的幸福寄托在他人身上。女孩子好幻想，情感丰富。有些人常常这样想：假如我有倾国倾城之貌，找到了我心中的白马王子。他体贴我、爱我、宠我，为我在海边买一个大大的房子。傍晚的时候我们坐在沙滩上，我的头依偎在他宽大而厚实的肩膀上，遥望远方淡淡的落日，数着海上点点的白帆，那个时候我就是天底下最幸福的人啦。好幻想，重情感，这不是错。问题在于，你是否把自己的幸福完全寄托在别人身上了。女孩子走上社会，首先要做到的，就是不要轻易放弃自己的事业。据传一位著名企业家的太太非常睿智，跟随自己的先生创业，吃了很多苦，受了很多的挫折，但始终相信自己的先生，鼓励他说，失败了我陪你东山再起，成功了我伴你君临天下。这才是一个女孩子应当有的态度。

在事功方面，人们常常犯的第三个错误，是被所谓"佛性人生"引诱，凡事都无所谓，没有闯出一番天地的决心和勇气。不知从什么时候开始，流行"佛性人生"这个说法，大致意思是凡事都无所谓，既不要积极努力，也不要争议是非，随着个人的性情发展就好。这是一种非常消极的人生态度。校园里有这个毛病的不少。有一次我在学校看到了这样一个帖子，叫"三好三不好"：好吃饭，不好洗碗；好漫画，不好高数；好网游，不好听课。对这种无所谓的人生态度需要提高警惕。人生的意义在于发挥自己全部的潜力，逼迫着自己优秀，然后从容地生活。虽然最后能不能成功，不完全决定于自己，要受很大客观条件的制约（儒家称之为"命"），但这个过程可以把自己的潜力充分调动起来,这本身就是有意义的。人生是很累的,现在不累,将来会更累;人生是很苦的,现在不苦,将来会更苦。人生的价值在于奋斗,不在于潇洒;人生的意义在于付出,不在于享受。如果你真的这样做了,若干年之后,在你年迈体衰回首往事的时候,一定会感谢那个从未放弃永远坚持的现在的你。反之,则一定会记恨抱怨当时自己为什么那么没出息,没骨气,轻易就放弃了,没有再咬咬牙,坚持下来。

三 道德幸福

事功幸福确实很重要,但它仍然不是人生意义的全部,更不是人生意义的最高层面。除此之外,我们更应当关注自己的道德,这就是古人说的立德。由道德引申的幸福,我称为"道德幸福"。这个话题很沉重,不好谈。今天的社会过于功利,人们几乎耻于谈道德了。同学聚会时,大家可以问过去追的女孩子怎么样了,创业有什么想法了,中国男足为什么总是上不去,什么都可以谈。但如果有人跟大家说,我们要努力积德行善,当一个有道德的人,别人一定会白眼瞧你,认为你脑子进了水,出了毛病。

我反复讲过,孔子思想的核心是道德理想主义。所谓道德理想主义就是无论在治国问题上,还是在做人问题上，都始终高举道德大旗不放，以道德为最高理想。孔子的这种道德理想主义，一直延续了两千年，成为儒家最为根本的血脉。孔子的时代表面看与今天相隔遥远，其实没有原则性的不同。春秋时期，没有人愿意讲道德了，孔子高举道德的大旗不放，自己带头并要求弟子努力成德。这就是孔子的伟大之处。今天不少人不大愿意谈道德了，但道德理想主义这面大旗仍然不能放下，必须高高举起。坚持道德理想，一定会使生命有所担负，有沉重感。但这种担负，这种沉重对于有意义的人生而言，又是必不可少的。没有这种担负，没有这份沉重，生命就会飘在半空，随风而逝；保持这种担负，保持这份沉重，生命才能扎根于大地，活得踏实。

世界上不同文化都讲道德，没有例外。但儒家讲道德有其特殊性。以前讲过，孔子对中国文化最大的贡献是发现了仁，创立了仁的学说。但孔子没有说明仁的来源问题。为了解决这个问题，孟子进一步创立了性善论，以心释仁，强调每个人天生就有仁，就有义，就有礼，就有智，就有良心。孟子的性善论使我们明白了一个道理：人们追求道德是自己本性的要求。这个话题，讲给经济学院或管理学院的同学，十分困难。这些同学考分比较高，都是非常优秀的学生。但他们进入学校后的第一堂课，老师就告诉他们，每个人都是自私的，这是一个基本前提，不设定这样一个前提，整个学科的模型就搭建不起来。所谓自私的，其实就是上面说的每个人都有物欲的要求。这一点没有问题，我们完全可以承认人是一个物欲的存在，甚至是一个事功的存在。但与此同时，一定不要忘了，根据孔子、孟子的教导，我们还有仁，还有良心，还有道德的属性，还是道德的存在，原本就有道德的要求。这一义理有着极强的特殊性，学理价值极高。

因为我们是道德的存在，所以有道德的要求，一旦这种要求得到了满足，内心就有一种满足感。这种满足感也是一种幸福，即上面所说的道德幸福。简言之，道德幸福就是人满足了道德需要之后内心的那种满足感。在日常生活中，我们时时刻刻都会体验到这种幸福。同学生病了，没有办法到饭堂吃饭。我们帮助打一份回去，同学向你道谢的时候，你内心是不是有一种很微妙的满足感呢？我们组织募捐活动，把城里不用的衣服、文具送到山区，帮助那里的孩子；或做志愿者，到贫困地区支教，把知识传授给那些孩子。当看到他们发自内心的感激目光的时候，你内心是不是也会有一种满足感呢？

道德幸福与物欲幸福、事功幸福相比，要复杂得多。我一再强调，道德本身就意味着在物欲甚至事功方面有所付出，做出牺牲。这种付出和牺牲在一般人眼中只是一种苦，只是一种罪。但经过转换后，这种苦和罪可以变成内心的满足和快乐，成为非常高尚的幸福。一些同学献过血，粗粗的针头扎进去。扎针的过程本身是疼痛，是痛苦。针扎进去，血汨汨地向外冒，这个过程也不是享受。但献血后，哪怕没有谁表扬，甚至整个过程没有人知道，你的内心仍然会有一种满足感，体验到满满的道德幸福。儒学有个专门术语来描述这种情况，这就是"孔颜乐处"。孔子吃不好，喝不好，"曲肱而枕之"，大家都说孔子苦，但孔子高兴得不得了。颜回一箪食，一瓢饮，居陋巷，别人都说颜回苦，但颜回每天都是快快乐乐的样子。孔子和颜回的快乐并非出于物欲，而是源于道德，源于他们对于自己道德要求的满足。"孔颜乐处"所代表的快乐，就是道德幸福。

付出与所得的正比关系，对道德幸福同样适用，而且表现得更为极端。成就道德必须做出物欲方面的牺牲，在极端情况下，甚至要付出自己的自然生命。没有人愿意无缘无故做出这种付出和牺牲，但如果转个弯，这种付出和牺牲，又会成为最高级的幸福。地震了，火灾了，有疫情了，人们本能地拼命往外跑，作鸟兽散，唯恐避之不及，却有几种人义无反顾往里冲，一是军人，包括消防队员，二是新闻记者，三是医务工作者，实现一个个最美的人生逆行。这些人可能因此要吃很多苦，受很多罪，付出常人难以付出的代价，甚至牺牲自己的自然生命，但也会因此得到内心的满足，享受人生最高层面的幸福。

受社会环境的影响,我们现在常常有一种只重自己,不重他人的倾向。这是必须引起警觉的。此前讲了,中国文化的基本精神是互以他人为重。每个人都是社会这张大网中的一个小结,其他的结对你负责,你也要对其他的结负责。天底下没有那种好事,别人都对你负责,你却可以不对别人负责。但这个道理很多人不懂。有一年,有个男同学课后跟我交流,讲了一件事。他小时候,爸爸妈妈的文化程度不高,教育方法不尽合理。在他逆反心理特别重的时候,很不听话,爸爸妈妈情急之下,动手打了他。从那之后,他就不叫爸爸妈妈了。这个同学很聪明,学习成绩很好,后来考进了复旦大学。到学校受到中国传统文化的教育后,他突然明白之前的做法不对,他只是站在自己的角度,觉得爸爸妈妈欠他的,没有能够站在爸爸妈妈的角度考虑问题。其实爸爸妈妈为自己付出得太多太多,不亏欠自己任何东西。明白了这个道理,他老想着怎么改过来,但时间长了,嘴就是别不过来,张不了这个口。有一次打电话,快到最后了,还是叫不出来,在临挂断电话时,硬是嘴里挤出一句:"天凉了,妈要多注意身体。"就这一句,电话那边顿了一下,马上泣不成声,连声说:"我的好儿子懂事了,我的好儿子懂事了。"

现在的教育让人们过于相信自己了,梦想着自己能够冲破重重罗网,追求个人的自由,成为自己希望成为的那种人。我想告诉大家，你的确有选择的权利，可以选择自己的生活方式，但你的权利绝对没有你想象的那么大。这句话不大容易理解。有一年，在复旦大学校园里，一个学生有些问题想不开，忽忽悠悠，悠悠忽忽，独上高楼，一跃而下，以这种方式结束了自己的生命。事发之后，我正在饭堂排队打饭，听到后面两个老师议论这件事。一个老师讲，你听说了吗？年纪轻轻的太可惜了。另一个老师说，听说了，不过他也有选择死的自由。听他这么一说，我回过头狠狠瞪了那位老师一眼。我是这么想的：如果说这个孩子有选择死的权利的话，那么他的爸爸妈妈也有权利选择让他生。你们没有当过爸爸妈妈，哪里知道带孩子的艰辛。你小的时候一把屎一把尿把你拉扯大，要付出多少努力。你生了急病，半夜三更打不到出租车，爸爸骑着自行车，妈妈抱着你坐在后边，顶风冒雪把你送到医院。你的高烧迟迟退不下来，医生护士不断安慰你的爸爸妈妈，爸爸妈妈一边应承，一边背过身去抹眼泪。你经历了这些才会明白，人的选择自由度远非如你想象的那么大。当那个同学跃下高楼的那个瞬间，也将一把锋利的尖刀插进他爸爸妈妈的胸膛，狠狠地绞上一绞。他一时痛快了，解脱了，他的爸爸妈妈找谁去！活着，有的时候真的很难，但死了，只能让你的亲人更难。

道德与事功的关系需要大家特别注意。有一张照片非常有名：照片的主人是赤裸的小女孩，奄奄一息，身后一只秃鹫静静盯着，时刻等待着下一秒享用这一"猎物"。照片拍摄于1993年。当时，苏丹处在大饥荒之中，荒凉的土地上除了枯黄的杂草就是累累白骨。南非摄影师凯文·卡特看到这一场景后，很快抓拍了这个镜头。第二年，照片得了普利策新闻奖，凯文声名大噪，但也引起了很大的争议，有人指责他只为拍照而没有救助那个快要饿死的孩子。人既有事功的要求，又有道德的要求。对一个记者来说，凯文要拍一张好照片，希望照片获奖，得到社会的认可，这并没有错。但可惜的是，他忽视了自己的道德责任，没有能够去救助那个濒临死亡的孩子。迫于舆论的压力，凯文患了严重的抑郁症，最后自杀身亡，生前留下的字条上这样写道："真的、真的对不起大家，生活的痛苦远远超过了欢乐。"这件事情充分说明，事功和道德都不可少，但道德的层次要高于事功，人在任何情况下都不应只顾事功而忘记了道德，更不能把这个关系颠倒了，否则就会受到社会的指责，自己也极为内疚，正如凯文忏悔的那样。

上面所说就是道德幸福。一旦成就了道德，感受到了道德幸福，我们就可以享受到内心的平静。人生最高境界是内心有厚度的平静。它不是一般的平静，是有厚度的，这个厚度就来自道德。在当今喧嚣的世界中，能得到内心这种有厚度的平静，实在不容易，太有意义了。

往深处看，这个问题还与人生信仰密切相关。在中国历史上，道德起到了代替宗教的作用。这是中国文化极有价值的殊特之处。自轴心时代之后，世界上其他大的文化都走上了宗教的道路，只有中国文化始终沿着人文的大道阔步前行。中国人不需要其他宗教，同样可以生活得有意义。我愿意非常负责地告诉大家，儒学是中国文化的主脉，依据儒学系统，不需要借助宗教，同样可以生活得好，生活得有意义。我把结语起名为"幸福人生的中国样式"，用意正在这里。不同文化都有自己的幸福生活样式，儒家文化的样式最明显的特点，就在于它不需要走宗教的道路，不需要宗教加以保障。

有些同学皈依宗教，是受家庭和社会的影响，从小就是这样。你相信某种宗教，这是你的自由，大家应该也必须相互尊重。但需要提醒的是，宗教不是人生的最高境界，人生的最高境界是对所有问题，包括自己信奉的宗教，进行反思。哲学家更是如此。哲学的任务是对所有问题做打破砂锅问到底式的追问，对一切问题不断进行理性的反思。这一步工作做好了，不仅可以使自己的生活充满意义，诗意地栖息在自己的精神家园，更可以俯视整个社会，像站在外星球上看地球一样，将整个世界看得清清楚楚、明明白白、真真切切。拿我自己来说，我的立场是儒学，不是基督徒，不是穆斯林，也不是佛教徒，教书匠的物质生活更谈不上富足丰裕，但我的研究不仅可以确认儒学的内在价值，更可以在更高层面上对其加以彻底的反思，拒绝盲从，从而生活得清醒而幸福。

四 幸福人生三大原理

总而言之，幸福人生的中国样式有三大原理：第一，幸福是欲望的满足，人生本身是幸福的，既不是罪，也不是苦；第二，人生是向上的，必须不断向上进取，向上攀登，由物欲到事功，直至最高的道德；第三，在中国文化系统中，儒家式的道德有着类似宗教的作用，足以支撑人的心灵，不再需要其他宗教加以保障。

人来到世界上是多么不易，与其胡吃闷睡几十年，为什么不做一番大事，成就自己的事功，完善自己的道德呢？成就事功，完善道德必须奋斗，必须付出，但这种奋斗和付出同时也能够享受到与之相应的幸福。小猫追着妈妈问幸福在哪里，猫妈妈告诉它："看到你的尾巴了吗？无论你走到哪里，尾巴总是跟着你。不要刻意追求幸福，只要你努力了，幸福便会随之而来。"因此，幸福一点不神秘，它就是不断努力的那个附属品；幸福不是刻意"争"来的，而是奋斗"赚"来的。尽管社会上的很多因素个人决定不了，但只要不断向上努力奋斗，就可以享受到相应层次的幸福，而获得最大幸福唯一需要做的，就是拼命奋斗，去成就伟大的事业，去完善自己的道德。

我们那个年代有一段话特别流行，几乎人人会背："人生应该这样度过：当他回首往事，不会因虚度年华而悔恨，也不会因碌碌无为而羞愧；在临终的时候能够说：我的整个生命和全部精力，都已献给世界上最壮丽的事业——为人类的解放而斗争。"（尼·奥斯特洛夫斯基《钢铁是怎样炼成的》，吴兴勇译，北京：商务印书馆，2015年，第434页）这是保尔·柯察金的名言，来自小说《钢铁是怎样炼成的》。这段话今天已经淡去了它的光彩。我把它引出来，是想照这样的句式，表达自己对人生的一个态度："人生应当这样度过：他永远不泯灭向上进取之心，永远不放弃道德的理想，这样在来日无多回首往事的时候，就可以自豪地说，我一生犯过不少错误，也有过诸多遗憾，但已经尽了最大的努力，无愧来到这个世界上，我度过了多么幸福美好而有意义的一生啊。"我曾开玩笑说，如果我死后还有墓碑的话，希望这段话能够成为我的墓志铭。虽然这是一个玩笑，但它确实代表了我对人生的理解。

大家或许还记得在第一章结尾部分我曾讲过："真诚地希望大家能够在先秦诸子的智慧中找到自己的精神寄托，寻到自己的精神家园。我开设'先秦诸子'这门课，最重要的目的就是两个字：回家——带领大家回到几近丢失的精神家园。"现在课程就要结束了，我写了

一首小诗,标题就叫"回家",以作为这门课的结束,与大家告别:

　　朋友
　　让我们一起回家吧,到家乡寻回丢失已久的精神香囊
　　这注定是一条不平坦的路,布满了荆棘,充斥着悲伤
　　但切勿犹豫,不要彷徨
　　就算赶不上那班直达快车,可至少要走在回家的路上
　　只要在路上,就有希望
　　——希望见到远处那略感陌生却温馨依旧的淡淡灯光

附录:在2021年复旦哲学学院毕业大会上的讲话

各位老师,各位同学:

大家下午好!

现在在毕业典礼上讲话是一件非常辛苦的事儿,万一内容不合适,或不小心读错了一两个字,便会招来一片骂声,永世难得翻身,在咱们这个学校因地处邯郸路而声名远播的情况下,更是如此,风险很大。另外,现在经常可以看到,哪个学校哪位老师的致辞深受欢迎,被多少次掌声打断,以至于给人一种印象,好像得不到这么多掌声就不是好的致辞似的。但我一直不以此为然,认为这是社会低俗化的表现,就像导演拍电影不敢表达自己的夙愿,必须讨巧观众的偏好,老师讲课不敢讲明自己的观点,必须取媚同学的笑脸一样,结果只能是不断拉低社会的层次。既然如此,我到这里讲话,本就不奢望在多大程度上受到欢迎,只是想讲点自己真正要讲的东西。用老话说,讲不讲在我,听不听,或听得进得不进在你们。

同学们毕业了,希望大家从离开校门的那一刻起,就时时提醒自己，不要听信躺平的那些鬼话。社会发展太快了，"佛系"这个词还没有红够，"丧系"这个词刚刚露头，就被"躺平"抢去了风头。这个用语能够流行起来，自然有社会的原因。但如果真的躺平，那就大错特错了。中国文化的精神是"君子自强不息"，不是躺平。真正的英雄，是在夜半人静时，把受损的心掏出来，缝缝补补再塞进去，眯上一阵儿，醒过来再拼命苦干的人。你有一千个、一万个理由躺平，也有一千零一个、一万零一个理由不躺平。躺平说穿了不过是为自己原本已经堕落的心灵寻找一个冠冕堂皇聊以自慰的理由罢了。事实上，躺平也没有想象的那样美丽。真的躺平了，你很快就会发现，这是极其无聊，甚至令人厌恶的。

另外，也不要拒斥社会对你的道德要求。要讲明这个道理并不容易。不知从什么时候起，"反对道德绑架"成了当今最为流行的术语。一个人应当做某事而没有做，他人对其提出批评的时候，他会以这种说法为自己申辩："不要用道德绑架我，我就是要放飞自我，追求本真的我，不吃你那一套。"社会对一个人提出道德要求，对还是不对？根据儒家学理，人有善性，做道德的事不是出于情分，而是出于本分，道德原本就是自己的要求。黑格尔讲过，当法院判一个人有罪，别人都为其可惜的时候，只有哲学家明白，这是法官对他的尊重，因为法官是把作为有理性的人看待的。

在这个问题上现在出现极大的混乱与受存在主义影响不无关系。存在主义强调本质是自己选择的,在选择之前没有本质,即所谓"存在先于本质"。但恕我直言,存在主义哲学家慧根有限,并不真正了解人性,正确的说法不应是"存在先于本质",而应该也必须是"本质先于存在"。作为哲学学院,尤其是排名如此之高的复旦哲学学院的学生,理应明白这个道理。果真如此,当社会对你提出道德要求的时候(正常情况下这种要求都有合理性,不会过分),你就不会拒斥,反而会心中暗喜:"天啊,人家是把我当作正常人来看待的呀。"这个问题牵涉面很广,要清理的观念很多,而这也正是我这些年来不畏骂名,通过缜密的研究提出必须旗帜鲜明地"拒萨(特)庄(子)"的重要原因。(插一句,这个问题很可能引出争议,在大家开骂之前,请看了我的《儒家生生伦理学引论》再开尊口。)

此外,特别需要注意的是,不要轻忽自己以及他人的生命。"身体发肤受之父母不敢损伤",这句话人们过去的理解有一些偏差,有些极端,但这并不能否认它包含的一个重要道理,即:人的生命不完全是自己的,也是父母的。一些人往往认为,老子为自己而活,一人做事一人当,但不要忘记了你不是从天上掉下来的,来自父母千辛万苦的养育,你不仅要对自己负责,也要对自己的父母，包括孩子负责。人的生命就在父母、自己、孩子，在曾在、现在、将在这个长长的链条中获得意义。儒家重视恕道，讲究将心比心，因此我们也不应轻忽他人的生命。

据我观察，好的大学应具有两个重要特点，第一，允许学生犯错误；第二，能够包容一批怪人。如前面所说，任何社会，社会的任何一个时段，都会存在问题，但这并不构成轻忽自己生命的理由。佛教说人生是苦，尽管我不接受这种立场，但人生不如意十之八九，则是我坚信不移的。曲折是美，磨难是福。人的一生总要遇到不顺心的事，孔子临终也要叹口气，何况我们呢。天是这样的蓝，花是这样的香，微风是这么和煦，家园是这样温馨，生命没有了，一切可能也就没有了。

上面就是我说的三不：不要听信躺平的鬼话，不要拒斥社会提出的道德要求，不要轻忽自己以及他人的生命。之前我在给本科生讲"先秦诸子"最后一章"幸福人生的中国样式"的时候说过，很长一段时间以来，《钢铁是怎样炼成的》中保尔·柯察金的一段名言非常流行，影响了一代又一代的人。我仿照这种句式也写了一段话，以表达我多年研究中国文化尤其是儒家哲学后对人生的理解，愿意再次拿来与同学们共勉："人生应该这样度过：他永远不泯灭向上进取之心，永远不放弃道德的理想，这样在来日无多回首往事的时候，就可以自豪地说，我一生犯过不少错误,也有过诸多遗憾,但已经尽了最大的努力,无愧来到这个世界上,我度过了多么幸福美好而有意义的一生啊。"

谢谢大家。

后　记

2001年从军队院校转到复旦大学任教后不久,我就为本科生开设了"先秦诸子"这门课,直到2017年由"超星"录像制成公开课后方才停止,断断续续,总共讲了十多年。

在大学当老师,最考验人的,莫过于给本科生上课了。既不能太浅,沦为心灵鸡汤;又不能太深,拒人千里之外。如何在两极之间找到一个平衡点,将自己的研究心得深入浅出地传达给每位同学,是门大学问。因为有在军队院校多年教学的经验,能够较好处理二者的关系,这门课一直比较受欢迎,每次教室都挤得满满的,据同学们说,是复旦最难选的课之一。有女朋友是外校的也跑过来听的;有爸爸妈妈来探亲,坐到后面跟着听的;有听了头一次不过瘾,再来旁听第二次的。更有意思的是,一个大四学生说,他大学四年最遗憾的事情是大一没有选上这门课,最幸运的事情是大四快离校了选上了。我常说,我到复旦最开心的一件事就是给本科生讲课。感受教室浓烈的氛围,观察学生真挚的眼神,解答学生的各种困惑,接受学生发自内心的感谢,"得天下英才而教育之"的快乐油然而生，久久不能散去。

　　这个版本根据讲课录音整理修改而成。先由王武杰、李雅萍、李宗宜三位同学将录音整理成文字稿（刘崧阅读了部分章节，提出了很有价值的意见），我对文字稿进行再加工，整个过程尽量保持讲稿的特点，如不加脚注，保留口语形式等。我有个习惯，总是对之前的东西不满意，改来改去，以至于这个录音整理稿与"超星"录像已经有了很大的不同，少数章节更是面目全非了。书名定为《中国文化之根——先秦七子对中国文化的奠基》自然是想让它较为醒目，在同类书籍中能够"跳出来"，更重要的还是想以此凸显中国文化的特质，帮助读者对自己的文化有深入的认识，清清楚楚、明明白白而不是懵懵懂懂、糊糊涂涂地做一个中国人。考虑到一些因素，本书的出版一拖再拖，正式出版前删去了一些文字，第八章第三节"关于儒法斗争的几点思考"5000余字也整体性砍掉了。每次回读这些地方都有用刀剜心般的疼。为此除了表达歉意外，已无话可说。

　　最后对王武杰、李雅萍、李宗宜、刘崧以及本书责任编辑的辛勤工作表示衷心的感谢。

杨泽波

2018.9.19 初校改定

2021.9.19 三校改定